멘토
의
시대

멘토의 시대

— 한국 사회는 왜 멘토를 갈망하는가?

강준만 지음

인물과
사상사

이분법은 한국인의 숙명인가

"우리나라 사람들은 특히 흑백논리에 강해요. 그러니까 친구 아니면 적입니다. 이렇게 좌우 논쟁이 심하고 낙인을 찍는 나라는 아마 없을 겁니다."

박원순 서울시장이 시민운동가 시절에 한 말이다. 박원순의 이런 진단에 절대적인 지지를 보낸다. 한국인은 특히 인물 평가에 대한 이분법 중독자들이다. 명분을 숭배하는 동시에 그 명분을 의인화 · 개인화하는 데 능한 기질 때문일까?

단재 신채호가 "도덕과 주의를 위하는 조선은 있고, 조선을 위하는 도덕과 주의는 없다"고 개탄한 것이나 민세 안재홍이 "조선의 운동은 걸핏하면 최대형의 의도와 최전선적 논리에 열중 · 집착한다"고 탄식한 것은 여전히 유효하다. 거기에 더해 사람에게 흘러넘치는 정情 그리고 여기서 비롯되는 반대편 사람에 대한 증오심과 화끈하고 앗쌀(?)한 것을 너무도 사랑하는 마음 때문일 것이다. 이렇게 말하는 나는 한국인이 아닌가? 이 점에 관한 한 아무래도 나는 한국인이 아니라 외계인인 것 같다.

오래전에 소설가 이문열이 대학교수가 되는 과정에서 그의 학력이 문제 된 적이 있다. 나는 그때 이문열을 옹호하는 글을 썼다. 학력에 관계없이 그의 교수 자격은 넘치면 넘쳤지 모자라지 않는다고 생각했기 때문이다. 학력주의 와 학벌주의에 대한 내 비판 의식이 작용하기도 했을 것이다. 그런데 친한 친구가 내게 시비를 걸었다. 무슨 원수라도 되는 것처럼 이문열을 비판한 사람이 그런 글을 써도 되느냐는 힐책이었다. 정도의 차이는 있었을망정 다른 사람들의 반응도 비슷했다.

김대중과 전라도를 적극적으로 옹호한 『김대중 죽이기』와 『전라도 죽이기』라는 책 덕분에 어떤 사람들은 나를 김대중 옹호자거나 전라도 옹호자로 여겼나 보다. 그런데 사실 나는 사석에선 늘 김대중·전라도를 비판했으며, 그런 취지로 쓴 글을 여러 편 발표하기도 했다. 그래서 과거에 박수를 보냈던 독자들에게서 "아무리 강준만이라도 이건 용서할 수 없다"라는 비난을 받기도 했다. 전국 차원의 공론장에선 김대중·전라도 옹호가 너무 없었기에 적극적으로 옹호한 것이고 내가 사는 호남에선 공사 영역을 막론하고 김대중·전라도 비판이 전무했기에 비판한 것인데, 사람들은 내게 어느 한 가지에만 충실할 것을 요구했다.

노무현에 대한 지지와 비판도 마찬가지다. 2001년 봄 나는 노무현을 공격적으로 지지하는 『노무현과 국민사기극』이라는 책을 냈다. 당시 "노무현이 무슨 대통령감이냐" 비웃던 사람들이 나중에 열렬한 '노빠'가 되어 노무현 정부에 직간접적으로 참여할 때 나는 노무현을 비판하는 쪽으로 돌아섰다.

집권 이후 노무현의 '변질'을 비판한 건데 사람들은 내가 변한 것이라고 했다. 지금도 나는 그의 비극적인 죽음을 오직 이명박 탓으로 돌리고, 또 자신이 져야 할 책임까지 이명박에게 덮어씌우며 노무현을 정치적으로 이용하는 사람들을 보면 개탄을 금치 못한다.

나는 모든 인간과 사건에는 다 명암明暗이 있다고 보는 자칭 명암론자다. 누군들 명암론자가 아니겠냐만, 현실 정치의 인물 평가에 명암론을 적용하는 사람은 매우 드물다. 한동안 나는 그런 자질과 성향을 내심 양심적이고 탁월한 것으로까지 여겼지만, 성찰에 성찰을 거듭한 끝에 그건 '과도한 거리 두기'의 산물에 불과한 것일 수도 있겠다는 생각에 이르렀다. 정치권 사람들과 관계를 맺지 않고 지내다 보니 내가 한 인물의 명암을 냉정하게 지적할 수 있는 것이지, 그걸 내 양심이나 탁월성으로 돌리는 건 온당치 않다는 깨달음이었다.

자만하지만 않는다면, 내가 맡은 독특한 역할이 사회적으로 의미 있는 것일 수도 있겠다는 쪽으로 생각을 정리했다. 인물에 대해 전부 아니면 전무라는 이분법 구도가 판을 치는 사회에서 명암론자로 살아가기는 매우 피곤하지만, 그래도 웃으면서 살아가야지 어쩌겠는가.

작년에 내가 쓴 『강남 좌파』에 대한 좌담식 서평을 최근에 『프레시안』에서 읽다가 웃음을 터뜨렸다. 강양구 기자의 다음과 같은 해석 때문이다.

"마지막으로 『강남 좌파』에 투영된 강준만 교수의 욕망, 이런 것도 한번 읽어볼까요? (웃음) 강 교수가 2006년에 『월간 인물과사상』에서 강남 좌파를 언급할 때만 해도, 입장은 강남 좌파 '옹호'에 기울어 있었어요. 그런데 이 책은 대체로 강남 좌파에 비판적인 시각을 보입니다. 책을 읽으면서, 이런 입장 변화가 이른바 강남 좌파로 거론되는 이들 중에 호남 정치인이 없어서가 아닐까 하는 생각도 해봤습니다. (웃음) 아까도 얘기했지만 책의 주제와 다소 동떨어진 유시민 대표, 문재인 노무현재단 이사장에 대한 비판적인 논평도 그런 인상을 부추기고요."

내가 2006년엔 강남 좌파 '옹호'에 기울어 있었다? 어, 아닌데! 왜 그런 말씀을 하시지? '강남 좌파: '엘리트 순환'의 수호신인가?'라는 제목을 내건 그 글에서 나는 이념 대립은 시늉일 뿐이며, 강남 좌파의 좌파 담론 또는 제스처가 엘리트 간의 '밥그릇 싸움'을 심각한 이념 투쟁인 양 포장하는 효과를 낸다고 주장했는데, 왜 반대로 이야기하는 걸까?

이보다 더욱 중요한 건 강남 좌파에도 명암이 있다는 점이다. 그래서 그 글에서 나는 강남 좌파의 명과 암을 각각 세 개씩 지적했으며, 『강남 좌파』에서도 "모든 정치인은 강남 좌파다"라는 선언으로 정통 강남 좌파만을 비판의 대상으로 삼는 것에 제동을 걸고자 했다. 나는 강남 좌파에 대해서 찬성이냐 반대냐 하는 이분법이 영 못마땅하다. 그렇게 이분법적으로 봐도 좋을 만큼 단순한 현상이 아니라는 게 내 생각이다.

내가 중요하게 생각하는 것은 집단으로서의 강남 좌파 현상이다. 즉, 정치권에서 강남 좌파가 차지하는 비중은 눈여겨볼 필요가 있다는 것이다. 한국 정치의 내용과 진로에 결정적인 영향을 미칠 수 있기 때문이다. 이는 '언론

고시'라는 말이 나올 정도로 유력 중앙 언론사 기자직의 인기가 치솟으면서 부유층·명문대 출신이 기자직에 대거 진출하는 이른바 '8학군 기자' 현상이 한국 언론의 내용과 진로에 큰 영향을 미치는 것과 같은 이치라고 볼 수 있다. 이미 2003년에 전국언론노동조합 위원장 신학림은 "8학군 기자들이 늘어나면서 사회를 바라보는 다양한 시각이 사라지고 있다"고 했는데, 이런 우려를 정치권에 대해서도 해야 한다는 것이 강남 좌파론을 제기한 주요 이유다.

물론 8학군 기자들에게도 좋은 장점이 많다. 다만 이들이 동병상련하는 처지에서 강남 좌파의 부상에 비교적 열린 자세를 취한다는 건 분명하다. 그런데 언론 분야만 그런 게 아니다. 정치권에서 시민운동 단체에 이르기까지 사회 전 분야에 걸쳐 명문대 출신의 점유율이 높아지면서 이들의 목소리가 '과대 대표' 되는 양상이 나타나고 있다. 학벌주의의 확산과 고착화, 이게 강남 좌파가 부상한 한 배경인 것이다.

강남파의 득세가 피할 수 없는 현실이라면, 나는 강남 우파보다는 강남 좌파가 낫다고 생각한다. 굳이 입장을 밝힌다면, 나는 강남 좌파를 비판적으로 지지한다. 최선最善이 없다면 차선次善, 아예 선善이 없다면 차악次惡을 택해야 한다는 현실적 입장에서 경우에 따라 강남 좌파에 지지를 보낼 뜻이 있다는 것이다. 그렇다고 해서 최선이나 선을 기준으로 삼아 강남 좌파의 어떤 점을 비판하는 것이 무슨 문제가 된단 말인가? 요즘 정치 돌아가는 꼴을 보면 이분법적 조악함이 너무도 한심하고 답답해 대표적인 강남 좌파일망정 이분법에서 해방된 강남 좌파인 안철수의 명明을 강하게 부각시키는 글을 쓰고 싶다는 생각도 있다. 어찌 됐든 내 뜻을 한사코 달리 읽겠다면, 그거야 독자의 특권으로 인정해야지 어쩌겠는가. 이분법적 단순명쾌함이 결여된 나의 '과도한' 균형 감각을 탓하는 게 옳으리라.

유시민과 문재인에 대한 비판적 논평은 현 한국 정치판에 지지율 기준으로 비판적으로 논평할 만한 무게감을 주는 호남 정치인이 없다는 점을 이해한다면 그리 복잡하게 생각할 일은 아니리라. 대선 후보로 거론되거나 그 근처에 있는 이들이 한결같이 영남, 특히 PK(부산·경남) 출신이라는 걸 문제 삼는 이들도 있지만, 난 그렇게 된 상황은 호남인이 만든 자업자득이라고 보기 때문에 별 관심이 없다. 피해자임을 주장하는 사람들도 져야 할 책임은 있는 법이다. 현 상황에선 정치인의 출신 지역을 따져서 영호남을 가르는 것 자체가 부질없는 일이며, 강 기자도 앞으로 그런 구분 의식은 버리고 사는 게 어떨까 싶다.

개혁과 진보를 외치는 것 같은 몇몇 열혈 네티즌은 『강남 좌파』가 '박근혜 대통령 만들기'를 위한 책이라고 비난하는 수고를 해주셨다. 『월간 인물과사상』 2011년 12월호에 쓴 「'정치가형 시민운동가'의 성공인가: '박원순 현상'의 명암」이라는 글에 대해서도 그런 수고를 아끼지 않은 네티즌이 많았다. 아니, 서울시장 선거가 끝난 후에 쓴 글인데 그 정도 말도 못한단 말인가? 선거 전이었다면 어떤 일이 벌어졌을지 모를 정도로 일부 박원순 지지자들의 분노는 거칠었다. 본문에서 다루겠지만, 이 사건은 한국 정치가 갈수록 종교화돼 간다는 내 생각을 재확인하게 만들었다. 일방적인 교주 찬양만 있을 뿐 비판은 금기시하면서, 그걸 온갖 대의와 명분을 들어 정당화하는 게 꼭 종교를 닮았다. 동시에 경쟁 종교의 교주를 악마화하면서 악마 척결을 위해 자신의 도덕과 성찰을 쓰레기 취급하는 게 작금의 현실이다.

'멘토의 시대'라는 제목을 내건 책에서 왜 이렇게 길게 이분법 타령이나 하고 있을까? 그것은 이 책 자체가 이분법에 대한 도전이기 때문이다. 지금 우리는 '멘토의 전성시대'를 살고 있다. 이 현상은 강남 좌파 현상만큼이나 흥미진진하다. 그래서 사회 각 분야에서 멘토로 인정받는 인물 열두 명을 논의 대상으로 삼아 그 흥미진진함을 만끽해보기로 했다. 안철수, 문재인, 박원순, 김어준, 문성근, 박경철, 김제동, 한비야, 김난도, 공지영, 이외수, 김영희가 바로 그들이다.

이 열두 명에 대한 일방적인 비판이나 일방적인 찬사를 기대하는 독자가 있다면, 김어준식 어법을 빌려 말하자면, 여기서 책을 덮는 게 좋겠다. 이 책엔 비판도 있지만 전반적인 분위기는 호의적이다. 왜 이들이 많은 사람들에게 사랑과 존경을 받는 멘토가 될 수 있었는지 그 이유를 탐색하면서 의미를 분석·해석하는 데 중점을 두었기 때문이다. 멘토 현상에 대한 일반론적 분석은 논의가 길어져 따로 1장에서 풀어냈다. 내 나름대로 멘토에 대한 유형 분류를 시도했는데, 이제부터 다룰 각 장의 제목과 주요 내용을 압축해 제시하면 다음과 같다.

1장 「디지털 시대의 하이터치인가: 멘토 현상의 사회심리학」에서는 멘토 현상이 왜 일어났는지 그 이유를 살펴본다. 먼저 위로나마 갈구하는 '88만 원

세대'의 고통이 첫째 이유지만, 동시에 이 세대가 맞은 디지털 시대의 하이테 크가 남긴 하이터치 욕구가 청춘 콘서트로 대변되는 새로운 유형의 멘토링을 성장시킨 또 다른 동력이라고 주장한다. 또한 디지털 시대에는 청춘이 권력 이나 인정 욕구 충족의 원천이라는 점도 멘토 붐에 일조했으리라 추정한다.

2장「오래된 체제와 새로운 미래 가치의 충돌: 비전·선망형 멘토 안철수」 에서는 안철수 현상을 엔터테인먼트 소통 코드, 분배 양심 코드, '엄친아' 성 공 코드, 정의·공정·공생 코드, 안전 개혁 코드, 이념 양극화 혐오 코드, 뚝 심·책임 윤리 코드, 디지털 혁명 코드, 특별한 역사적 기회 코드, 패러다임 비전 코드 등 열 가지 코드로 분석·해석한다. "영혼이라도 팔아 취직하고 싶 다"고 절규하는 청춘에게 진보–보수 구분은 무의미하고, 일관되게 청춘을 위 로하며 일자리의 중요성을 강조해온 안철수야말로 가장 진보적인 '정치인' 으로 여겨질 수 있음을 밝힌다. 현재 안철수의 고민은 '대중의 변덕' 여부라 는 가설도 제시한다.

3장「나는 당신이 남긴 숙제에서 꼼짝하지 못하게 됐다: 인격·품위형 멘 토 문재인」에서는 문재인이 인격과 품위의 힘으로 지지와 존경을 누린 멘토 의 지위에 오르게 되었다고 분석한다. 문재인의 숙제는 '노무현을 위하여' 프레임과 그에 따른 자기 성찰 문제를 어떻게 다룰 것인지, 향후 정치판에서 자신의 자산인 인격·품위를 어떻게 지켜낼 수 있을 것인지에 달려 있다고 본다.

4장「그가 가면 길이 된다: 순교자형 멘토 박원순」에서는 박원순을 순교자

형 멘토라고 주장한다. 그는 구원의 비전, 고난의 내재화, 일중독, 무서운 집
중력, 강한 신념, 뜨거운 열정 등을 갖고 있는 동시에 감옥을 예찬하면서 예수
를 닮고자 하기 때문이다. 또한 논란을 빚은 「'정치가형 시민운동가'의 성공
인가: '박원순 현상'의 명암」이라는 내 글의 반론에 대한 재반론을 통해 시민
운동과 정치의 관계에 대한 우리 사회의 성찰을 촉구한다.

5장 「명랑 사회 구현의 선구자: 교주형 멘토 김어준」에서는 상호 묵계적으
로 약속된 오락적 코드일망정 김어준과 멘티들이 '교주 대 신도'의 관계로
설정되었다는 점을 들어 김어준을 교주형 멘토로 분류한다. 김어준의 탁월한
통찰력과 해학적 매력은 이미 『딴지일보』총수와 인생 상담가 시절에는 '교
주의 아우라'에 눈이 부신다고 해도 좋을 정도로 빛을 발했다. 그러나 〈나는
꼼수다〉(이하 나꼼수) 시대에 이르러 현실 정치에 깊숙이 개입하면서 장場의
문법이 크게 다르기 때문에 다른 성격을 띠게 되었다고 분석한다. 김어준이
교주형 멘토로서 명랑 사회 구현의 선구자로 복귀하면 좋겠다고 제안한다.

6장 「100만 송이 국민의 명령을 위하여: 선지자형 멘토 문성근」에서는 정
치인은 종교인이어야 한다는 문성근의 정치관이 그를 선지자형 멘토로 만들
었으며, 차가운 것 같지만 열정으로 들끓는 선지자이기에 그의 언어는 비분강
개 조일 수밖에 없다고 분석한다. 문성근은 자신의 멘토인 안병진의 멘토링
에 따라 한국판 무브온을 만들겠다고 한다. 그러나 나는 미국의 무브온 모델
은 낡았을 뿐만 아니라 한국에 들여와선 안 될 위험한 방식이라고 주장한다.

7장 「시골의사의 자기 혁명: 멀티·관리자형 멘토 박경철」에서는 박경철

을 지적 모험을 즐기는 진정한 멀티형 인간으로서 자기 객관화와 자기 성찰에 투철해 책임질 수 있는 멘토링을 하는 멀티·관리자형 멘토로 분류한다. '정의', '공정', '위로'라는 화두가 도래할 것을 일찍이 간파한 박경철이 사실상 안철수의 멘토 역할을 하고 있다고 보며, 그의 감추어진 '팟대'가 폭발할 일이 앞으로 많을 거라고 예측한다.

8장「나는 좌파도 우파도 아닌 기분파다: 상향 위로형 멘토 김제동」에서는 다른 모든 멘토가 아무리 겸손하다 해도 위에서 아래를 내려다보는 하향 위로형 멘토라면, 김제동은 늘 상대를 올려다보면서 위로를 보내는 상향 위로형 멘토라고 분석한다. 그는 타인의 감정을 읽는 초능력이 있을 뿐만 아니라 어려웠던 시절에 대한 기억력도 비상하기 때문에 소셜테이너가 된 것일 뿐 그를 이념적으로 보는 건 온당치 않다고 주장한다. 과부하가 걸린 김제동의 건강을 위해 그를 정치적 당파성이 없는 자리에만 부르자고 제안한다.

9장「한국의 국토를 넓힌 광개토여왕: 자유·개척형 멘토 한비야」에서는 한비야를 한국의 국토를 넓힌 '광개토여왕'에 비긴다. 한비야는 많은 한국인들에게 자유와 개척 정신을 전파한 자유·개척형 멘토로, 부지런하고 정 많은 한국인이 지구를 좀 더 아름다운 곳으로 만드는 데 기여할 일이 많다고 부추기기 때문이다. 겉보기와는 달리 한비야의 대(對)청춘 멘토링은 매우 신중하다는 점도 지적한다.

10장「열망에는 아픔이 따른다: 경청·실무형 멘토 김난도」에서는 김난도의 밀리언셀러『아프니까 청춘이다』가 일각의 부정적인 평가와는 달리 매우 알차고 청춘에게 실질적인 도움이 될 수 있다는 점을 들어 그를 경청 · 실무형 멘토로 분류한다. 다만 선의에서 비롯된 것일망정 일부 멘토링은 SKY 학생에게만 해당되는 게 아닌가 하는 의문을 제기한다.

11장 「정치적 올바름을 위한 투쟁: 열정형 멘토 공지영」에서는 공지영에게 열정을 불어넣는 건 이념이 아니라 '정치적 올바름'이며, 그것은 이론으로 배운 게 아니라 타고난 기질이라고 주장한다. 공지영이 파워 트위터리안으로 정치적 발언을 맹렬하게 하는 것도 그의 정치적 올바름에서 비롯된 것이지만, 정치는 열정을 통제하기 가장 어려운 분야인 데다, SNS의 기술적 속성에 지배될 위험이 있다. 따라서 공지영이 열정을 조금 자제하면 좋겠다는 애정 어린 제안을 담았다.

12장 「청춘불패와 절대강자를 위하여: 자유 · 도인형 멘토 이외수」에서는 자유로운 도인道人이면서도 대중과의 소통을 사랑하는 세속 도인이자 디지털 도인인 이외수가 사랑과 존경을 받는 이유를 분석한다. 이외수는 "저 빌어먹을 놈의 정치적 냄비에다 처넣고 버무려서 비난하거나 칭송"하는 작태를 혐오하는데도 많은 사람들이 그를 오해하고 있다. 이를 잘 보여준 것이 '강원도 붉은색' 사건이다. 이외수가 본의 아니게 진영 논리의 멘토로 이용당하기보다는 차라리 늘 진영 논리를 의심하는 발언을 하는 멘토가 되어주면 좋겠다고 제안한다.

13장 「재미와 휴머니티의 결합을 위하여: 재미계몽형 멘토 김영희」에서는 김영희를 재미와 휴머니티를 결합시키려 애쓰는 재미계몽형 멘토로 분류한다. 이 장에서 나는 공공을 위한 일에 재미를 곁들이지 않으면 성공하기 어렵다는 법칙을 '김영희의 법칙'으로 부르면서, 한국 정치 개혁의 비법도 바로 이 법칙에 있음을 역설한다. 아울러 김영희는 진보 정당이 사부로 모셔야 할 멘토라고 주장한다.

맺는말 「멘토의 제도화를 위하여」에서는 사회적 멘토링에 꼭 따라붙기 마련인 위선 문제를 다루면서 '멘토의 제도화'를 시도하자고 주장한다. 멘토에겐 위로와 배려라고 하는 인간미가 있는데, 제도에 그런 인간미를 접목해보자는 것이다. 정치를 살리지 않으면 모든 멘토링은 위로의 수준에 머물 수밖에 없다는 점을 들어 멘토의 제도화를 정당 조직에서부터 시도해보자 제안한다.

이 모든 제안의 출발점은 이분법의 극복이다. 설사 이분법이 우리 모두의 어쩔 수 없는 숙명이라 하더라도, 독자들께서 잠시나마 이분법에서 벗어나 '멘토의 시대'를 살아가는 우리의 자화상을 좀 다른 시각으로 바라보는 재미를 누린다면 더 바랄 게 없겠다.

2012년 5월
강준만

디지털 시대의
하이터치인가

멘토 현상의
사회심리학

한국 사회를 휩쓴 멘토 붐

기원전 8세기께 그리스 시인 호메로스가 남긴 서사시 「오디세이아」를 보면, 오디세우스는 트로이전쟁에 출정하면서 집안일과 아들 텔레마코스의 교육을 친구인 멘토르Mentor에게 맡긴다. 오디세우스가 전쟁에서 돌아오기까지 무려 10여 년 동안 멘토르는 텔레마코스의 친구, 선생, 상담자, 때로는 아버지가 되어 그를 잘 돌보아주었다. 이후로 멘토라는 그의 이름은 지혜와 신뢰로 한 사람의 인생을 이끌어주는 지도자를 뜻하는 말로 사용되었다. 멘토의 상대자를 멘티mentee, 멘토리mentoree 또는 프로테제protege라 하며, 멘토가 멘티에게 주는 지도와 조언 과정·내용·체계를 멘토링mentoring이라고 한다.[1]

처음으로 멘토가 오늘날과 같은 의미로 쓰인 건 1699년 프랑스에서였지만, 사회적 제도로 널리 활용된 건 20세기 후반부터다. 1970년대 미국 등 서구 사회의 학교, 기업, 교회에서 시작된 멘토 제도는 한국에선 1980년대 취약 가정 청소년과 성인 후원자를 일대일로 맺어주는 형태로 시작되어 지방검찰청 보호관찰대상 청소년을 위한 사업으로 확대되었다. 특히 IMF 외환위기 이후 최근까지 전국의 지방교육청, 청소년 기관, 지역아동센터, 지자체와 연계한 대학교 산학 협력단 등에서 빈곤 가정 아동과 청소년을 위한 대학생의 학습 멘토링과 문화 멘토링이 교육과학기술부의 교육복지지원사업, 보건복지부의 드림스타트사업, 민간의 위스타트사업과 함께 방과후 프로그램으로 빠르게 확대되었다.[2]

2011년 봄 멘토 열풍은 대중문화를 비롯한 사회 전 분야에까지 터졌다. 이에 대해 중앙대 사회학과 교수 주은우는 "김수환 추기경, 법정 스님, 김대중 전 대통령 등이 돌아가시면서, 크게 보면 이제 우리 사회에는 정신적으로 더 이상 믿고 존경하고 따를 수 있는 어른이 없다"며 "모든 사람을 개별화하고 서로를 경쟁 상대로 여기게 만드는 신자유주의 시대에서, 어른에 대한 동경, 향수, 갈구가 멘토라는 판타지 형태로 형상화된 것"이라고 해석했다. 연세대 심리학과 교수 황상민은 "권위가 작동하지 않고 다양성이 두드러지면 사람들은 과거 정답이라고 믿었던 통념을 더 이상 믿지 못하게 된다"며 "이런 사회 속에서 살아가는 한국민들은 자신의 문제를 스스로 인식하거나 해결하는 데 어려움을 겪게 되고 누군가가 정답을 알려주기를 기대하면서 멘토 바람도 일고 있는 것"이라고 말했다.[3]

멘토 붐이 일면서 멘토의 지지도 순위를 매기는 설문 조사까지 이루어졌다. 2011년 5월 취업 사이트 잡코리아와 도서출판 틔움이 20·30대 직장인 702명을 대상으로 조사한 결과를 보면, '인생에 대한 조언과 격려, 질책을 해줄 수 있는 멘토로서 가장 이상적인 인물은 누구인가' 라는 질문에 1위로 꼽힌 인물은 전체의 17.4퍼센트가 선택한 한국과학기술원KAIST 석좌교수 안철수였다. 다음으로는 9.5퍼센트가 반기문 유엔 사무총장을 선택했고 텔레비전 예능 프로그램에 멘토로 출연 중인 가수 김태원을 꼽은 응답자도 4.7퍼센트를 차지했다.

이 밖에도 응답자들은 국제 구호 활동가 한비야(4.5퍼센트), 삼성전자 이건희 회장(4.4퍼센트), 노무현 전 대통령(2.5퍼센트) 등을 이상적인 멘토로 생각하고 있었다. 응답자의 42.2퍼센트는 현재 멘토가 있다고 밝혔으며, 친구·직장 동료(26.4퍼센트), 부모님(22.35퍼센트), 선배·직장 상사(18.9퍼센트), 배우자(12.8퍼센트) 등을 멘토로 삼고 있다고 응답했다. 멘토에게 주로 상담하는 내용으로는 인간관계(39.9퍼센트), 이직(35.1퍼센트), 진로(34.5퍼센트), 직장 생활(27.0퍼센트), 연애 또는 부부 생활(18.2퍼센트) 등의 답변이 나왔다.[4]

'88만 원 세대'의 등장

바야흐로 한국은 '멘토의 전성시대'를 맞고 있다. 멘토가 멘티가 되고, 멘티도 멘토가 되기도 한다. 자신을 따르는 멘티의 수를 기준으로 따진다면 멘토 랭킹 1위인 안철수마저 "내게는 김제동, 김여진 씨를 비롯해 300여 명 멘토가 있다"고 했다. 물론 이는 자신의 멘토로 알려진 전 환경부 장관 윤여준의 말을 다 따라 하지는 않는다는 걸 강조하기 위해 한 말이었지만, 멘토가 전통적인 위계질서를 중시하는 스승 개념이 아니라는 걸 알려주는 아주 좋은 사례다.

　수많은 멘토 유형이 있지만, '멘토 중의 멘토'인 안철수를 중심으로 본다면, 주류 멘티는 '88만 원 세대'로 일컬어지는 청년층, 특히 대학생이다. 2011년 10월 28일 통계청이 발표한 자료를 보면, 우리나라 비정규직 근로자가 600만 명, 이 가운데 대졸 이상 학력자 비율이 30퍼센트를 넘어선 것으로 나타났다. 전체 임금 근로자의 34.2퍼센트를 차지한 것이다. 고용 상태가 불안하거나 처우가 부실하면서도 통계상으로만 정규직에 포함되는 실질적 비정규직 230만 명을 합하면 비정규직은 830만 명으로 임금 근로자의 절반에 가깝다.[5]

　이와 관련, 이종철은 『그대의 꿈이 현실이다: 1030세대 세상 바꾸기』라는 책에서 "20대란 말, 청춘이란 말, 이제 지겹지 않나?"라고 묻고는 이렇게 말한다. "청년이 꿈을 키우기 전에 나라가 망한다. 외세에 무너져야만 나라가 망하는 것이 아니다. 내가 원하는 나라가 아니면 망한 나라다. 나의 대한민국, 우리의 대한민국이 아닌 누군가의 대한민국은 망한 나라와 다름없다. 누군가의 대한민국에 식상한 사람, 사회구조에 주눅 든 사람, 좌절한 사람, 구조에 굴복하기 싫은 청년이 이 책을 읽고 가슴에 불을 지펴 연대의 광장으로 모이는 상상을 해본다. 소주잔에 비분강개하는 모든 화병 환자의 치유제가 되길 기대한다. 조금 더 욕심을 부린다면, '대한민국은 네가 필요 없다'는데도 일편단심 대한민국을 놓지 못하는 자가발전형 애국자가 이 책을 읽고 국가의 최면에서 벗어난다면 금상첨화겠다."[6]

　멘토는 이렇게 좌절하거나 좌절할 위험에 노출된 멘티에게 무엇을 주는가? 주로 위로다. 멘토라는 외래어에 어울리게끔 '힐링healing'이라는 말을 즐겨 쓰기도 한다. 이제 힐링은 산업을 형성할 만큼 그 규모가 커졌지만, 2000년대 들어 갑자기 나타난 건 아니다. 김지룡은 이미 1998년에 출간한 『재미있게 사는 사람이 성공한다』는 책에서 다음과 같이 말한 바 있다.

"PC 통신을 들여다보면 10대 청소년들이 사회에 대해 느끼는 분노가 무척 심하다는 것을 알 수 있다. 차라리 대학생이 되면 분노의 강도가 약해진다. 그러다가 사회에 나오면 오히려 담담해진다. 모든 부당한 일과 부정부패와 비리에 일일이 분노한다면 하루 종일 화를 내고 살아야 한다는 것을 깨달았기 때문이다. …… 순애보와 느와르는 일종의 힐링 상품이다. 힐링은 병을 치유한다는 뜻이다. 전자오락 게임에선 싸움에 지치고 상처를 입은 주인공을 회복시켜주는 마법의 이름으로 등장하기도 한다. '힐링'은 이제 게임의 세계를 벗어나 현대 생활에 지친 사람들을 위한 키워드가 되었다."[7]

그런데 2000년대 후반 들어 대학생이 된 후에 오히려 분노의 강도가 강해지는 일들이 일어나기 시작했다. 취업난과 더불어 비정규직 공포에 시달리는 20대를 가리켜 '88만 원 세대'라고 부른 것이 그런 변화를 상징했다. 우석훈과 박권일은 2007년에 출간한 『88만원세대』에서 "취직에 성공한 20대도 대부분은 비정규직"이라며 우리나라 비정규직 20대의 월평균 급여가 '88만 원'이라는 분석을 내놓았다. 20대의 상위 5퍼센트만이 5급 공무원이나 삼성전자, 한국전력 같은 좋은 직장에 들어갈 수 있고 나머지 95퍼센트는 비정규직이며, 비정규직의 월평균 임금인 119만 원에 성인들에 대한 20대의 평균 임금 비율인 74퍼센트를 곱하면 이들의 월평균 임금은 88만 원에 불과하다는 것이다. 그들은 "20대를 위해서 뭔가를 만들어내야 한다"고 주장했다.[8]

연세대 교수 조한혜정은 "'너희는 고생을 모른다'는 말을 듣고 자랐지만 이들 '88만 원 세대'는 어린 나이에 IMF 금융위기 급보를 접하고 일찍이 암울한 미래가 온다는 것을 감지한 '불안 세대'다"라면서 다음과 같이 말했다.

"무엇보다도 당사자 젊은이들이 더 깊은 늪에 빠져들기 전에 스스로를 돌보기 시작하면 좋겠다. 대통령 선거에 참여하건, 선후배 간 자원을 공유하며 대학 동아리를 부활시키건, 동네에 카페를 차리건, 바리케이드를 치건 조상이 물려준 물적, 비물적 공공재를 챙겨내기 위해 이제 슬슬 방에서 나와야 할 때가 되지 않았나? 불안은, 정말이지, 영혼을 잠식한다."⁹

서강대 교수 손호철은 "개인적으로 여기에서 만 원을 빼고 '88세대'라고 부르고 싶은데, 88년 올림픽 세대에 이어 새로운 88세대가 나타난 셈이다"며 다음과 같이 말했다. "그리고 그 결과 세대가 우리 사회를 갈라놓는 가장 핵심적인 '계급 아닌 계급'이 되고 있다는 이야기다. 이명박 후보와 한나라당, 아니면 최근 출마를 선언한 이회창 전 한나라당 총재가 집권을 한다고 88만 원 세대가 없어질 것 같지 않다. 아니, 이들은 노무현 정부보다도 더 신자유주의라는 점에서, 88세대가 월평균 급여가 77만 원인 77세대로 바뀔 가능성이 더 크다. 이제 우리는 심각하게 묻고 고민해야 한다. 진정으로 세대를 계급으로 만들 것인가?"¹⁰

모두가 약자인 척하는 사회

20대를 위해서 무엇을 만들어낼 것인가? 2009년 6월 17일 MBC 〈황금어장-무릎팍도사〉에 출연해 폭발적인 인기를 얻은 안철수는 그 지명도를 밑천 삼아 '시골의사' 박경철과 함께 그해 10월부터 이화여대에서 시작해 2년여 동안 전국 각지 대학에서 청춘 콘서트를 개최함으로써 위로에 굶주린 젊은이들을 열광시켰다.

안철수는 청춘을 대상으로 한 멘토 붐마저 몰고 왔다. 2011년에 가장 많이 팔린 『아프니까 청춘이다』 외에도 좌절한 20대를 겨냥한 책들이 여럿 베스트셀러에 올랐다. 이에 대해 유창오는 "'청춘'이라는 단어가 그 어느 때보다 더 강한 호소력을 발휘한 해였다. '우리는 88만 원 세대다. 우리만큼 불쌍한 세대는 없다'는 정서와 '자기 연민'이라는 코드가 '청춘'이라는 단어를 부활시켰다"라고 했다.[11]

멘토 지지자들 사이에 경쟁도 치열하다. 예컨대, 『안철수와 박경철, 깊이 읽기』라는 책은 "'아프니까 청춘이다'는 말로는 해결되지 않는다!"라고 선언한다. 박원순에게 "안철수, 박경철을 깊이 느끼고, 깨닫고, 얻을 수 있는 책!"이란 추천을 받은 이 책은 안철수·박경철 듀오 멘토가 김난도 멘토류와는 다르다고 주장한다.

"『아프니까 청춘이다』를 비롯해 청춘을 위로하는 책들이 여럿 등장했다. 이 책들은 제목처럼 젊은 세대에 적잖은 위로를 가져다주었다. 하지만 젊은 세대가 겪는 문제를 근본적으로 해결하겠다고 나서기에는 뭔가 부족한 것도 사실이다. 우리 시대의 청춘을 향해 '지금 겪는 아픔은 지극히 당연한 것이니 조금만 더 견뎌보라'고 권하는 임시 처방에 불과한 것이 아니냐는 의견도 만만치 않다. …… 기성세대는 그들이 사회에 뿌리 내리고 공헌할 수 있는 자리를 마련하는 대신 '미안하다'는 말로 두루뭉술 넘어가고 있다. 바로 이때 안철수와 박경철이 등장했다."[12]

그들은 구체적인 해답을 제시하고 있다는 주장이겠지만, 내가 보기엔 별 차별성이 있는 것 같지는 않다. 안철수·박경철은 정치에 뛰어들어 직접 해보겠다는 것이기 때문에 해답이 구체적이라고 한다면, 지식인은 멘토 노릇을 할 수 없다는 말밖에 더 되겠는가. 10장에서 자세히 밝히겠지만, 일각의 선입견과는 달리 『아프니까 청춘이다』의 내용도 안철수·박경철의 멘토링 이상으로 알차다.

그런데 모든 이들이 멘토 붐을 반기는 건 아니다. 멘토 붐이 '모두가 약자인 척하는 사회'를 만드는 게 아니냐는 문제 제기도 있다. 『중앙일보』 논설위원 노재현은 "부아까지는 아니지만 가끔 반발심이 생길 때가 있다. 예를 들어 『아프니까 청춘이다』가 베스트셀러로 각광받으면 '아니, 언제 청춘이 아프지 않은 적 있었나'라고 어기대고 싶어지는 것이다"라며 다음과 같이 말한다.

"요즘 일부 엄마들 사이에 '구나병病'이 돈다고 한다. 미국 존 가트맨 교수의 '감성코치Emotion Coach' 교육법의 영향이란다. 부모가 감정을 이해하고 공감해준 아이가 사회적 적응력이 우수하고 성적·건강도 좋다는 것인데, 문제는 아무 행동에나 무조건 공감하려는 부모의 태도다. 극단적으로 말하면 친구를 때린 아이에게 '네가 기분이 나빴구나', 유치원에 안 가려는 아이에게 '네가 피곤한가 보구나'라는 식으로 '~구나'를 남발하는 일이다. 혹시 또 다른 형태의 구나병이 은연중 우리 사회에 퍼져 있는 것은 아닐까. 너도 나도 희생자요, 약자인 양하는 사이에 책임 의식이나 스스로 일어서려는 의지는 한낱 퇴물 취급을 받고 있지는 않은가 말이다. 학교 폭력만 해도 다들 내 아이 피해당할까 봐 걱정이지 가해자일 가능성은 제쳐놓는다. 정치권도 소통한답시고 '~구나'를 남발하며 여기저기 비위 맞추기에 급급한 것은 아닌가."[13]

디지털 시대의 하이터치 욕구

위로라 부르든 비위 맞추기라 부르든, 왜 이런 붐이 일어났을까? 미국에선 경제가 어려워져 사는 게 팍팍해지면 '긍정적 사고positive thinking 열풍'이 불곤한다. 주기적으로 발생하는 이 열풍은 출판과 강연을 중심으로 아예 산업을 형성하고 있는데, 개인적인 위로에만 집중함으로써 구조적 개혁을 어렵게 만드는 부작용이 있다고 우려하는 목소리가 높다.[14]

　한국의 멘토 붐도 그렇게 볼 수 있을까? 아니, 그렇게 보아야 하는가? 그렇게 볼 일은 아닌 것 같다. 구조를 바꿔보자는 멘토도 많기 때문이다. 멘티가 많은 멘토가 주로 개혁·진보 진영에 몰려 있다는 것도 그 점을 잘 보여준다. 『조선일보』는 그게 불편했던 걸까? 선임기자 최보식은 「"젊은 친구, 현실에는 '메시아'가 없네"」라는 칼럼에서 편지 형식을 빌려 '젊은 친구'에게 다음과 같이 말한다.

　"자네의 '멘토'를 자처하고 멋진 말을 건네는 명사들도 요즘 많이 나타났다. 그들은 깨끗하고 정의롭고 양심적으로 보인다. '삶의 때'가 묻은 자네 아버지나 직장 상사와는 처음부터 다른 부류로 태어난 것처럼 생각될 것이다. 가령 자네가 푹 빠져 있는 연예인처럼 생긴 서울대 교수를 예로 들자. 도덕과 정의의 상징일 것이다. …… 불과 4년 전이었다. 총선에 출마했던 서울대의 한 여교수가 대학으로 복귀하려고 했다. 그때 '서울대에는 폴리페서가 설 자리가 없다'며 그 여교수를 쫓아내는 데 제일 앞장선 이가 그였다. 자네는 그때의 그에게 박수 쳤다. 이제는 서울대에서 정치인보다 더 정치를 본업으로 삼고 있는 그에게 열광한다."[15]

　젊은 친구들이 현실에는 '메시아'가 없다는 걸 정말 모를까? 그래서 열광도 하고 그러는 걸까? 아무래도 그건 아닌 것 같다. 요즘 대학생들이 그렇게 어리석을 리 만무하다. 그들 역시 현실에는 메시아가 없다는 걸 잘 알고 있지만, 멘토들이 제공하는 멘토링의 어떤 점에 반해서 열광한다고 보는 게 옳지 않을까? 이와 관련, 7장에서 다룰 시골의사 박경철이 아주 의미심장한 말을 했다.

"활짝 열려 있던 대문이 어느 순간 닫혀버리면서 폐소공포가 사회를 지배하게 되었으며 이런 상황에서 소셜네트워크sns가 등장했다. 농경시대처럼 대문을 없앨 수는 없지만, 그렇다고 계속 닫은 채 살 수도 없는 역설을 극복하려는 항상성의 결과인 셈이다." [16]

멘토링도 그렇게 볼 수 있겠다. 멘토를 탄생시킨 건 위로를 갈구하는 88만 원 세대의 고통이지만, 이 세대가 동시에 맞은 디지털 시대의 하이테크high tech로 인한 하이터치high touch 욕구가 멘토링을 성장시킨 또 다른 동력이 아니었겠느냐는 것이다.

미래학자인 존 나이스비트John Naisbitt는 우리 삶에 더 많은 하이테크(첨단기술)를 도입하면 할수록, 우리는 더 많은 하이터치(고감성) 균형을 찾게 된다고 말한다. "이를테면 우리의 삶이 기술에 젖어들면 들수록 사람들은 다른 사람들과의 접촉을 더 많이 원하게 되고(극장에서, 박물관에서, 독서 클럽에서, 아이들 축구 경기장에서), 의학이 하이테크 쪽으로 접어들면 들수록 대체 치료제나 대체 치료 방법에 대한 관심이 높아지며, 육체가 아닌 머리로 컴퓨터에 몰두하면 할수록 레저 활동이 더 감성적이고 감각적인 방향(정원 일, 요리, 목공일, 새 키우기 등)으로 기운다는 것이다." [17]

모순인가? 그렇지 않으며 오히려 당연한 현상이라는 게 그의 주장이다. 그게 바로 하이터치 균형을 찾기 위한 노력이라는 것이다. 멘토링도 마찬가지다. 청춘 콘서트를 비롯해 열광적인 환호를 받은 멘토링이 대부분 대면對面 커뮤니케이션을 중심으로 이루어지고 있음에 주목할 필요가 있다. 대면 커뮤니케이션의 형식도 하이터치지만, 그 내용 또한 하이터치 위주다. 이른바 소셜테이너의 부상, 소셜테이너와 전통적 지식인의 연대도 그런 관점에서 이해할 수 있다.

나이스비트는 하이터치를 하이테크의 반작용으로만 보는 게 아니라 둘의 결합을 역설한다. 그가 '하이테크-하이터치'라고 부르는 것은 하이테크가 독자적으로 작용할 때보다 하이터치가 가미될 때라야 훨씬 더 큰 기술 혁신을 이룰 수 있기 때문이다. 멘토링의 대면 커뮤니케이션이 SNS로 보강되고 확산되는 것은 당연한 결과다.

SNS란 무엇인가? 관계 테크놀로지다. SNS 중독은 관계 중독증을 뜻한다. 관계의 숙명은 편협이다. 본질적으로 관계 중심으로 배타적이기 때문이다. SNS 멘토링을 환영만 할 수 없는 이유가 바로 여기에 있다. 박경철이 이 점도 잘 지적했다. 그는 SNS가 "편협한 주장이 자기 정당성을 획득하는 도구로 전락할 수 있다"며 다음과 같이 우려한다.

"SNS의 약점은 역설적으로 '대중성의 부족'에 있다. 기본적으로 SNS는 온라인상의 친분이 우선되기 때문에 기본적으로 나에게 호감을 가진 사람들만 반응한다. 때문에 SNS상에서 나의 견해는 늘 옳은 것처럼 보인다. 관계를 맺지 않은 대중들이 모두 자유롭게 반응하는 기존의 방식과 달리 집중적이고 확산성이 강한 SNS는 정작 같은 견해를 가진 사람들 사이에서 동종 교배가 일어날 수 있는 폐쇄성을 갖고 있는 것이다. …… SNS에서 오가는 담론은 서로 같은 생각을 하는 사람들 사이에서 유통되고 소비되며, 한 가지 견해를 두고 모두가 옳다고 착각하는 '무오류성의 함정'에 빠지기 쉽다."[18]

그런데 바로 그런 함정이 SNS 붐을 키우는 주요 이유다. 뜻과 배짱이 맞는 사람들끼리 모여서 주고받는 이야기, 그 얼마나 화기애애한가. 그러나 SNS 이용자의 1퍼센트를 차지하는 스타 트위터리안이 전체 내용의 30퍼센트를 차지한다는 건 다시 생각해볼 문제다. 시민운동가이자 트위터에서 집단 계정 폭파를 막는 '트윗119'를 운영 중인 참개인가치연대 대표 박경귀는 이렇게 말한다. "트위터 활동 대부분을 리트윗이 차지하면서 특정 개인의 의견이 재생산되는 경향이 크다. …… 이렇게 트윗 소재가 단편화되면 인식의 편식 현상을 불러오고, 결국 파워 트위터리안을 자기도취에 빠지게 한다. 예로 서울대 교수 조국이 트윗에서 평소보다 거친 발언을 쏟아내는 것도 이런 연유에서 비롯된 것이다."[19]

다수를 상대로 한 멘토링은 위선인가

멘토의 선의와 진정성을 의심치 않는다 하더라도, 인간의 동기가 늘 복합적이라는 걸 감안한다면, 청춘한테서 권력이나 인정 욕구를 충족하려 했다는 점도 멘토 붐에 일조했으리라 추정해볼 수 있다. 이와 관련, 정치 컨설턴트 박성민은 다음과 같이 말한다.

"지금까지 40대가 20·30대의 문제를 해결하려고 무슨 노력을 했습니까? 그러던 이들이 갑자기 20·30대를 보면서 한쪽에서는 '분노하라'고 목소리를 높이고, 다른 한쪽에서는 '아프니까 청춘이다'라고 다독입니다. 분노도 좋고 위로도 좋아요. 그런데 20·30대가 믿고 따르는 '멘토' 혹은 '총수'들은 죄다 성공한 40대잖아요. 그들의 욕망은 뭘까요? 저도 같은 또래지만 386(486)세대는 역사적 경험 속에서 전략적 사고를 온몸으로 체득한 세대입니다. 당연히 개인의 전략도 탁월하죠. 그들은 아는 겁니다. 지금은 20·30대와 함께 묶여야 살아남는다는 걸 본능적으로 아는 거죠. 그걸 비판할 수는 없어요."[20]

그렇다. 중요한 것은 그걸 비판만 할 수 없다는 점이다. 피차 주고받는 쌍방성 관계의 내용이 공정하기 때문이기도 하다. 다만 이런 점은 생각해봐야 할 듯하다. 다수를 상대로 한 멘토링은 원초적으로 위선이 아니냐고 볼 수도 있다. 내 경우를 들어보자.

나는 『서울대의 나라』라는 책을 낸 이후 몇 번 당혹스러운 경험을 한 적이 있다. 내 책을 읽고 영향을 받아 서울대나 서울대 대학원에 가지 않겠다고 결심한 학생들 때문이다. 물론 나는 정말 그랬을까 하고 의심하기도 하지만, 비슷한 이야기를 몇 차례 듣게 되니 나로선 "어, 그게 아닌데"라는 당혹감을 떨치기 어려웠던 것이다.

왜 그런가? 나는 사회적 차원에서 서울대 문제를 제기한 것일 뿐, 서울대를 정점으로 한 학벌주의 체제에서라면 개인 차원에선 서울대를 가는 게 가장 유리하다고 생각하는 사람이기 때문이다. 누군가 나에게 개인적인 멘토링을 요청한다면, 나는 특별한 이유가 없다면 서울대 진학을 권할 것이다. 물론 그만한 실력이 있어야 한다는 걸 전제로 해서 말이다. 그러나 나는 다수를 상대로 한 책이나 강연에선 그렇게 말할 뜻이 없다.

앞뒤가 안 맞는 건가? 의외로 그렇게 생각하는 사람들이 많다는 걸 알고 놀라기도 했지만, 그게 논점은 아니니 그냥 넘어가자. 그렇지만 나는 사회적으로 성공한 분들이 책이나 신문 칼럼 등에서 학벌주의는 힘을 잃고 있으니 대학 간판에 구애받지 말라고 주장하면 곧장 반론을 쓰곤 했다. 그런 주장의 선의는 이해하지만, 그 말을 그대로 믿는 사람들에겐 큰 불이익이 갈지 모르는 위험한 멘토링이며 문제의 개선에 도움이 되지도 않는다고 보았기 때문이다.

어느 대학교수가 서울대를 꼭 가야 할 필요성을 역설한 책을 낸 적이 있다. 제목부터가 자극적이었다. '삼수·사수를 해서라도 서울대에 가라'[21] 처음엔 황당하게 생각했지만 막상 책을 읽어보니 좋은 뜻인지라 개혁을 역설하는 반어법으로 이해했다. 그런데 학벌 반대 운동을 하는 어떤 분이 교수가 그

따위 책을 썼다고 호되게 나무라는 걸 보고선 "어, 그게 아닌데. 그 책을 읽어 보기는 한 걸까?" 라는 의아심을 떨치기 어려웠다.

별 이야기 아닌 것 같지만, 멘토링이라는 게 개인적 차원이냐 사회적 차원 이냐에 따라 그 방향과 내용이 달라질 수 있다는 걸 말하려는 것이다. 물론 개 인적·사회적 차원 사이에 괴리가 없는 멘토링도 가능하지만, 대체적으로 사 회적 차원의 멘토링은 개인의 이익보다는 사회적 당위와 공익을 앞세우는 경 향이 있는 건 분명한 사실이다. 달리 말하면, 멘토링은 '합성의 오류fallacy of composition' 라는 문제를 피해가기 어렵다는 것이다.

합성의 오류는 어떤 것의 중요 부분들에 관한 언명이 참이면 합성된 전체 에 대해서도 참이라고 하는 그릇된 가정이다. '결합의 오류' 또는 '구성의 오 류' 라고도 한다. 소비의 시대에 저축은 미덕이 아니다. 개인에게는 미덕인 저 축이 사회적으로 악덕이 될 수 있다. 농민 개개인은 농사를 잘 지어 흐뭇할 수 있겠지만, 모든 농민이 다 농사를 잘 짓는다면 농산물 가격이 폭락해 농민들 에게 재앙이 될 수도 있다. 즉, 합성의 오류는 개인적 차원에서는 타당한 행동 이 모두 다 같이 할 경우 전체적으로는 부정적인 결과를 초래할 때 쓰이는 말 이다.[22]

멘토로 활동하는 분들은 이 문제를 어떻게 다룰까? 그게 궁금했다. 수많은 멘토링을 살펴본 후 내가 내린 결론은 간단했다. 대체로 멘토링이 위로나 원 론적인 수준에서 방향을 제시하는 정도에 머물렀기에 별문제가 되지 않았다. 물론 드물게나마 문제가 될 법한 멘토링도 있었지만, 그건 본문에서 다루기 로 하자.

사회과학적 마인드가 강한 사람들은 멘토들의 주요 메시지가 위로임을 들 어 "그까짓 위로로 무엇이 달라지느냐" 라고 폄하하지만, 그렇게 볼 일만은 아니다. 그건 과욕일 수 있다. 행동은 마음에서 출발하는 법이다. 그 어떤 거창한 개혁도 개혁을 해야겠다는 마음이 없으면 시작조차 할 수 없다. 고민과 좌절과 상처로 마음의 출발조차 할 수 없는 사람들이 너무 많다면, 위로는 그 어떤 사회과학적 메시지보다 더 값진 것일 수 있다.

미국 작가 펄 벅은 "희망이 사라지면 곧 도덕적 타락이 뒤따른다When hope is taken away from the people, moral degeneration follows swiftly after"고 했다. 새겨들어야 할 말이다. 희망이 위로가 되고 위로가 희망이 되는 시대에, 한국의 내로라하는 멘토 열두 명은 어떤 위로와 희망의 메시지를 던졌는지 이제부터 살펴보기로 하자.

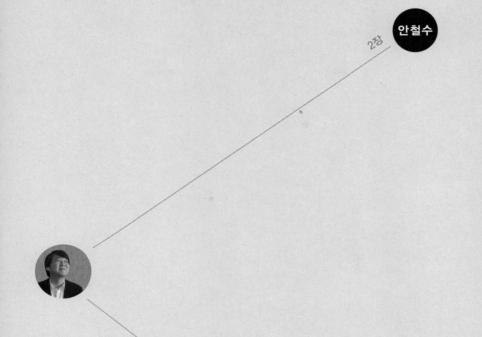

2장 안철수

오래된 체제와
새로운 미래 가치의 충돌

안철수 박원순 김난도 문재인
이외수 김제동 공지영 박경철
김어준 한비야 김영희 문성근

비전 · 선망형 멘토
안철수

안철수는 언론이 키운 아바타?

　서울대 융합과학기술대학원장 안철수는 젊은이들이 가장 닮고 싶은 사람, 가장 창조적인 한국인, 함께 커피를 마시며 대화하고 싶은 지식인, 우리 시대의 신뢰받는 리더로 부상했다.[1] 그는 1년에 3,000여 회나 강연 요청을 받을 정도로 전 사회적인 멘토가 되었다. 그는 나긋나긋한 목소리로 권위와는 거리가 먼 설법을 전파했다.

　"맘껏 도전해보세요. 그게 청춘이에요!" "처음부터 큰 성공을 욕심내지 마세요. 한 발 한 발 나아가는 것입니다." "머리가 아니라 가슴이 따라가는 대로 도전하세요. 실패의 경험조차 자신의 인생을 지탱하고 만들어주는 경험의 일부입니다." "젊은 시절에 완전한 실패란 있을 수 없습니다. 넘어질 수 있는 기회를 맘껏 가지세요. 그리고 스스로를 토닥여주세요. 다시 일어나면 됩니다." "실패를 두려워하지 마세요. 어찌 보면 실패는 당연한 과정입니다. 강물이 얼마나 빨리 흐르는지 아는 방법은 뛰어드는 수밖에 없어요." "지금 내 모습이 초라하다고 해서 기죽지 마세요. 처음보다는 마지막이 중요합니다. 지금 모습이 보잘것없다고 하더라도 아름다운 마지막을 만들어가는 게 더 큰 성공이에요."[2] "중요한 결정을 할 때면 과거는 잊어버리고 주위 사람의 평가에 연연하지 말고 앞으로 다가올 결과에 대해서도 욕심내지 말아야 합니다."[3]

안철수가 '국민 멘토'를 넘어서 유력 대통령 후보로까지 부상한 이유는 무엇일까? 2012년 4월 19일 소설가 이문열은 JTBC와 인터뷰한 자리에서 "나는 도대체가 의문이 많다. '안철수 현상' 이런 것에 대해. 특히 '언론이 (힘을) 합쳐서 아바타 키우기를 하고 있나' 하는 생각이 들 정도로, 왜들 저러는지 모르겠다"라고 말했다. 그는 "(현 상황을) 우리말로 바꾸면 '홧김에 서방질한다'는 건데, 이 사람(기존 정치인)이 나쁘다고 해서 저게(새 인물이) 깡패인지 모르는 이상한 인물이 와도 박수 치고 따라가야 하나"라는 물음을 던졌다.[4]

이문열의 의심대로 "안철수는 언론이 키운 아바타"라면 '안철수 현상'에 대해 차라리 속이나 편하겠지만, 그런 것 같지는 않으니 속 편해지긴 틀린 것 같다. 그간 수많은 분석과 해석이 쏟아져 나왔지만, 각자의 시각에서 본 다양성만 두드러질 뿐 총정리는 없었다. 시사평론가 김종배가 『월간 인물과사상』 2012년 3월호에서 다음과 같이 말한 것이 비교적 괜찮은 종합 분석에 속한다고 볼 수 있다.

"안철수 원장이 갖고 있는 몇 가지 코드가 있어요. 첫 번째는 성공 코드예요. 분명 시장에서 성공한 사람이죠. 두 번째로는 양심 코드가 있어요. 안철수연구소를 만들어서 사원들에게 주식을 배분하기도 했잖아요? 무엇보다 중요한 것은 공생 코드가 있어요. 대기업과 중소기업의 관계를 동물원에 비유하면서 '이것만은 바로잡아야 한다'고 계속해서 주창해왔죠. 왜냐면 그게 양극화에서 가장 핵심적인 문제니까. 이런 코드들이 대중의 희망과 전면적으로 맞아떨어지면서 안철수 현상이 발생한 거거든요. 바로 그런 점에서 안철수 원장은 단순히 새로운 인물이 아니죠."[5]

나는 안철수 현상이 매우 복합적인 현상이라고 생각하기 때문에 김종배가 지적한 세 가지 코드를 포함해 모두 열 가지 코드를 종합적으로 제시하고자 한다. 이 열 가지 코드를 음미하는 건 안철수 개인에 대한 평가로만 끝나는 게 아니다. 안철수라는 창을 통해 한국 사회를 들여다볼 수 있는 좋은 기회가 될 것이다.

엔터테인먼트 소통 코드

"국민은 소통을 하려고 하는데 불통이 되니까 울화통이 터집니다." "우리는 이제 '우리의 소원은 통일'이라 외치지 않습니다. 우리의 소원은 소통입니다."[6] 2008년 6월 촛불집회 현장에서 터져 나온 말이다. 소통에 대한 갈증과 굶주림이 이토록 심했던 걸까? 소통의 필요성을 역설하는 담론은 홍수 사태라고 해도 좋을 정도로 우리 사회에 철철 흘러넘쳤지만, 소통은 도무지 이루어지지 않았다. 왜 그랬을까? 강자건 약자건 소통을 외치는 이들은 진정 소통을 하겠다는 뜻이 있었던 건가? 어쩌면 자신의 뜻과 다르게 진행되는 사안에 대해 버릇처럼 외쳐대는 구호가 소통은 아니었던가?

서울대 교수 강원택은 "안철수 현상을 키운 것의 8할은 MB 정부다. 정부의 소통 부재에 허덕이는 젊은 층에게 그들의 이야기를 들어주려는 사람이 나타난 것이다. 어떻게 보면 MB가 우리 사회를 진보 쪽으로 몰고 간 측면도 있다"고 했다.[7] 8할은 좀 과한 것 같으나, MB 정부의 소통 부재가 안철수 현상을 키우는 데 일조한 건 분명하다. 그러나 야당과 진보 세력이라고 해서 소통에 능한 건 아니었다. 정치권 전체가 소통 불능 상태에 빠져 있었다고 보는 게 옳으리라.

그러나 우리는 여기서 소통이라는 추상명사의 함정에 빠져선 안 된다. 누구든 추상으로서의 소통은 다 아름답다고 말하겠지만, 정말 그런 건지는 한번 따져볼 일이다. 우리는 지도자와 권력을 쥔 자들의 소통 능력을 문제 삼는 일엔 익숙하지만, 우리 사회가 전반적으로 소통을 중요하게 생각하고 높게 평가하는가 하는 점은 외면하고 있다. 한국은 '빨리빨리'에 중독된 사회다. 소통은 시간이 좀 걸린다. 한국인이 사랑하는 과감한 결단과 저돌적 추진의 적이라고 해도 좋을 정도다. 오늘날 한국인 다수가 자랑스럽게 생각하는 한국의 압축 성장은 시간을 절약하기 위해 소통을 건너뛴 결과로 보는 것이 옳지 않을까?

진실을 말하자면, 소통은 무미건조하거나 지루한 게임이다. 젊은이들에게 소통에 대한 갈증과 굶주림이 있다는 건 '뻥'이다. 요즘 대학에선 사회적 소통 좀 하자고 통사정해도 일반적인 강연회를 개최하는 게 거의 불가능한 실정이다. 학생들이 도무지 참석하질 않기 때문이다. 젊은이들에게 소통에 대한 갈증과 굶주림이 있다면, 그건 즐길 수 있는 소통에 대한 갈증과 굶주림이다. 대중문화의 화려한 조명을 받거나 그 조명으로 부각된 유명 인사와 소통하고 싶은 것이다. 안철수에겐 그런 욕구를 충족할 만한 상품성이 있었지만, 안철수는 그 수준에 머무르지 않고 적극적인 엔터테인먼트 코드를 도입했다. 소통의 형식에 붙인 제목 자체가 '콘서트'였던 것이다.

"저는 종종 안철수 교수를 〈무릎팍도사〉가 점지해준 대선 후보라고 농담을 합니다. 그런데 이게 과장이 아니에요. 실제로 그렇습니다. 안철수 교수가 2009년 6월 17일 〈무릎팍도사〉에 나오지 않았더라면, '청춘 콘서트'가 가능했을까요? 지금처럼 대선 후보로 주목받는 게 가능했을까요? 불가능했습니다."[8]

강양구의 말이다. 안철수는 〈무릎팍도사〉 이전에도 유명한 인물이었는데, 그게 말이 되느냐고 항변할 사람들도 있겠지만, 〈무릎팍도사〉의 특유한 엔터테인먼트 코드로 안철수에 대한 감동이 증폭된 점을 감안하는 게 좋을 듯하다. 안철수는 시청자들이 느낀 감동의 폭발력을 동력 삼아 그로부터 4개월 후인 2009년 10월 24일 이화여대를 출발지로 2년여 동안 전국 각지 대학을 순회하는 청춘 콘서트의 대장 멘토로 활약한다. 그 기간 동안 정치권이 미친 듯이 벌인 이전투구에 대한 염증이 강해질수록 안철수의 인기는 높아지고 젊은이들의 열광 또한 농도가 짙어졌다.

안철수는 엔터테인먼트 코드를 이해하고 활용할 줄 아는 신세대다. 안철수연구소의 광고에서부터 이미 선진적인 엔터테인먼트 코드를 선보인 안철수는 2012년 4월 9일 유튜브에 올린 4 · 11총선 투표 촉구 동영상 〈안철수의 투표 약속〉에서도 그런 감각을 유감없이 드러내 보였다. 2분 39초 분량인 이 동영상은 "화나셨어요? 그럼 투표하세요!!Angry? Just Vote!!"라는 자막으로 끝나는데, 안철수는 "투표율 70퍼센트가 넘으면 어떻게 할 것이냐"는 질문에 "노래를 하겠다"고 답했다. 그러자 질문자는 "(투표율이 70퍼센트 넘으면) 안 원장이 미니스커트 입고 율동에 노래하시는 걸로 공약을 정한다"라고 일방적으로 선언했다.[9]

안철수가 "내게는 김제동, 김여진 씨를 비롯해 300여 명 멘토가 있다"는 말을 할 때에 자신의 콘서트에 출연했던 김제동, 김여진을 멘토의 대표로 거론한 것도 그가 소셜테이너의 가치를 잘 아는 인물이라는 사실을 말해준다. 2012년 4월 3일 전남대 강연에서 약 1,000석 규모인 강연장은 통로까지 꽉 찼고 2,000명이 넘는 전남대생들이 몰렸다. 여학생들은 안철수가 귀엽다고 하면서 그의 손짓 하나에도 비명을 질러댔다. 마치 아이돌 스타 같다는 말도 나왔는데,[10] 사실상 그는 '아이돌 스타'이기도 하다. 엔터테인먼트 소통 코드를 이해하고 활용할 줄 안다는 점에서 안철수는 다른 대선 후보들의 추종을 불허한다고 말할 수 있겠다.

분배 양심 코드

안철수는 돈 한 푼 안 받고 백신을 무료로 나누어주었을 뿐 아니라 회사 주식을 직원들에게 무상으로 분배하고 1500억 원이라는 거액을 사회에 기부하는 등 대중의 뇌리에 '분배 양심'의 화신으로 각인돼 있다. 기부를 정치적 전략으로 해석하는 시각도 있지만, 이에 대해선 『딴지일보』 총수 김어준이 내놓은 답이 딱 좋을 것 같다. "진보건 나발이건 자기 돈 1500억 원을 이런 식으로 내놓는 사람은 없다. 보수 진영에서 안철수 기부를 문제 삼는 사람들은 그때마다 자기 돈을 최소한 1500만 원씩 기부하고 떠드는 게 예의다. 그러지 않을 거면 입 다무는 게 염치다."

김어준은 "안철수의 기부와 정치를 연결 짓는 건 보수 진영이 가진 안철수에 대한 공포의 크기와 그 공포를 다루는 수준의 졸렬함을 드러낼 뿐, 한마디로 '쫄았다'고 할 수 있다"라고 밝혔다. 이어 그는 "진보 진영에서 안철수를 착한 자본가 정도로 단정하는 시각이 있고 그런 해석을 이해 못할 바는 아니지만, 내가 아는 한 안철수의 분배 철학은 놀랄 만큼 진보적이다. 잘 모르면서 인상비평 수준에서 함부로 단정 지을 사람이 아니다"라고 덧붙였다.[11]

안철수의 분배 철학은 의대생 시절 여름방학 때 지방의 무의촌을 찾아 의료봉사 활동을 하면서 하게 된 고민에서 연유된 듯하다. 그는 무의촌을 짓누르고 있는 가난을 보면서 사람과 돈의 관계에 대해 생각을 달리하게 되었다. 그전까지는 한 번도 심각하게 생각해본 적이 없는 문제였는데, 고민 끝에 결국 가장 중요한 것은 돈일지도 모른다는 생각에 이르렀다.

"봉사 활동을 하는 데도 한계가 있어 어느 정도 이상은 내 힘에 부쳤다. 그렇다고 그 사람들을 위해서 내 생활을 바꾸거나 할 수도 없는 노릇이었다. 숱한 책을 읽으면서 가난한 사람, 어려운 사람을 돕는 장한 이야기들도 많이 보았건만 막상 그런 광경을 접하면서는 어떤 가닥도 잡히질 않았다. 배운 사람의 도리 같은 것을 생각하니 마음은 더욱 답답했다. 알면서도 실천하지 못하는 사람밖에 될 수 없겠구나 싶어서였다."[12]

그러나 안철수가 사회에 진출해 성공을 거둔 뒤 답답해하고 자탄만 할 이유가 사라졌다. 자신이 가진 것을 나누면 되기 때문이다. 물론 이는 그의 인생관과도 연결돼 있다. 그는 "나는 우주에 절대적인 존재가 있든 없든, 사람으로서 당연히 지켜나가야 할 중요한 가치가 있다면 아무런 보상이 없더라도 그것을 따라야 한다고 생각한다"며 다음과 같이 말한다.

"내세에 대한 믿음만으로 현실과 치열하게 만나지 않는 것은 나에게 맞지 않는다. 또 영원이 없다는 이유만으로 살아 있는 동안에 쾌락에 탐닉하는 것도 너무나 허무한 노릇이다. 다만 언젠가는 같이 없어질 동시대 사람들과 좀 더 의미 있고 건강한 가치를 지켜가면서 살아가다가 '별 너머의 먼지'로 돌아가는 것이 인간의 삶이라 생각한다."[13]

정치를 해도 그만, 안 해도 그만이라는 여유 때문일까? 이 여유는 서울시장 후보 자리를 박원순에게 양보한 '통 큰 결단'으로 드라마틱하게 나타나

수많은 사람들을 감동시키면서 그의 '분배 양심 이미지' 를 최고조에 이르게 했다. 이와 관련, 『중앙일보』 논설위원 이철호는 "4박 5일간 생중계된 안철수 서울대 융합과학기술대학원장의 미니 시리즈가 막을 내렸다. 안철수의, 안철수에 의한, 안철수를 위한 드라마였다. 각본을 쓰고 주연배우까지 도맡았다" 며 다음과 같이 말했다.

"압권은 트위터에 오른 시청자 소감이다. '박원순은 지지율을 얻었고, 안철수는 세상을 얻었으며, 야당은 2부 리그로 내려앉았고, 한나라당은 시정잡배로 전락했다.' 압도적 시청률을 자랑한 미니 시리즈의 승자는 단연 안 원장이다. 드디어 양자 대결 여론조사에서 박근혜 한나라당 전 대표를 눌렀다. 철옹성의 박근혜 대세론까지 허무는 가공할 파괴력이다. 지지율 50퍼센트의 안원장은 20분간 담판을 통해 5퍼센트의 박 변호사에게 깨끗이 양보했다. 한마디로 쿨하다. 요즘 시대의 입맛에 딱 맞아떨어진다. 정치 9단인 김영삼·김대중도 못 해낸 작품이다. 정치 쇼라고? 거품이라고? 그렇다면 다음의 반문 앞에 어떻게 반박할 것인가? '50퍼센트 넘는 지지율에도 불출마할 수 있는 정치인이면 안철수를 씹어라.' '50퍼센트 박근혜가 5퍼센트 정몽준에게 대권 후보 양보할 수 있는가?' ……. 상식을 뒤엎는 이런 통쾌한 반전에 시청자들이 열광하는 것이다." [14]

'엄친아' 성공 코드

대중은 지도자나 유명 인사가 단지 소통을 잘하고 양심적이라는 이유만으로 열광하진 않는 법이다. 무언가 실적이 있어야 한다. 그런데 안철수는 자신의 힘으로 성공을 이룬 대표적인 '엄친아' 다. 엄친아면서도 강남 좌파다. 안철수가 왜 좌파냐고 항변할 수도 있겠지만, 안철수는 "최상위 1퍼센트에 속하는 상류계급"이면서도 "계층적 기반은 99퍼센트의 중소기업가, 자영업자, 대학생, 노동자, 비정규직, 서민"이기에,[15] 상대적 의미로 이해하면 펄쩍 뛸 일은 아니다.

안철수는 "강남 좌파 아니냐"는 질문을 받고 "강남에 살지도 않고 좌파도 아니다"고 답했다. 안철수식 '썰렁 개그'로 이해하는 게 좋을 것 같다. '강남'을 좋지 않게 생각하는 사람도 많지만, 강남을 선망하는 사람이 훨씬 더 많다. 강남을 어떻게 바라보든 강남에 어떤 문제가 있든 강남에도 좋은 점이 많다.

정치 컨설턴트 박성민은 강남이라는 말에 들어 있는 것은 '합리적 주장', '상대에 대한 배려', '다양성의 인정', '닮고 싶은 매력', '촌스럽지 않음', '글로벌 경쟁력' 등이라면서, 이를 안철수의 화려한 스펙, 경제적 여유, 잘생긴 외모와 세련된 화법 등과 연결한다. "왜 대중은 이렇게 좌파, 우파를 막론하고 강남성을 가진 엘리트들에게 열광할까요? 우선 시대가 변했어요. 지금 이 시대 시민의 정체성은 '소비자'로 규정됩니다. 이들은 세상사를 다른 무엇보다도 소비자로서의 정체성으로 살핍니다."

이어 박성민은 "지금 강남 좌파로 언급되는 이들 중 몇몇은 일반 시민의 상상을 초월할 정도로 돈을 많이 벌었어요. 그들은 고가의 강남 고급 주택에 살고, 자기 아이들은 외국어고등학교에 넣거나 유학을 보냅니다. 만약 1980~1990년대라면 이것만으로도 이들이 좌파 행세를 하기 어려웠을 거예요. 하지만 지금의 대중은 '능력 있어서 돈을 벌고 세금도 제대로 내는데 도대체 뭐가 문제냐?'라며 '쿨'하게 생각합니다"며 다음과 같이 말한다.

"예를 들어, 대표적인 좌파 지식인이라고 할 수 있는 진중권 씨가 취미로 고가의 경비행기를 운전한다고 할 때도 그것은 오히려 그의 매력을 높이는

요소가 된다는 겁니다. …… 안철수 교수에 대한 대중의 열광도 이 '강남성'
에 대한 열망을 전제하지 않고는 제대로 이해할 수 없습니다. 비록 안 교수가
강남에 살지 않더라도, 대중은 지금 대한민국에서 '강남성'을 가장 잘 구현한
인물로 그를 인식하고 있는 거예요."[16]

날카로운 지적이다. 세대 격차가 크다곤 하지만, '강남성'에 대한 열망만
큼은 그 격차를 뛰어넘어 모두 다 공유하고 있는 것이다. 이와 관련, 『한겨레』
기자 이재훈은 이렇게 말한다. "'정치인' 안철수는 내 아이의 롤모델이자, 내
아이의 삶을 그와 비슷한 지위로 이끌어줄 것만 같은 아이콘이다. 엄마와 아
빠 들이 안철수라는 정치권력을 통해 꿈꾸는 사회는, '엄친아' 들이 사회적 다
수가 될 수 있고 노동자는 보이지 않는, 그리고 내 아이가 노동자가 아니라
'엄친아' 들 사이에서 한자리를 꿰차고 앉을 수 있을 것 같은 미래다."[17]

다수 대중은 엄친아를 부러운 눈길로 바라보지만, 진보적 관점으로는 엄
친아를 좋은 말로 받아들이기 힘들다. 이재훈은 안철수의 멘토링이 불평 말
고 열심히 노력하라는 자기 계발주의라며 다음과 같이 주장한다.

"안철수의 '멘토링'에 열광하는 다수의 청춘들은 안철수식 성공 모델이
라는 판타지를 아편 삼아 잠시나마 현실을 잊고 자신에게 고통을 주고 있는
사회구조의 문제를 망각하려 하고 있는 것일지도 모른다. 그러나 아편의 망
각 뒤에는 금단 현상의 고통과 같은 정글의 생존 경쟁이 여전히 엄존하고 있
다. 적어도 현재의 안철수식 해법은, '성공 모델 바라보기' 판타지라는 아편
에 중독된 청춘을 구원해줄 백신이 될 수 없다."[18]

문화 평론가 문강형준은 '착한 이명박'이라는 가설까지 제시한다. "정치
의 핵심은 '평등을 위한 투쟁'인데, 안철수가 구현하는 것은 '행정, 자기 관
리, 정직함, 성공, 능력' 같은 정치 외적인 측면이다. 이는 신자유주의가 강조

하는 자기 계발 이데올로기이기도 하다. 대중이 원하는 것은 '정치'가 아니라 '행정'이고, '투쟁'이 아니라 '관리'다. 안철수는 대중이 원하는 탈정치화된 정치의 상징인데, 이는 이명박 대통령이 뽑힌 2007년에 나타났던 현상이다. 안철수는 이명박이 결여한 정직성과 진정성의 이미지를 갖춘 '착한 이명박'인 셈이다."[19]

일리 있는 지적이지만, 공정한 지적은 아닌 것 같다. 김대중·노무현 정권이 진짜 진보 세력에게 신자유주의라고 맹렬히 비난받은 걸 감안한다면, 이명박과 김대중·노무현의 거리가 그렇게 먼 것 같지는 않다. 즉, 안철수를 '젊은 김대중'이나 '세련된 노무현'으로 부른다고 해도 그것이 '착한 이명박'보다 못할 게 없지 않겠느냐는 것이다.

무엇보다도 이런 비판은 "그렇다면 청춘을 구원해줄 다른 해법이 있는가?"라는 물음 앞에서 무력해진다. 진보 정당의 집권만이 해법일 텐데, 세상을 앞서가면서 사는 것도 좋지만 안철수에 관한 논의의 장까지 그렇게 성급하게 대할 필요가 있을까? 또한 이런 비판은 "옳든 그르든 해법을 모색하려고 열정을 보인 개인이나 집단은 있었던가?"라는 물음 앞에선 더욱 무력해진다. 현재의 안철수식 해법이 '성공 모델 바라보기' 판타지라는 아편에 중독된 청춘을 구원해줄 백신이 될 수 없다면, 안철수가 대통령이 되어 권력을 잡으면 달라질 수도 있다는 말일까? 안철수의 매력은 정의·공정·공생 코드를 통해서도 드러나는데, 이는 어떻게 봐야 하는 걸까?

정의·공정·공생 코드

안철수는 오래전부터 정의·공정·공생을 강조했다. 그는 특히 대기업과 중소기업의 관계에서 때론 혈압을 높여가면서 대기업의 횡포를 비판했다. 그는 대기업과 중소기업의 관계가 공정해야 하고 둘이 공생해야 한다고 역설해 왔다. 대기업의 횡포에 대한 분노가 오랫동안 미국형 포퓰리즘의 중요한 동력이었다는 점을 감안한다면,[20] 안철수의 정의 · 공정 · 공생 코드는 폭발적 지지와 인기의 원천이 될 가능성이 매우 높다고 하겠다.

그런데 안철수의 힘은 2040세대의 지지에 있다. 여론조사 전문 기관인 리얼미터가 발표한 2012년 4월 셋째 주 주간 정례 조사 대선 양자 구도 지지율을 보면, 박근혜가 안철수를 계속 앞서기는 했으나 2040세대에서는 여전히 안철수에 크게 열세인 것으로 나타났다. 박근혜의 지지율은 49.2퍼센트로 45.0퍼센트를 기록한 안철수를 4.2퍼센트포인트 앞서는 것으로 나타났으나, 20대에서 30.2퍼센트에 그쳐 62.6퍼센트를 기록한 안철수에게 두 배 이상 뒤졌다. 30대에서도 박근혜는 34.4퍼센트로 59.9퍼센트인 안철수의 절반 정도로 열세를 보였으며, 40대 역시 44.6퍼센트 대 51.0퍼센트로 나타나 2040세대의 지지율 열세가 박근혜의 대세론을 위협하는 가장 큰 변수가 되고 있는 것으로 나타났다.[21]

왜 2040세대는 그렇게 열렬히 안철수를 지지하는 걸까? 유창오는 『진보 세대가 지배한다: 2040세대의 한국 사회 주류 선언』에서 2040세대를 진보 세대로 규정한다. 신자유주의, 양극화, 빈부 격차로 가장 큰 고통을 받고 있지만, 역설적으로 이를 극복할 수 있는 주체가 될 수 있기 때문이다. 그는 진보 세대가 민주 진보 세력의 중심 세력이 되고 있으며, 대한민국의 권력을 2040세대가 적극적으로 나서서 결정할 수 있다는 사실을 안철수 신드롬이 보여주고 있다고 주장한다. "그는 좋은 일자리를 대거 창출하는 소프트웨어 산업의 CEO 출신이요, 그동안 강연을 통해 재벌 중심 경제에 대해 매서운 질타를 해왔다. 2040세대가 그에게 열광하는 핵심은 여기에 있다."[22]

안철수는 한국의 기업 구조를 곧잘 삼성동물원, LG동물원, SK동물원에 비유하곤 했다. 대기업과 거래하는 중소기업은 불공정 계약을 감수할 수밖에 없고, 결국 몸담았던 동물원에서 죽어 나가는 구조라는 것이다. 대기업의 약탈적 행위를 막아 중소기업·벤처기업이 살아남는 생태계를 가꿔야 미래가 있다는 게 그의 핵심 주장이다.[23] 진보 세력은 인터넷 대형 포털 사이트에 대한 아무런 문제의식이 없었다. 게다가 단지 보수 언론을 견제할 수 있다는 이유만으로 포털과 밀월 관계를 누려왔다. 그럴 때 "인터넷 포털이 자라나는 후배 기업의 싹을 아예 시작부터 밟아버리는 존재가 되고 있다"라고 일갈한 사람이 바로 안철수였다.

안철수는 재벌 중심 경제에 대한 매서운 질타를 젊은이들의 고민과 연결시킨다. 그는 "지금 학생들은 제 학창 시절보다 호기심이나 모험심, 실력 등 모든 면에서 뛰어나요. 그런데 사회구조가 학생들이 안전한 선택을 할 수밖에 없게끔 몰아가고 있어요. 그렇게 된 핵심은 학교 자체보다는 사회구조에서 찾을 수 있어요"라면서 다음과 같이 말한다.

"우리나라는 일자리가 2000만 개 정도 필요한데 대기업이 뽑을 수 있는 건 200만 개에 불과해요. 그마저도 줄이고 있죠. 대기업엔 각종 특혜를 주고 우대하다 보니 중소기업, 창업은 설자리가 없어지고……. 더 심각한 건 창의적 인재가 필요하다고 말로만 할 뿐, 사실 대기업엔 창의적 인재가 필요하지 않아요. 그건 우리나라 경제 발전과도 연관이 있어요. 우리나라는 지금까지 '패스트 팔로워'였거든요. 가진 게 없으니까 새로운 것에 도전할 여유가 없어요. 실패하면 다 날아가니까 다른 사람, 선진국이 해놓은 것 중 성공한 것을 보면서 전속력으로 쫓아갔고 성공했어요. 그러다 보니 추호의 실패도 용납 않고, 실패해서 넘어지면 밟고 지나가고, 앞사람의 머리채를 잡아 쓰러뜨리고 온갖 편법을 동원했어요. 결국 대기업들은 창의적 인재 대신 시키는 대로 한 치의 오차 없이 할 수 있는 스펙과 학벌 좋은 사람을 선호해왔어요. 모든 불행이 거기서 시작된 거죠."[24]

안철수의 정의 · 공정 메시지는 공생을 강조하는 것으로 완결된다. "사업을 해보니 그래요. 성공이라는 결과를 봤을 때, 내가 공헌하는 것은 일부에 불과하고 나머지는 사회가 내게 허락해준 것이더라고요. 그런 성공의 결과는 100퍼센트 내 것이 아니에요. 그것을 독식하는 것은 천민자본주의죠. 대기업이 중소기업을 약탈하고, 그런 식으로 나 혼자 잘 먹고 잘살겠다는 생각이 지배하고 있잖아요. 그게 제 생각의 출발이었어요."[25]

사실 안철수를 두고 좌우니 진보-보수니 하고 따지는 건 무의미하다. 아니, 그런 구분 자체가 시대착오적이다. "영혼이라도 팔아 취직하고 싶다", "실업자로 사느니 교도소 가겠다", "우리에게 애국愛國은 없다. 우리에게 고통을 전가하는 나라는 애국받을 가치조차 없다"라고 절규하는 청춘에게 무슨 얼어죽을 좌우며 진보, 보수 타령이란 말인가.[26] 일관되게 청춘의 고통을 위로하며 일자리의 중요성을 강조하는 안철수가 대다수 청춘에게 가장 진보적인 정치인으로 여겨진다고 해도 놀랄 일은 아니리라.

안전 개혁 코드

정의 · 공정 · 공생을 강조하고 대기업의 횡포를 비판하는 일에서 안철수는 선구자도 아니고 대표적 인물도 아니다. 그렇게 말한다면 그건 이 땅의 진보 세력에 대한 모독일 것이다. 그렇지만 대중은 진보 세력의 사회개혁론을 불안한 시선으로 바라본다. 그들에겐 '엄친아' 성공 코드가 없기 때문에, 그들의 개혁론을 약자의 원한 비슷하게 받아들이는 경향이 있다. 반면 정의 ·

공정·공생 코드와 더불어 '엄친아' 성공 코드가 배어 있는 안철수의 개혁론은 그들에게 전혀 다른 느낌으로 다가온다. 개혁을 안전하게 할 수 있다는 안도감이라고 할까? 이걸 가리켜 '안전 개혁 코드'라고 부를 수 있다.

여러 문제점이 있음에도 강남 좌파의 강점이 바로 여기에 있다. 똑같이 과격한 말을 해도 민생 문제에 관한 한 정통 좌파보다는 강남 좌파가 해야 더 설득력이 있다. 부자에 대한 원한에서 비롯되지 않았다는 게 입증되는 효과를 낳기 때문이다.

말을 제대로 옮긴 것인지는 알 수 없지만, 새누리당 의원 정몽준이 2012년 4월 28일자 『중앙일보』 인터뷰에서 안철수에 대해 이렇게 말했다. "안 원장이 지난해 국회에서 강연을 했다. 끝날 때쯤 미국 실리콘밸리 얘기를 하다 우리 벤처업계엔 사기꾼이 많다고 하더라. 그러면서 사기꾼들은 다 사형시켜야 한다고 했다. 안철수 교수 하면 좋은 사람이 아닌가? 컴퓨터 백신도 만들고 정의로운 사람인데, 또 굉장히 분노와 증오가 많은 것 같았다."[27]

안철수가 실제로 그렇게 말했다 해도 별문제 될 게 없다. 오히려 그의 개혁 의지가 확고·단호하다는 증거로 여겨질 것이다. 안철수의 경우엔 인상학적으로도 유리하다. 착한 얼굴 덕을 본다는 뜻이다. 김제동이 청춘 콘서트에서 이 점을 잘 지적했다. "교수님처럼 그렇게 살벌한 말씀을 그렇게 편안하고 웃는 얼굴로 하는 분은 좀체 찾기 힘들 것 같아요"라고 말이다. 어떤 말이었던가?

"지금도 계속되는 대기업·중소기업 간 불공정 관행은 해결해야 해요. 현행법 안에서라도 정확하고 공정한 잣대로 견제를 할 수 있다면 사실 문제는 많이 희석될 수 있거든요. 이걸 집행할 의지가 없고 실행할 능력이 없어서죠. 많은 관료가 퇴임 후 삼성 같은 기업이나 김앤장으로 가는 게 일반화돼 있어요. 관료라면 국가·사회를 위해 봉사해야 하는데, 나중에 평생을 보장해주는 기업 편에 서지 않겠어요? 룰과 브레이크가 작동하지 않으니 문제죠. 정부는 약탈 행위를 방조하고 있었잖아요."[28]

진보 세력이 "약탈 행위" 운운하면서 그걸 바로잡아야 한다고 주장하면 불안감을 느낄 사람들도 안철수가 그 말을 하면 "맞아. 맞아" 하고 동의할 가능성이 높아진다. 게다가 안철수는 '신뢰받는 리더' 라는 별명이 붙을 정도로 강력한 '신뢰 자산' 을 갖고 있지 않은가. 아예 '한국에서 가장 신뢰받는 안철수 리더십' 이라고 제목을 단 책까지 나왔다.[29] 박경철은 "안 원장과 본격적으로 대화를 시작한 것은 3년 정도 됐다. 그동안 그를 지켜보면서 이 사람은 '안 되는 것은 안 된다' 고 말하는 사람이라는 것을 알았다"며 다음과 같이 말한다.

"자기가 말한 대로 간다. 그런 사람을 만난 적이 없다. 처음에는 신기하게 생각했다. 시간이 지나면서 옆에서 지켜보니까 이 양반이 무슨 말을 해도 믿게 되더라. 이것이 신뢰의 힘이다. '믿어주세요, 이 사람' 이라고 말하는 것이 아니라, 행동으로 보여주는 랜드마크형 인간이다. 우리 사회의 중심이 되는 기준이 필요하다면 안 원장이 바로 그것이 될 것이다."[30]

그거야 박경철의 생각일 뿐이라고 말하긴 어려울 것 같다. 안철수와 박경철이 소통해온 수년이란 시간은 안철수가 신뢰의 화신이라는 걸 확인하는 데 충분한 시간이었다고 보는 게 옳지 않을까? 안철수는 자신의 리더십에 대해서도 세상에서 우려할 수 있는 것을 염두에 둔 듯 다음과 같이 말한다.

"20세기에는 카리스마를 갖고 외향적 성격에, 목소리 큰 사람이 특정한 위치에 올랐어요. 그 위치에는 인사권과 돈이 부여됐고, 그것을 휘둘러서 리더십을 발휘했어요. 21세기에는 일반 대중이 리더를 무조건 따라가지 않아요. 탈권위주의 시대가 되면서, 지금은 대중이 리더에게 리더십을 부여하지요.

게다가 대중이 리더에게 원하고 갈망하는 자질이 더 중요해요. 현재 대중이 원하는 리더십은 상황에 따라 흔들리지 않는 안정성, 미래에 대한 비전과 희망 그리고 이해하고 공감하는 능력이에요. 이 세 가지가 가장 중요해요."[31]

안철수의 동지인 박경철은 안철수의 화두에 살을 붙여주는 역할을 잘해내고 있다. 그는 "우리 사회는 선배 세대들의 헌신을 바탕으로 힘든 시기를 넘어왔고, 이 시대는 대중을 이끌고 '나를 따르라follow me'를 외치는 리더십이 가장 효율적이었지만, 이제는 그보다 '나와 함께with me'라고 말하는 리더십이 필요한 시대가 도래했기 때문이다"라며 이렇게 말한다.

"이것이 우리 기성세대들의 생각과 후배 세대들의 생각이 큰 괴리를 보이는 지점이고, 쉽게 위로가 되지 않는 이유다. 기성세대의 리더십이 이끌고 당기는 계몽주의적 리더십이었다면, 앞으로 필요한 리더십은 밀어주고 어깨를 내어주고 무릎걸음으로 다가가 눈물을 닦아주는 리더십이다."[32]

이념 양극화 혐오 코드

한국에 강남 좌파가 있다면, 미국엔 리무진 진보주의자limousine liberals가 있다. 미국 민주당은 정치 참여에서부터 정치 자금에 이르기까지 리무진 진보주의자로 대변되는 부자 유권자에 과도하게 의존하고 있기 때문에 경제정책을 좌클릭하기가 대단히 어렵다.[33]

리무진 진보주의자의 핵심은 여피yuppie다. 여피는 '도시에 사는 젊은 전문직 종사자Young Urban Professional'로 1946년부터 1964년 사이에 태어난 베이비 부머 7600만 명 중 5퍼센트에 불과하지만 미국 사회에 큰 영향을 미치고 있는 집단이다. 이들이 '젊은 출세지향적 전문가들Young Upwardly Mobile Professional'로 타락했다는 비판의 목소리가 높다.[34]

지난 수십 년간 가난한 사람들이 공화당에 표를 던진 이유에 대해 2004년 『뉴욕타임스』칼럼니스트 니콜라스 크리스토프는 '민주당의 여피화'를 지적한 바 있다.[35] 노동운동가 앤디 스턴은 민주당 정치인들의 전형적 이미지를 "볼보 자동차를 몰고 다니고, 비싼 커피를 홀짝이고, 고급 포도주를 마시고, 동북부에 살고, 하버드대나 예일대를 나온 리버럴"로 규정했다.[36]

그러나 오히려 그렇기 때문에 민주당 정치인은 수사적 진보성을 전투적으로 드러내면서 사회·문화적 이슈에만 집중할 뿐 빈부 격차 해소 문제엔 소홀하거나 무능하다. 더욱 중요한 것은 이들이 자신들의 존재 가치를 높이기 위해 정치적 양극화 노선을 선호하고 있다는 점이다. 이는 공화당 정치인도 마찬가지다. 그 결과 미국은 '두 아메리카The Two Americas'로 갈라졌다는 말이 나올 정도로 극렬한 당파 싸움에 국력을 탕진하고 있다.[37]

한국의 강남 좌파도 비슷한 양상을 보이고 있다. 그런데 안철수는 불필요한 갈등 조장형이라고 할 수 있는 기존 강남 좌파와는 전혀 다른 모습을 보이고 있다. 대중의 기존 정치 혐오 심리에서 출발한 안철수 바람은 안철수가 중도 노선을 택하면서 점점 다른 양상을 보이기 시작했다. 아니, 좀 더 정확히 말하자면, 그의 이념은 중도주의라기보다는 자신의 기준에 따라 진보와 보수를 자유롭게 넘나드는 바이컨셉츄얼리즘biconceptualism이다. '미국에서 보수주의의 대부Mr. Conservative'로 불린 배리 골드워터가 인디언 권리 보호, 종교의 자유, 군대의 게이 포용, 공개적이고 정직한 정부 운영 등 진보적인 면을 많이 보인 것이 좋은 사례다.[38]

그런데 바이컨셉츄얼리스트biconceptualist가 따로 있는 건 아니다. 진보적인 사람일지라도 강한 보수적 메시지를 담고 있는 람보 영화에 공감하고 박수를 칠 수 있다. 그건 이상할 게 전혀 없는 일이다.[39] 그런데 우리가 정치 영역에서 특정 이념이나 노선을 택하면서 가급적 일관된 성향을 보이고자 하는 건 학습의 결과다. 이론으로든 실천으로든 정치를 너무 많이 알기 때문에 이념의 포로가 되기 쉽다. 반면 안철수는 정치 이론과 실천에서 '무식'한 편이다. 다른 일들에 너무 몰두해왔기 때문이다. 그래서 그가 특정 이념이나 노선에서 자유롭다는 역설이 일어나는 것이다.

안철수는 "제가 안보는 보수, 경제는 진보"라면서 "보수도 진보도 아니다"라고 말한다. 진보, 보수를 따지는 것에 대해 다소 신경질적인 반응까지 보인다. "대북 문제에 대해서 보수적인 입장을 갖고 있고, 교육 문제에 대해서 진보적인 시각을 갖고 있으면 진보인가 보수인가? 그것은 나눌 수가 없다. 그것을 나누고 분열함으로써 이득을 보는 사람들이 이런 짓을 한다." 이에 대해 고려대 교수 임혁백은 "안철수는 유연하게 이데올로기적 경계를 넘나드는 이념적 유목민"이라는 평가를 내린다.[40]

안철수는 이념적 유목민의 정치적 가치를 파악한 건 물론 그걸 활용하겠다는 의지를 강하게 드러내왔다. 2012년 3월 4일 그는 보수층이 주도하는 탈북자 북송 반대 시위 현장을 찾았고, 3월 12일엔 방송 3사 노조의 연대 파업을 지지하는 성명을 내는 등 양 진영을 넘나드는 모습을 보였다. 야권이 한때 '자유무역협정FTA 폐기'를 주장한 것과 관련해서는 "여론조사에서 FTA 찬성 응답도 상당하고, 반대하더라도 재협상하자는 쪽이 월등히 많은데 왜 폐기하자는 건지 이해할 수 없다"는 반응을 보였다. 그리고 이를 설명하겠다는 듯 3월 27일 서울대 강연에선 이른바 '진영 논리'의 타파를 선언했다.

안철수는 "우리나라 정치는 보수, 진보가 너무 심하게 싸운다. 사회문제를 풀라고 국민이 권한을 줬는데, 그게 자기들 것인 양 싸우면 말이 안 되는 것"이라고 했다. 소속 정당을 밝히진 않았지만 최근 정치권 관계자와 만난 적이 있다는 사실도 공개했다. 그는 "얼마 전 어떤 분을 만났는데 그쪽 분(정치인)인 줄 몰랐다. 이렇게 저렇게 하면 정권을 잡을 수 있다는 그분의 설명을 듣고 난 뒤 암담했다. …… 그래서 보수든 진보든 문제를 풀 사람이 정권을 잡아야 한다고, 승리에 집착하는 건 바람직하지 않다고 대답해줬다"고 전했다. 안철수는 지난해 여자 대통령을 주인공으로 한 드라마 〈대물〉도 거론하며 "왜 현실에선 국민을 위하는 대통령이 나오지 않는지에 대한 갈망이 시대정신에 반영돼 인기를 끈 것"이라고 주장했다.

이 강연에서 어느 학생이 대선에 출마할 의향이 있는지 묻자, 그는 "내가 만약 긍정적인 발전의 도구로만 쓰일 수 있으면 설령 정치라도 감당할 수 있다"며 "지금 있는 분들이 잘해주시면 나설 이유가 없다. (그러나 기존 정치인이 잘못해서) 내가 만약 참여하게 된다면 이거 하나는 확실하다. 어떤 특정한 진영 논리에 기대지 않겠다"고 대답했다. 또 "공동체 가치를 최우선적으로 삼는 쪽으로 하지 진영 논리에 휩싸여 공동체 정치의 가치관을 저버리는 판단은 지금까지의 생각, 행보와 맞지 않는다"고 강조했다.[41]

안철수는 2012년 4월 3일 전남대 강연에선 "(총선에서) 정당·정파보다는 사람을 보고 뽑아야 한다"고 말했다. 이 말은 한 학생이 "정치 세대교체의 필요성과 대립 구도로 자리 잡은 구태 정당정치에 대해 어떻게 생각하느냐"는 물음에 답하는 과정에서 나왔다.

"(공동체) 규모가 커질수록 조직화된 소수 집단의 의사가 반영되기 더 쉬워진다. 다수의 뜻을 반영하려면 선거에 적극적으로 참여하는 것 말곤 방법이 없다. 몇 가지 가이드라인을 말하겠다. 첫째, 진영 논리에 빠져서 정파적 이익에 급급한 분들이 아니라 국익을 생각하는 분들이 있다면 그분을 뽑는 게 맞는 것 같다. 둘째, 자꾸 과거에 대해 이야기하기보다 미래에 대해 얘기하는 사람이 적임자다. 셋째, 증오·대립·분노 이런 얘기만 하는 분보다 온건하고 따뜻하고 그런 분들이 있다. 말이라는 게 인격이다. 말을 들어보면 인격을 알 수 있다. 인격이 훨씬 성숙한 분을 뽑으면 좋겠다. 넷째, 정당이나 정파보다는 오히려 개인을 보는 게 맞다고 본다. 미래 가치에 부합하는 사람인가 아닌가가 가장 중요하다. 선거에 대한 변화도 거기서 생기는 것이다. 영남, 호남, 충청, 강남 이런 데는 어느 당이 될지 다 정해져 있는데, 시민의 선택으로 얼마든지 (권력이) 교체될 수 있다는 것을 보여주는 게 미래 가치를 현실화하는 방법이다."[42]

안철수의 이 발언에 대해 유시민은 "도덕이 위기에 봉착한 시기엔 양비론이 설 자리가 없다"고 반박했다. 그는 이전에도 "지옥의 가장 뜨거운 자리는 도덕적 위기의 시대에 중립을 지킨 사람을 위해 예약돼 있다"거나 "중립은 곧 악의 편"이라며 안철수의 선택을 압박해왔다.[43] 어찌 유시민뿐이랴. 아직도 많은 이들이 선악善惡 대결 구도가 불가피했던 1980년대식으로 정치를 바라보고 실천하는 게 현실이다. 그러나 안철수의 메시지는 단호하다. "청년 일자리를 창출하는 데 진보가 답을 내놨나, 보수가 답을 내놨나. 일자리 창출은 이념을 초월하는 가치인데 이쪽에서 어떤 의견 내면 다른 쪽은 반대 의견을 자동으로 내고……. 그런 이념은 차라리 필요 없다."[44]

"중립은 곧 악의 편"이라는 유시민의 주장에 지지를 보내는 사람들도 많겠지만, 기존 정치적 양극화와 그에 따른 증오·대립·분노의 정치에 염증과 환멸을 느끼는 사람들이 더 많다고 보아야 하지 않을까? 즉, 이념 양극화 혐오 코드는 안철수가 인기를 누리는 여러 이유 중 하나로 볼 수 있을 것이다.

뚝심 · 책임 윤리 코드

"안철수 교수에겐 CEO의 면모가 있다. 생산상과 효율성을 상당히 따지는 데 나는 이게 이명박 대통령과 비슷해 위험한 면이 있다고 생각했다. CEO 마인드로는 정치 과정이란 게 시간과 정력의 낭비로 보인다. 생략하고 싶어 한다. …… 한국 정치란 게 수학적으로 뜯어볼 수 있는 구조가 아니다. 언제나 오리무중이고 안개 정국 아닌가?"[45]

한때 안철수의 멘토로 알려진 전 환경부 장관 윤여준이 2011년 12월 11일자 『중앙선데이』 인터뷰에서 한 말이다. 박성민도 비슷한 우려를 제기한다. "안철수 교수가 '정치'는 비효율적인 것이고 '행정'은 해볼 만한 가치가 있는 것으로 여기는 한 이명박 대통령의 전철을 밟을 가능성이 큽니다. 아니나 다를까, 벌써부터 안 교수를 '착한 이명박'이 되지는 않을지 걱정하는 목소리가 나오잖아요. 안철수 교수의 서울시장 출마 가능성 이야기가 나왔을 때, 안교수가 '서울시장 자리는 정치하는 자리가 아니고 행정 하는 자리여서 해볼 만하다'라고 말했다는 보도가 있더군요. 그런 인식으로는 지도자로서 성공할 수 없어요."[46]

임혁백 또한 "그는 들으려 하기보다는 말하려 하고, 설교하려 하고, 설법하려 한다"며 다음과 같이 말한다. "그가 대중으로 내려가 소통을 한 '청춘 콘서트'에서도 그는 들으려 하기보다는 강연하고 강의하려 하였다. 서번트 리더십을 강조하는 그가 청춘 콘서트에서는 대중의 말을 경청하는 서번트가 아닌, 대중에게 설법하는 멘토였다."[47]

모두 다 공감할 수 있는 지적이다. 그런데 안철수의 그런 면은 이미 정치 혐오를 넘어서 정치 저주에 가까울 정도로 기존 정치에 침을 뱉는 사람들에겐 아무런 흠이 되지 않을 것이다. 오히려 안철수에게 제기되는 또 다른 비판이라 할 수 있는 '약해 보이는 면'을 덮어줄 수 있을지도 모른다.

사실 정작 걱정해야 할 것은 안철수의 약해 보이는 면이 아닐까? 그가 12년 전에 토로한 의과대학 시절에 방황한 이야기는 그가 전형적인 '마마보이'가 아닌가 하는 생각마저 들게 한다. 그는 "선배들에게서 듣기로는 10등 안에는 들어야 자기가 원하는 과를 선택할 수 있다는데, 그 등수 안에 들기 위해서 비인간적인 생활을 계속해야 한다는 것이 싫기만 했다"며 다음과 같이 말한다.

"아마도 그때가 내 평생 가장 어려운 시기였던 것 같다. 마음은 점점 정처를 모르고 떠돌아다녔다. 방황이란 말이 처음으로 실감되었는데, 한 번도 겪어보지 못한 느낌이라 어떻게 처리해야 좋을지 난감하기만 했다. 어쩔 줄 몰라 쩔쩔매다가 어머니께 장거리 전화를 드렸다. 나는 울면서 말했다. '어머니, 공부가 너무 힘이 듭니다.' 깜짝 놀라신 어머니께서는 곧바로 비행기를 타고 서울로 올라오셨다. 나를 데리러 오신 것이었다. 그날로 어머니와 함께 기차를 타고 부산으로 내려갔다. 기차를 타고 가는 중에도 나는 계속 울었다. 어머니께서 걱정하지 말라고 달래주셨지만 무슨 이야기를 하더라도 눈물부터 먼저 나왔다."[48]

안철수는 1995년 9월부터 1997년 8월까지 2년 동안 이틀에 하루는 밤을 새우는 나날을 보냈다고 한다. 그래도 다음과 같은 말은 약해 보이는 면에 대한 우려를 더하게 만든다. "늘 몸과 마음이 바빴고 시간은 부족했다. 때로는 너무 힘들어서 죽고 싶다는 생각이 들 때도 있었다."[49]

안철수가 믿기지 않을 정도로 매우 꼼꼼한 사람이라는 점도 지도자로서는 장점이 아닌 것 같다. 그는 "항상 문제를 대할 때마다 개론에서 출발해 각론을 섭렵한 후 핵심에 다가서는 스타일"인 데다 "선택한 것에 대해서 병적일 정도로 대충대충 하지 못하는 성격"이다. 그래서 "모든 자료와 정보를 수집

한 후 판단하는 습관"으로 의사 결정이 늦어지기도 한다.[50]

그런데 자신의 모든 약점까지 스스로 털어놓는다는 것은 안철수식 자신감의 발로라는 해석도 가능하다. 그는 "천성적으로 방어기제가 잘 발달된 탓에, 어떤 일에 대해 체념해야 한다고 생각하면 확실히 잊는 스타일"이라고 하니,[51] 이걸 다른 약점들을 보완할 수 있는 미덕으로 보아야 할까?

대중에게 중요한 건 오히려 안철수가 '뚝심' 있는 사람으로 비친다는 점일 것이다. 어느 기자는 느릿느릿 우직하게 자기가 하고 싶은 일을 한다는 이유로 그에게 '곰바우'라는 별명을 붙여주었다.[52] 안철수는 1999년 11월 벤처 바람이 정점에 이르렀을 때 "벤처 기업 가운데 95퍼센트 이상이 곧 망할 것"이라고 전망해 곤욕을 치렀지만, 그의 지적은 모두 사실로 판명됐다. 바로 이런 뚝심 때문에 안철수를 '강철 같은 소신'을 지닌 '전형적인 외유내강형 인물'로 보는 평가도 많다.[53]

『조선일보』 선임기자 최보식은 10년 전쯤 안철수를 인터뷰한 뒤 다음과 같은 개인적인 소회를 적어놓았다고 한다. "그는 너무 심하게 예의 바르고 너무 과도하게 겸손하다. 늘 양보하고 늘 순응한다. 내가 알고 있는 인간 본성으로는 위장을 하지 않고는 그러한 행동이 나올 수 없다. 그를 만날 때마다 위선僞善 여부를 탐색했다." 그런데 그런 최보식이 놀랄 일이 벌어졌다. "그가 처음 나를 놀라게 한 것은 '그분(윤여준 전 환경부 장관)의 말대로 다 따라 하지는 않는다. 내게는 김제동, 김여진 씨를 비롯해 300여 명 멘토가 있다'고 말했을 때다. 남에게 싫은 소리를 못 한다는, 누구에게도 폐를 끼쳐서는 안 된다는 그가 자신을 도와준 사람을 한 방에 날려버렸다."[54]

그랬다. 자신을 도와준 사람을 한 방에 날려버려도 되나? 안철수를 좋지 않게 보는 사람들은 그 사건을 안철수가 '싸가지' 없다는 증거로 여겼지만,

안철수를 좋게 본 사람들은 그 사건을 안철수에게 지도자다운 뚝심이 있다는 증거로 여겼다.

안철수는 책임 윤리가 매우 강한 편인데, 자신의 그런 점을 이용해 일을 벌였다는 고백은 다소 엽기적이기까지 하다. "제가 책임감은 굉장히 강한데, 그냥 풀어놓으면 한없이 게을러질 수 있는 성향을 가지고 있기 때문에, 그것을 이용해서 대외적인 약속을 해요." 백신 프로그램을 만들던 시절 컴퓨터 잡지사에 자신의 모르는 분야에 대해 글을 쓰겠다고 미리 약속을 해놓고선, 공부해서 글을 쓰곤 했다는 것이다.[55]

그래서인지 안철수의 언행일치에 대한 신념은 과격하기까지 하다. "저는 언론 뉴스 중에서 한 글자도 안 보는 것이 정치인 인터뷰입니다. 그 사람 행동만 보고 판단하면 돼요."[56] 정치를 하다 보면 불가피하게 언행일치를 할 수 없을 때도 있는 법인데, 안철수는 정치를 하게 되면 어쩌려고 그러는가 하는 생각마저 든다. 그렇지만 전반적으로 한국 정치인의 책임 윤리가 매우 낮은 수준임을 감안컨대, 안철수의 강한 책임 윤리 의식이 대중의 지지를 받는 건 당연한 일이라 하겠다.

디지털 혁명 코드

2011년 10월 5일 스티브 잡스가 사망했을 때 전 세계적으로 컬트(숭배)에 가까운 애도가 이어졌다. 『워싱턴 포스트』는 1990년대 초반 어린 시절을 보낸 이들이 대거 추모의 물결에 동참하고 있다는 데 주목했다. 이 세대는 초등학교 시절부터 초기 매킨토시 컴퓨터에 플로피 디스크를 꽂아 '오리건 트레일' 같은 어드벤처 게임을 하고, 애플 컴퓨터로 가득한 학교 컴퓨터실에서 학창 시절을 보냈다. 아이맥과 아이팟, 아이폰, 아이패드 등 잡스가 만든 제품을 사용하며 자라왔기에, 애플의 제품 하나하나가 자기 인생의 '마일 표지판' 과 다름없는 만큼, 추모의 의미가 더 각별했다는 것이다.[57]

잡스가 사망하기 한 달 전 『한국대학신문』과 인터넷 사이트 캠퍼스라이프가 전국 4년제 대학 재학생 2,187명을 대상으로 '2011년 대학생 의식조사 및 기업이미지 · 상품 선호도 조사' 를 한 결과 가장 존경하는 한국인은 안철수, 외국인은 스티브 잡스인 것으로 나타났다.[58] 이게 과연 우연일까? 두 사람 모두 젊은 세대의 경험을 지배한 디지털 문화의 선구자가 아닌가? 젊은 세대는 이 두 사람의 영향권 아래에서 이들을 존경하거나 숭배하면서 성장한 세대가 아닌가?

게다가 안철수와 잡스는 겉보기와는 달리 기업관에서부터 일하는 철학에 이르기까지 놀라울 정도로 유사한 면이 많다. 핵심 가치와 비전으로 영속하는 성공 기업을 역설해온 안철수는 자신의 기업관을 '영혼이 있는 기업 만들기' 라고 정의했는데,[59] 이는 잡스의 기업관과 똑같다. 일중독, 거시적인 비전, 창의성도 비슷하다. 애플이 1997년에 시작한 광고 "다른 것을 생각하라Think Different"가 잡스의 생활신조였듯이, 안철수의 생활신조도 '변화를 만들다make a difference' 다.[60] 안철수는 주변 사람들에게 청교도 같다는 말을 듣는데, 이 또한 잡스의 특성이기도 하다. 다만 잡스가 악동처럼 군 반면 안철수는 매우 예의바르게 처신한다는 점이 크게 다르다. 그래서 안철수를 '착한 잡스' 라고 할 수 있겠다. 잡스는 죽었지만 안철수는 건강하고 대통령까지 꿈꾸고 있다. 우리는 무언가 의미심장한 사회적 대변화에 놓여 있는 게 분명하다.

지난 4월 초순에 날아든 외신도 그 점을 새삼 실감케 한다. 세계 최대 SNS 회사인 페이스북이 직원이 열세 명인 사진 공유 앱 회사 인스타그램을 10억 달러(약 1조 1400억 원)에 인수한다고 발표한 사건이다. 인스타그램의 창업자인 케빈 시스트롬은 이제 겨우 스물여덟 살로 창업 2년 만에 10억 달러 중 4억 달러를 혼자 챙기게 되었다고 하니,[61] 그저 기가 막힐 따름이다. "아니, 그 어린 나이에 그 많은 돈을 언제 다 쓰지?" 하는 부러움과 더불어 "세상이 미쳐 돌아가는 것 아냐?" 하는 놀라움이 교차한다.

바로 그런 대격변의 시대에 안철수가 등장한 것이다. 박성민은 "안철수는 안보와 성장의 두 축으로 대한민국을 이끌어온 '박정희 패러다임'이 더 이상 지속될 수 없다는 선언의 상징"이라고 해석한다.[62] 그는 "안철수 현상의 이면에는 문명사적인 변화가 있어요"라면서 다음과 같이 말한다.

"근대 이전 지식의 위계질서는 이제 물구나무를 섰어요. 맨 밑바닥에 신학이 있고, 그 위에 철학, 그 위에 과학 그리고 맨 위에는 놀랍게도 기술이 있습니다. 스티브 잡스, 빌 게이츠 그리고 안철수 같은 기술자들이 부와 명예 그리고 세상에 영향력을 미치는 힘을 갖고 있어요. 신학의 경우, 지배력은 고사하고 자기 영역을 방어하기도 힘겹습니다. 이 시대에는 더 이상 오랜 세월 동안 축적한 경험이 예전만큼 힘을 발휘하지 못합니다. 세계화와 정보화로 환경 자체가 바뀌었는데, 어떻게 과거의 환경에 기반을 둔 경험이 문제 해결의 기준이 될 수 있겠어요? 당장 집에서 새로 나온 가전제품의 조작 방법을 습득하는 순서는 정확히 나이순과 반대잖아요."[63]

그렇다. 탁월한 안목이다. 디지털 기술의 단절성은 본질적으로 아날로그형인 경험과 경륜을 조롱하고 있다. 스마트폰의 구사 능력이 사용자의 나이와 반비례한다는 사실이 그 점을 드라마틱하게 입증한다. 일상적 삶의 중요한 것을 어른이 아이에게 배워야 하는 세상이 도래한 것이다. 그렇잖아도 독특한 '빨리빨리 문화'로 세계에서 가장 빠른 속도를 숭배하고 구현해온 한국 사회에서 늙음은 사회 진보에 역행하는 악덕으로 여겨지고 있다. 지난 19대

총선도 그런 '늙음 조롱'의 잔치판이었다.

그렇지만 청년은 선거 때만 추파를 받을 뿐 평소엔 취업 전쟁의 어두운 그늘에서 고통받고 있다. 그들은 위로나마 갈구했지만, 위로는 없었다. 다른 누구도 아닌, 젊은 세대의 디지털 경험을 이끌었던 안철수가 위로와 비전의 멘토로 나서면서 디지털 혁명은 정치사회 분야에까지 그 손길을 뻗치게 된 건 아닐까?

잡스가 출현하기 전에는 기술을 사랑하는 사람과 예술을 사랑하는 사람 사이의 간극이 매우 컸다. 기술 회사는 창의성을 이해하지 못하고 직관적 사고의 가치도 몰랐지만, 음악, 그림, 영상, 컴퓨터를 모두 사랑했던 잡스는 기술을 개발하려면 직관과 창의성이 필요하며 예술적인 무언가를 만들어내려면 현실적 규율이 필요하다는 점을 이해했다. 그는 이렇듯 인문학과 과학 기술의 교차점에 서 있었기에 융합 시대의 선구자가 될 수 있었다.[64]

디지털 융합 시대에 아날로그적 분리는 어울리지 않건만, 보수와 진보를 막론하고 그간 정치를 했거나 정치에 대해 이러쿵저러쿵했던 사람들은 위로를 정치의 기능으로 간주하지 않았다. 그들은 정치는 '실질'이어야만 한다고 생각했다. 그러나 그건 어디까지나 이론적 생각이었을 뿐, 그들이 실제로 보여준 건 실질의 정의를 둘러싼 이전투구였다. 안철수는 정치와 위로의 교차점에 서서 정치의 정의를 다시 내려보자는 선전·선동을 하고 있는 건지도 모른다.

특별한 역사적 기회 코드

미국을 기준으로 컴퓨터 혁명의 역사에서 가장 중요한 해는 1975년이다. 이 혁명의 수혜자가 되려면 1950년대 중반에 태어나 20대 초반에 이른 사람이 가장 이상적이다. 실제로 미국 정보 통신 혁명을 이끈 거물은 거의 대부분 그 시기에 태어났다. 빌 게이츠, 스티브 잡스, 에릭 슈미트(구글 회장) 등은 1955년생이며 다른 거물들도 1953년에서 1956년 사이에 태어났다.[65]

미국 저널리스트 맬컴 글래드웰의 『아웃라이어』에 나오는 이야기다. 각 분야에서 큰 성공을 거둔 이들은 탁월한 재능이 아니라 그들이 누린 특별한 기회 때문에 성공했다는 게 글래드웰의 논지다. 당연한 이야기인 것 같으면서도 의외로 우리가 놓치고 있는 부분이다. 특별한 기회의 중요성에 대한 인식은 세대론의 가치를 부각시킨다. 과거 한국 정치권에 4·19세대와 6·3세대가 많았던 건 4·19혁명과 6·3사태라고 하는 역사적 사건 때문이다. 386세대는 5·18광주민주항쟁의 자식들이다. 이제 우리는 88만 원 세대가 당면한 고통스러운 현실을 목도하고 있다.

한국 디지털 혁명의 씨앗은 1980년대 초반에 뿌려졌다. 5공화국은 '광주학살'을 저지른 천하의 몹쓸 정권이었지만, 1981년 5월 28일 체신부 차관으로 부임한 오명(1987년 7월에서 1988년 12월까지 체신부 장관 지냄)은 '통신 혁명'이라 해도 좋을 만큼 뛰어난 업적을 남겼다. 1982년 1월 1일 체신부에서 한국전기통신공사가 독립했고, 1982년 3월 29일 한국데이터통신주식회사(이름이 데이콤으로 바뀌었다가 LG유플러스에 합병됨)가 출범했다. 1985년 9월 말 전국의 전화 대수가 700만 대를 돌파해 전화가 대중화됨으로써 이제 곧 다가올 인터넷 혁명의 초석이 구축되었다.[66]

이 특별한 역사적 기회의 수혜자들은 넓게 잡자면 1960년대생들이다. 1960년생엔 이찬진(드림위즈 대표), 변대규(휴맥스 대표), 1962년생엔 안철수, 1964년생엔 오연호(오마이뉴스 대표), 조유식(알라딘 대표), 1966년생엔 김범수(네이버 창업자), 1967년생엔 김택진(엔씨소프트 대표이사), 이해진(NHN 의장),

1968년생엔 이재웅(다음 창업자), 김정주(넥슨 회장) 등이 있다. 그밖에도 자수성가형 IT 기업인은 대부분 1960년대생들이다.

안철수는 그런 특별한 역사적 기회의 수혜를 받았다. 그 자신도 자신의 성공 요인에 대해 "시기가 맞은 것 같다. 막 (컴퓨터) 기계어 공부를 끝냈을 때 바이러스를 만났다. 당시 나이가 몇 살 어리거나 더 많았으면 달라졌을 것"이라고 말한다.[67] 이뿐만 아니라 안철수는 정치인으로의 변신을 꿈꾸는 상황에서 88만 원 세대의 좌절과 분노가 폭발할 시점이라고 하는 또 다른 역사적 기회를 맞이했다. 안철수 현상에 세대 변수가 적잖이 작용하고 있는 건 우연이 아니다. 이와 관련, 그간 확실한 좌파적 입장을 견지해온 청년 논객 한윤형(1983년생)이 안철수에 대해 매우 호의적인 평가를 내린 게 흥미롭다.

"'안철수 현상'에 대한 국민의 열광에서 우리가 읽어내야 할 것은 대의 민주주의나 정당정치에 대한 부당한 폄훼가 아니다. 오히려 기성 정치권이나 정당이 우리가 사는 세계를 컨트롤하지 못하고 있다는 사실을 겸허하게 인정하고, 안철수를 지지하는 수많은 세력들과 함께 새로운 '팀'을 구성해보려는 의지와 노력이 필요하다."[68]

이어 한윤형은 한신과 유방의 고사를 거론하면서 이렇게 말한다. "여기서 나는 안철수가 유방에 해당한다는 낯간지러운 용비어천가를 늘어놓으려는 것이 아니다. 그러나 이 고사는 대선 후보에 대해 평가해야 할 것은 '많은 사람들을 거느릴 수 있는 리더십'이라기보다 '각 영역에서 리더십을 가진 이들을 다루고 팀을 만들어내는 능력'이라는 점을 알려주는 것 같다."[69]

대기업의 횡포에 대한 문제의식의 타이밍도 그렇다. 지식인들은 오래전부터 한국이 '재벌 공화국'으로 변해가는 걸 두려운 시선으로 바라보았지만, 일반 대중은 그걸 실감하지 못했다. 오히려 재벌이 주도하는 경제의 높은 수준과 비교해 정치의 낮은 수준을 폄하하기도 했다. 그러다가 재벌의 대형 마트 공세와 재벌 2, 3세의 빵집 진출로 불거진 골목 상권 침투 사건으로 인해 '재벌 공화국'의 문제점을 일상적 삶에서 온몸으로 겪으면서 "이거 안되겠구나" 하고 생각하게 된 것이다. 대중이 막연하게나마 그 어떤 역사적 변곡점이 왔다는 느낌을 공유하는 상황에서 안철수가 등장해 목소리를 높이고 있으니, 타이밍이 절묘하다 하지 않을 수 없겠다.

패러다임 비전 코드

안철수가 의대를 졸업하고 대학원 박사 과정을 거치면서 임상의가 아니라 연구실을 택한 이유는 단 하나였다. "전공인 생리학 분야에서 열심히 노력해서 언젠가는 노벨 의학상을 받겠다는 꿈" 때문이었다.[70] 그는 노벨 의학상과는 거리가 멀어졌지만, 노벨 의학상 급이거나 그 이상 가는 꿈을 꾸게 되었으니, 그건 바로 대한민국의 마인드 개조다. 그는 2004년에 출간한 『CEO 안철수, 지금 우리에게 필요한 것은』에서 다음과 같이 말한다.

"전 세계적으로도 우리나라의 발전 속도는 경이적인 것으로 평가받고 있다. 우리나라가 국민소득 1만 불 수준까지 빠르게 도달할 수 있게 만든 두 가지 키워드는 제조업과 위험 감수risk taking였다고 생각한다. 그러나 앞으로 2만 불 시대를 맞이하기 위해서는 전혀 다른 키워드가 필요하다. 바로 지식정보산업과 위험 관리risk management다."[71]

탁견이다. 몇 년 전에 나는 안철수의 이 말을 받아 이렇게 말한 바 있다. "한국은 주변 강대국들의 인간 재해에 시달려왔다. 그래서 그로 인해 지체된 걸 만회하느라 '위험을 무릅쓰는 문화' risk-taking culture를 껴안아왔다. 한국인의 안전 불감증을 비판하는 목소리가 높지만, 그건 '위험을 무릅쓰는 문화'의 당연한 귀결로 세계에서 가장 빠른 성장을 이루기 위해 치러야 했던 비용으로 보는 것이 타당하다. 그러나 세상이 많이 달라진 만큼, 안철수의 주장대로 이젠 '위험 감수의 마인드에서 위험 관리의 마인드' 로 전환해야 할 것이다. 생존 경쟁이 치열해짐에 따라 개인 차원에선 '위험을 무릅쓰는 문화' 를 결코 포기하지 않겠지만, 국가와 공공 영역까지 그런 문화를 부추기거나 그런 문화에 편승하는 건 다시 생각해볼 일이다."

다시 말해, '위험을 무릅쓰는 문화' 는 나쁘거나 전면 배격해야 할 것이 아니라, 우선적으로 오늘의 한국을 만든 동력이었음에 감사드리고 나서, 이젠 그 패러다임을 바꿀 때가 되었다고 말하는 게 옳다는 것이다. 안철수가 "대한민국 포트폴리오를 바꿔야 한다" 고 역설하는 것도 그런 '위험 관리' 패러다임의 연장선상에 있다. 대기업에만 의존하는 경제는 외부 충격에 약하기 때문에 위험 분산을 위해서라도, 대기업과 중소기업을 균형 있게 키워야 한다는 얘기다.[72]

이젠 패러다임 자체를 바꿔야 한다는 비전 제시는 기성 정치인들에게서 들을 수 있는 말이 아니다. 게다가 안철수연구소의 초창기에 평생 편하게 살 수 있을 만한 거액을 제시한 미국 회사의 인수 제안을 단호하게 뿌리친 일화는 안철수에게 애국심·민족주의 코드라는 후광 효과마저 가져다주었다. 여기에 더해 안철수가 자신의 비전을 선포하는 방식은 물론 메시지 표현 방식도 청춘의 마음을 움직일 수 있을 만큼 감각적이다.

"나는 어떤 일을 시작할 때 '이 일을 하면 우리가 좀 더 잘되겠지' 라는 판단 기준을 적용하지 않는다. 그런 마인드로 제품을 기획하고 새로운 시장에 접근한 적은 한 번도 없었다. 대신 모든 결정에는 '이 일을 하지 않으면 머지 않은 장래에 생존을 위협받을 것이다' 라는 기준을 적용했다."[73]

안철수는 앞서 언급한 전남대 강연에서 "지금은 오래된 체제와 새로운 미래 가치가 충돌하는 시점이다"라고 했다. 사실 안철수는 핵심을 제대로 간파했다. 그에 대해 쏟아지는 우려와 비판은 대부분 오래된 체제의 관성에서 비롯된 것인지도 모른다. 그런데 꼭 안철수가 대통령을 해야만 하는가? 버락 오바마가 대통령 취임 후 자신에게 한 번도 연락하지 않았다고 불평한 정도였을 뿐, 스티브 잡스는 정치를 하겠다는 생각은 전혀 없었다. 미국에선 갑작스러운 전업이 가능하지도 않다. 이와 관련, 연세대 교수 박명림은 다음과 같이 주장했다.

"만약 안 교수가 차기나 차차기의 대통령 또는 다른 선출직 공직을 추구한다면 지금 교수를 그만두고 준비해도 너무 늦다. 한국 정도의 세계 10위권 규모의 민주국가 어디에서도 1년 전까지 대학교수였던 사람이, 공적 선출 및 집행 경험이 전혀 없이 곧바로 공동체 최고 공직에 선출돼 국가 업무를 성공적으로 처리하고 국가를 발전시킨 사례는 찾기 어렵다."[74]

그러나 '다이내믹 코리아'에선 얼마든지 가능한 시나리오라는 것도 분명한 사실이다. 세계에서 그 유례를 찾을 수 없을 정도로 빨랐던 한국의 압축 성장이 어디 선진국 모델을 따라가서 가능한 것이었겠는가? 주한 미국 상공회의소 전 회장 제프리 존스는 자신의 저서 『나는 한국이 두렵다』에서 "나는 세계 어디에서도 한국처럼 변화에 대한 부담(혹은 두려움)이 적은 사람들을 보지 못했다. 핸드폰, 컴퓨터, 자동차 등 다른 나라에서라면 5~10년 족히 쓸 물건도 한국에서는 1~2년만 되면 골동품이 된다. 한국 사람들은 그만큼 변화에 익숙하며 변화를 좋아하고, 또 즐기기까지 한다"고 했다.[75] 그런 '빨리빨리'엔 명암이 있기에 좋다거나 나쁘다고 잘라서 말할 수 있는 건 아니지만, 적어도 젊은 층에게는 비전과 속도가 함께 움직여야 하는 걸로 받아들여지는 점은 분명하다.

　안철수와 관련해 좀 더 구체적으로 우려되는 점은 토론 능력이다. 청춘 콘서트는 토론은 아니었기에 과연 안철수에게 토론 능력이 있는지, 즉 다양한 분야에서 주요 국가적 현안에 대한 이해가 충분한지가 문제 될 수 있다는 것이다. 이와 관련, 2011년 10월 31일자 『한겨레』에 실린 「'10·26재보선과 그 뒤' 좌담회」에서 한국정치아카데미 원장 김만흠과 정치 평론가 고성국은 다음과 같이 말했다.

　　김만흠　이번 선거에서는 박원순 후보가 기대에 미치지 못했다는 느낌이다. 새로운 정치라고 해서 무조건 나왔지만 그 새로운 정치가 어떤 의미인지를 보여주지 못했다. 텔레비전 토론에서도 플러스 효과를 주지 못했고, 그나마 민주당이 본격적으로 참여하면서부터 새로운 전기가 마련됐다. 이후 멘토들의 가세와 안철수 효과가 이번 선거 결과에 영향을 미쳤다.

　　고성국　텔레비전 토론이 시작되고 나서 안철수 원장 지지자들의 입에서 한숨이 터져 나왔다. 선거를 망치려나 걱정하고 탄식했다. 그러나 낡은 것과 새로운 것의 대결 구도에서 보면 박원순 시장은 새로운 사람 중에서는 가장 검증이 잘 된 사람이다. 20년간 정치만 안 했지, 공적인 영역에서 활동해왔기 때문에 언론 노출도가 아주 많은 사람이다. 이런 면에서 보면 새로운 것이 유일한 무기인 안철수 원장이 공공의 영역에 나왔을 때 박원순 시장보다 더 실망을 줄 수도 있다는 점이 걱정이다. 웬만하면 안철수 원장이 나오지 않고 이기는 방법이 없나 생각하는 거다. 우리의 영원한, '오염되지 않은 아이콘'으로 남길 바라는 절박성이 있다.[76]

안철수가 일단 마음만 먹으면 무섭게 공부를 하는 스타일이니까, '학습의 달인'[77]이라는 말을 듣는 그의 빠른 학습 능력에 기대를 걸어야 할까? 대통령으로서의 통치 능력을 들어 '안철수 대통령'이 실현되는 걸 우려하는 사람들도 많지만, 그건 크게 걱정하지 않아도 될 것 같다. 역설 같지만, 현 시점에서 안철수가 대통령이 되는 건 어림도 없는 일이라며 절대 불가론을 주장하는 사람들이 많다는 게 그 주요 근거다. 절대 불가론을 넘어서 대통령에 당선된다면, 그걸 그의 역량으로 간주해도 좋을 것이며 그 역량이 통치 능력과 무관치 않으리라는 데 주목하는 게 옳을 것이다.

사실 그 점에선 노무현이 안철수에 대한 우려를 씻어줄 수 있는 좋은 선례일 수 있다. 노무현은 오랫동안 정치권에 몸담았다곤 하지만, 사실상 완전한 솔로였다. 솔로가 대통령 자리에 앉아 무슨 일을 해낼 수 있겠느냐는 우려엔 "노무현을 보라"는 말이 답이 될 것이다. 물론 노무현을 실패한 대통령으로 보고 노 정권을 악몽으로 여기는 사람들에겐 "제2의 노무현이 나와선 안 된다"고 말하고 싶겠지만, 그게 국민 다수의 생각이 아니라는 건 분명하다.

안철수의 고민은 '대중의 변덕' 여부다

대통령 후보로 나서겠다는 것인지, 안 나서겠다는 것인지, 나서면 어떻게 하겠다는 것인지 빨리 밝히라고 독촉하는 목소리가 폭포처럼 쏟아지고 있다. 무책임하다는 비판과 함께 말이다. 그런데 나는 이 글을 쓰기 위해 그가 쓴 책들, 그와 관련된 기사를 다 찾아 읽으면서, 그의 심정을 이해할 수도 있겠다는 생각이 들었다.

여기까지 이 글을 읽은 독자라면 동의하겠지만, 안철수는 한국 사회를 위해 하고 싶은 말과 일이 매우 많은 사람이다. 안철수가 언론과 인터뷰할 때 어떻게 반응하는지 기자들이 쓴 글을 보면 그는 자기가 하고 싶은 말을 할 땐 곰 바우이기는커녕 다혈질 청년으로 변하곤 한다. 그가 김대중 정부 때 정책기획위원회에 참여하고 이명박 정부에서 미래기획위원회와 국가정보화전략위원회에 참여한 것도 이유는 단 하나였다.

"오늘 청와대에서 열린 출범식에 가서 중소기업이 왜 중요한지, 작은 정부가 왜 규제만 철폐해선 안 되고 감시 기능도 함께 강화해야 하는지 얘기했습니다. 한 사람에게 2분씩만 줘서 말은 다 못했지만. …… 뒤에서 불평만 하기보다는 정권과 상관없이 제가 믿는 올바른 방향에 대해 이야기를 해야 되겠더군요. 실행 부서에 있는 사람들의 생각이 조금이라도 바뀌기를 바라는 거죠."[78]

그런데 아는 사람은 잘 알겠지만, 그런 위원회라는 데가 원래 위원들의 말을 들으려고 하는 곳이 아니다. 시늉이나 제스처에 가까운 상징적 기구일 뿐이다. 그가 아무리 자신의 벤처론을 역설해도 권력을 쥔 사람들은 제대로 경청하는 법이 없다. 그래서 안철수는 수시로 이런 한탄을 하곤 했다. "하지만 아무도 제 말에 관심을 기울이지 않더군요."[79]

안철수가 단지 답답하다는 이유만으로 정치판에 뛰어들 생각을 한 건 아니다. 자신과 정치는 맞지 않는다는 건 그 자신이 누구보다 더 잘 알고 있다. 그런데 언제부턴가 여론이 요동치기 시작하더니 자신을 대통령 후보감으로 내모는 게 아닌가. 많은 비평가들이 그 여론의 정체에 대해 많은 분석을 하지만, 가장 치열하게 분석하고 있는 사람은 바로 안철수 자신이다. 믿을 수 있는가? 지속성이 있는 건가? 대중의 변덕은 아닌가?

막상 정치판에 뛰어들면 기존 정치 논리라는 기준으로 볼 때에 자신이 실망스러운 모습을 보여주기도 할 것이라는 사실을 안철수는 잘 알고 있다. 그러나 그 실망스러운 모습은 대중이 안철수에게 열광한 이유와는 별 관계가 없는 것이다. 대중에 그런 식별 능력이 있을까? 막상 대통령 후보로 나서겠다고 선언하면 그가 자신을 평가했던 것과는 전혀 다른 기준으로 자신을 보는 건 아닐까?

지금 이런 고민을 하고 있는 안철수에게 무책임 운운하며 빨리 결단을 내리라고 요구하는 건 말이 안 될 건 없지만, 안철수가 귀담아 들을 필요는 없는 것이다. 안철수가 자신의 대통령 출마와 관련해 수동적인 언어를 쓰는 이유도 바로 여기에 있다. 2012년 4월 4일 경북대 특강에서 그는 대선 출마 여부를 묻는 학생의 질문에 "50년을 살면서 내 모든 선택은 사회 발전에 도움이 되는 쪽으로 했다. 내가 선택하는 게 아니라 나에게 주어지는 대로 하겠다"고 답하지 않았던가.[80] 대중이 자신을 일관된 원리에 따라 지지한다면 안철수는 그 모험을 마다할 이유가 없지만, 대통령 출마 선언 후 자신에게 정치판의 새로운 논리에 따라 "자, 우리(대중)를 설득해봐!" 라는 자세를 취한다면, 그건 대중의 변덕이거나 배신인 셈이다.

지금 안철수가 고민하는 지점은 바로 대중의 변덕 또는 배신 여부다. 고민이 길어질 수밖에 없는 이유다. 안철수의 대통령 출마·당선 여부는 앞으로 지켜볼 일이지만, 몸에 밴 오래된 체제의 문법에서 탈출해야 한다는 비전과 메시지를 제시한 것만으로도 그는 이미 한국 사회의 진보에 크게 기여했다.

3장

나는 당신이 남긴 숙제에서
꼼짝하지 못하게 됐다

안철수 박원순 김난도 문재인
1외수 김제동 공지영 박경철
김어준 한비야김영희 문성근

인격 · 품위형 멘토
문재인

문재인을 알아본 김어준의 혜안

"그를 만나지 않았으면 적당히 안락하게 그리고 적당히 도우면서 살았을지도 모른다. 그의 치열함이 나를 늘 각성시켰다. 그의 서거조차 그러했다. 나를 다시 그의 길로 끌어냈다. 대통령은 서거에서 '운명이다'라고 했다. 속으로 생각했다. 나야말로 운명이다. 당신은 이제 운명에서 해방됐지만, 나는 당신이 남긴 숙제에서 꼼짝하지 못하게 됐다."[1]

노무현재단 이사장 문재인이 2011년 6월에 출간한 『문재인의 운명』이라는 책을 끝맺으면서 한 말이다. 이 말에 대해 언론은 "2012년 대선에서 '역할론'이 급부상하고 있는 문 이사장임을 감안하면, '고인의 뜻을 이어나가기 위해서는 전면에 나설 수밖에 없다'는 의미라는 해석이다"라고 했다. 그 책이 출간된 지 약 1년이 지난 지금 언론의 해석은 정확히 맞아떨어졌다.

『문재인의 운명』이 출간된 직후 문재인의 인기가 치솟는 '문재인 현상'이 일어났다. 대통령감으로 문재인의 가치를 가장 먼저 알아본 사람이 있다. 『딴지일보』총수에서 나꼼수 총수로 진화한 김어준이다. 2011년 7월 25일 그는 『프레시안』에 실린 「토크콘서트」에서 자신의 혜안을 털어놓았다. "제가 2년 전부터 온갖 구박을 받으며 문재인은 반드시 뜬다고 주장해왔거든요. 오늘 여론조사 결과를 보니까 문재인이 박근혜 다음 2등으로 올라왔어요. 놀라운 지식인의 혜안이 증명되는 순간입니다. 제가 역술 지식인이에요. 그렇다면 왜 문재인이냐? 2년 전으로 거슬러 올라갑니다"라면서 다음과 같이 말했다.

"노무현 전 대통령 영결식 때였죠, 백원우 열사의 '고함폭탄 투척 사건'이 있었습니다. 그때 문재인 이사장이 사과를 했어요, 가카한테. 보통 그런 격한 순간에 우리 편이 적장에게 사과를 하면 화가 나기 마련인데, 그게 전혀 비굴해보이지 않고 경우가 바르게 보였단 말이죠. 그건 배울 수 없는 타고난 애티튜트의 힘이라고 생각해요. 박근혜도 그런 애티튜트가 있죠. 그때 처음 깨달았습니다. 아, 이 양반이 박근혜의 상대가 될 수 있구나. 놀라운 혜안이죠. 그 한 장면을 보고. 세상의 모든 큰 유행, 즉 메가트렌드는 반드시 그전 유행의 결핍을 보완하는 방식으로 진행됩니다. 예를 들어 꽃미남이 유행해요. 야들야들하고 좋죠. 근데 어느 순간 너무 야들야들해 지겨워져요, 그러다 보면 짐승남을 찾게 되죠. 근데 짐승남은 목 아래론 좋은데 목 위가 부실한 거야. 그래서 지적이면서 근육도 적당히 있는 차도남을 찾게 돼요. 누가 시킨 것도 아닌데, 유행은 그런 식으로 이전의 유행에서 결핍된 것들을 만회하면서 만들어집니다."

이어 김어준은 "대통령 정도면, 메가트렌드죠. 대통령이 누가 되느냐의 문제는 정책이나 인간적 매력도 중요하지만 '이전 대통령이 누구였냐'도 중요합니다. 노무현에게 받았던 피로감, 이제 나도 돈 좀 만지고 싶다는 욕망, 이게 우리 가카를 만든 것 아니겠어요?'라면서 다음과 같이 말했다.

"우리 가카, 3년 반 동안 매우 경이롭게 하셨죠. 그러나 이제 그런 가카의 대척점에 있는 것들, 사사롭지 않아야 한다던가 사기 치지 않아야 한다던가, 약속을 지켜야 한다던가. 그런 것에 대한 욕망이 일기 시작했습니다. 물론 우리의 오해죠. 가카는 절대 그럴 분이 아닌데. 그런 품성과 자질에 가장 가깝게 연상되는 사람이 박근혜입니다. 그런 자질을 가졌을 것만 같고, 청렴한 이미지를 선점했어요. 손학규나 유시민은 모두 그 지점에서 게임이 안 됩니다. 그래서 같은 지점에서 싸워 이길 사람을 찾아내야 하는 거예요. 다음 대선에서 대중들이 정서적으로 떠올리는 이미지와 자질, 그 지점에서 싸워서 승산이 있는 유일한 사람이 문재인입니다."[2]

김어준은 『닥치고 정치: 김어준의 명랑시민 정치교본』에서도 노무현 영결식 때 이야기를 하면서 문재인이 갖춘 애티튜드의 힘을 다시금 역설한다. "이런 건 타고나는 애티튜드의 힘이라고. 이런 건 흉내 내거나 훈련할 수 없는 거야. 문재인에겐 그런 힘이 있는 거야."[3]

문재인의 '애티튜드의 힘'

날카로운 지적이다. 사실 문재인은 그런 '애티튜드의 힘' 덕분에 대통령 후보감인 동시에 멘토로서도 맹활약하고 있다. 애티튜드의 힘을 전파하는 인격·품위형 멘토라고 할 수 있겠다. 애티튜드attitude란 세상·사람·일 등을 다루는 태도나 정신 자세를 뜻한다고 볼 수 있겠는데, 어떤 인물을 평가할 때 매우 중요한 변수로 작용한다는 사실을 부인하기 어렵다. 아무리 똑똑하고 잘났어도 '싸가지'가 없으면 그 사람의 모든 게 싫어지는 것도 바로 그런 애티튜드의 문제라고 할 수 있다.

문재인은 『문재인의 운명』을 출간한 뒤 서울과 부산에서 북 콘서트를 열었고, 중도에 야권통합기구가 출범하면서 창원과 광주, 다시 서울에서 '정치 콘서트'로 이름을 바꿔 여는 등 콘서트 소통에도 열의를 보였다. 2011년 7월 30일 서울 이화여고 콘서트홀에서 열린 북 콘서트에 모인 지지자들은 한결같이 "배신당하지 않을 것 같다", "진중하다"고 말했다. 이 자리에서 김어준은 현재의 정치권력이 "사사롭고 거짓말하며 약속을 지키지 않는다. 이런 결핍을 메울 요소의 합집합이 문재인이다"라고 주장했고, 성공회대 신문방송학과 교수 탁현민은 "권력에 대한 의지가 강한 사람이 아니라 의로운 사람이 대통령을 해야 하는 것 아니냐"고 말해 관객의 박수를 받았다.[4]

문재인은 박원순의 서울시장 당선 이후 『문재인의 운명』 북 콘서트를 전주, 대전에서 재개했는데, 여전히 호응이 뜨거웠다. 이에 대해 문재인은 이렇게 말했다. "저로서는 북 콘서트 자체가 새로운 문화적 체험이었다. 특히 이번 북 콘서트는 단순한 책 얘기를 넘어 젊은이들과 정치적 이야기를 소통하는 자리였다. 정치 얘기도 진정성과 문화적 요소를 함께하니까 제대로 소통된다는 느낌이었다. 말하자면, 젊은이들에게 '정치도 재밌다'는 것을 얘기할 수 있는 자리였다."[5]

애티튜드의 힘과 더불어 '간지 있다'고 보는 이들도 있다. "문재인이 노무현 정부 시절 민정수석을 그만두고 퇴임 기자간담회를 하면서 히말라야에 트래킹 하러 가겠다고 밝히고, 멋있게 버버리 자락과 흰머리를 날리면서 기자실을 빠져나가는데, '저 사람 간지 있다' 그런 느낌을 받았죠. 여성들에게는 꽤 어필하는 것 같아요."[6]

인터넷에 떠돈 문재인의 공수부대 시절 사진엔 '폭풍간지'라는 제목이 붙었다. 『한겨레』 선임기자 성한용은 "짙은 눈썹, 굳게 다문 입술이 군복과 어울려 매력적이다"고 했다.[7] 『한겨레』 사이트 토론마당엔 이런 글이 올랐다. "신문을 봤는데, 한명숙 전 총리 공관 관련 사진이 실려 있더라. 근데, 문득 든 생각 하나. '야, 문재인 씨 정말 인상이 좋으시네.'"

『한국일보』 논설위원 이영성은 「문재인 현상」이라는 칼럼에서 '문재인 현상'의 이유를 이렇게 설명했다. "그는 대통령의 친구로 민정수석, 비서실장일 때 권력을 남용하지 않았다. 참여정부의 과오를 인정하는 데도 인색하지 않았다. 진보가 갖는 치명적 약점인 선민의식을 내세우지 않았고 스스로를 이념에 옭아매지 않았다. 퇴임 후 노무현을 떠나지 않았고, 노 전 대통령이 서거했을 때 절제와 의연함을 보여줬다. 사람들은 문재인에게서 진정성, 의리, 합리주의를 본 것이다. 그것은 우리 시대가 갈망하지만 좀처럼 찾기 힘든 덕목이었다."[8]

문재인 예찬론의 공통점

문재인을 예찬하는 책이나 글들이 한결같이 그의 애티튜드에 집중돼 있음은 결코 우연이 아니다. 2011년 10월에 출간된 『문재인 스타일』이란 책은 "원칙주의자, 청렴결백한 선비, 매너남, 일인자보다 더 빛나는 참모, 소명 의식을 가진 인권 변호사, 이 시대 화합과 통합의 아이콘. …… 전 청와대 민정수석이

자 현 법무법인 부산의 대표인 문재인에게 붙는 수식어다"라며 다음과 같이 주장한다.

"그는 실세의 자리에 있었음에도 일반적인 고위층 인사들과는 다른 이미지를 가지고 있다. 편법 상속, 뇌물 수수, 특혜 비리 사건 등으로 얼룩졌던 정치계에서 그는 한결같이 깨끗했다. 선과 악, 흑과 백의 시비가 가려지지 않은 사회에서 그는 오롯이 원칙과 정의를 지키며 걸어왔다. 양심이 어긋나는 것은 돌아보지도 않는 그는 마치 무소와 같이 단순하고 우직한 스타일을 가졌다. 부정한 일에 눈감아버리는 이 시대에서 그는 단연 돋보일 수밖에 없다. 원칙 중심으로 사는 그를 보고 있자면 흐릿했던 시야가 확 트이는 것같이 청량하다. 명백하고 시원시원한 그의 삶에는 유명인의 화려함도, 이익을 창출하는 영리한 묘수도 없다. 그의 행보에는 정치적으로 성공하겠다는 권력 의지나 개인적인 영달을 위한 이기심도 없다. 오히려 그는 사회와 국민을 섬기겠다는 소명 의식과 책임 의식으로 자신을 낮추는 바보의 길을 가고 있다."[9]

2011년 6월 문재인이 『한겨레』 인터뷰에서 "정동영 최고위원이 대표 선수가 될 가능성은?"이라는 질문에 대해 내놓은 답도 그의 애티튜드를 돋보이게 만들었다. "가능성이 얼마인지까지 제가 알 수는 없다. 그분도 훌륭한 정치인이다. 지난번 민주당 대표 선수였다. 노무현 전 대통령도 그분한테 기대를 많이 걸었다. 나중에 열린우리당이 깨지는 과정에서 실망도 했지만 당시 정치 상황이 있었다. 어쨌든 그때 우리의 대표 선수로 나서서 많은 득표를 한 분이다. 자격 면에서 손색이 없다."[10]

2011년 7월 초순 문재인은 자신의 대선 후보 지지도가 야권 1위로 나타난 것에 대해서도 "(국민참여당) 유시민 대표의 지지도를 잠식한 것 같아 불편하다"며 "그러나 유 대표의 지지도는 곧 상승할 것"이라고 말했다.[11]

2011년 9월 7일 부산 지역 신문인 『국제신문』의 초청 강연에서 문재인은 "안철수 신드롬은 저로서는 아주 기분이 좋은 현상으로, 새로운 정치에 대한 희망을 심어줬다. 내년 대선 국면에서 (정권 교체를 위해) 안 원장과 힘을 합쳤으면 좋겠다. 안 원장이 박근혜 대세론을 일거에 무너뜨릴 가능성을 보여줬다. 새로운 정치를 여는 대열에 합류하기를 기대한다"라고 했다.[12]

19대 총선 과정에서도 문재인식 애티튜드의 힘은 드러났다. 그는 3월 29일 자신의 트위터에 이런 글을 올렸다. "선거운동 하면서 가장 서글플 때는 악수를 거절당할 때입니다. 수줍거나 바빠서가 아니라, 적대감 때문에 그런 분이 간혹 있습니다. 민주통합당 지지자들은 다른 당 후보가 내미는 손도 따뜻하게 잡아주면 좋겠습니다."[13]

문재인은 젠틀할 뿐 물렁하진 않다

애티튜드는 매우 매력적인 것이긴 하지만, 그것만으로 대통령이 될 수는 없는 법이다. 문재인의 약점은 무엇일까? 김어준을 위시한 지지자들의 말과 글에선 그것을 도무지 찾을 수 없으니, 비교적 거리를 둔 평자들은 문재인을 어떻게 보는지 살펴보기로 하자.

이미 앞서 언급한 『프레시안』의 「토크콘서트」에서 '새로운사회를여는연구원' 이사장 손석춘은 문재인에 대해 다른 견해를 제시했다. 그는 "김어준 총수가 얘기하는 문재인, 아주 신사답죠. 청와대 출입 기자들 얘기를 들어봐도 아주 점잖고 젠틀한 사람이라고 하더라고요. 그런데 우리 시대가 맞닥뜨린 문제를 풀어가는 데 과연 그게 덕목이 될 수 있을까 싶어요"라면서 다음과 같이 말했다.

"사실 풀어야 할 문제가 한둘이 아닙니다. 초과이익공유제를 하다못해 정운찬이 얘기하는데, 거기에 이건희가 반응하는 걸 보세요. 그렇게 대기업과 부딪히면서 풀어야 할 문제도 있고, 남북 관계에도 상당히 많은 정치적 책략이 필요한 시점입니다. 언론을 상대하는 것도 마찬가지죠. 종편까지 갖춘 조중동은 어떻게 상대하며, 검찰은 또 어떻게 상대합니까? 이런 문제에 있어선 노무현도 실패했어요. 문재인은 그 정부에서 2인자로 있었죠. 본인 스스로도 노무현 같은 능력이 없다고 말한다면, 더군다나 그렇게 '젠틀' 한 사람이라면, 그런 신사다운 행동이 유권자들한테 얼마나 신뢰를 줄 수 있을까요?"

이에 대해 김어준은 이렇게 답했다. "그건 '젠틀' 과 '물렁' 의 차이를 오해하는 겁니다. 젠틀하지만, 그 양반에겐 대단한 결기가 있다고 봅니다. 또 문재인에게 권력의지가 없는 건 자기가 이길 수 없다고 생각하기 때문이죠. 흔히 정치인이라면 갖고 있는, 어떻게든 덤벼서 빼앗아야겠다는 그런 사사로운 욕구가 없는 겁니다. 일단 이길 수 있다는 생각이 들면, 무섭게 달려들 겁니다."[14]

사실 문재인이 물렁과는 거리가 멀 뿐만 아니라, 오히려 거리가 너무 멀어서 문제일 수 있다는 견해는 이미 2007년 3월에 제기된 바 있다. 『국민일보』 주필 백화종은 「문 비서실장에 관한 단상들」이란 칼럼에서 "지난 13일 국무회의에서의 일이다. 제이유 사건과 관련, 유시민 장관과 노 대통령이 검찰의 청와대 관계자 수사 등에 대해 불만을 토로한 뒤 문 실장이 마이크를 잡았다. 그는 제이유 수사 관계자들의 문책성 지방 전출에 대해 '왜 잘못된 사람들을 지방으로 보내느냐' 며 '비리 공직자들의 지방 전출 제도가 이치에 맞는지 모든 부처에 묻고 싶다' 고 일갈했다" 며 다음과 같이 말했다.

"비서실장은 국무회의의 정식 구성원이 아닌 배석자다. 물론 배석자라도 필요에 따라 의견을 개진할 수 있을 것이다. 그러나 비서실장을 국무회의에 배석토록 한 것은 주요 국정 현안을 파악하여 대통령을 보좌하는 데 도움이 되도록 하기 위해서이지 국무위원들을 지휘·감독하라는 취지는 아닐 터이다. 그런데 이날 문 실장의 태도는 '모든 부처에게 묻고 싶다'는 말에서 보듯 전 국무위원들을 질책하는 모습이었다. 더군다나 그의 질책은 노 대통령이 '이 정도로 끝내자'고 발언을 마친 뒤에 나온 것이다. 집안의 어른이 꾸중을 마치면 아랫사람은 더 이상 토를 달지 않는 게 우리네 전통이고 윗사람에 대한 예의가 아닌가 싶다."[15]

이 칼럼은 문재인에 대해 전반적으로 호의적이면서도 그의 '오버'를 꼬집은 것이었지만, 문재인이 물렁과는 거리가 멀다는 점을 말해주는 데엔 모자람이 없다. 김어준의 말대로 문재인은 이미 달려들긴 했지만, 과연 무섭게 달려들 것인지는 좀 더 두고 보아야 할 것 같다. 다만 무섭게 달려들다 보면 김어준이 역설한 애티튜드의 힘이 약화되는 것은 아닌가 하는 의문이 남는다.

노무현 비서실장 이미지

같은 나꼼수 팀이지만, 전 국회의원 정봉주는 문재인의 애티튜드가 좀 더 낮은 곳으로 내려가야 한다고 주장한다. 그는 경남대 강연에서 이렇게 말했다. "문재인 후보, 고민스럽다. 좀 까불었으면 좋겠다. 정치는 문화다. 이제 정치는 여러분이 다 주인공인 시대에 사는 것이다. 근엄한 정치는 가르치고, 단순 참여와 청중 자세만 요구한다. 문재인 선배가 여러분과 같이 놀고 더 망가져야 한다. 이제는 지도자가 없고 같이 가는 주인공의 한 명이다. 트위터 때문에 선거 지형이 바뀌는 것이다. 문재인 이사장이 대선 주자가 되기 위해서는 '형' 하면서 같이 부대껴야 한다."[16]

안철수의 멘토였던 전 환경부 장관 윤여준은 "문재인 노무현재단 이사장이 위력을 보이는데"라는 질문에 이렇게 답했다. "인상이 좋다. 깨끗하고, 탐욕스럽지 않고, 거짓말하지 않고, 인간적이다. 그런데 정치적 명분이 없다. 노무현 대통령 실패에 큰 책임이 있는 사람이다."[17] 그러나 유권자들이 노무현에 대해 계속 호의적이거나 적어도 새삼 책임을 묻는 일만 하지 않는다면, 그게 문제가 될 것 같지는 않다. 2011년 8월 충남 도지사 안희정은 "우리 모두는 유통기한이 있으며 친노親盧도 유통기한이 있다"고 했는데,[18] 친노의 유통기한이 얼마가 될 것인지에 달려 있는 문제라고 보아야 할까?

전 청와대 경제수석 김종인은 "나는 문재인 같은 사람은 대통령감이 아니라고 본다. 정치 경험이 너무 없다. 인품 좋고 깨끗한 게 좋지만, 대통령이란 자리는 그런 자격만이 전부가 아니다"라고 했다.[19] 그러나 국민의 정치 혐오가 하늘을 찌르는 상황에서 정치 경험이 없는 건 단점이 아니라 장점이 될 수도 있는 게 아닐까? 특히 경험이란 게 정치의 대대적 개혁을 가로막는 장애가 될 수 있다면 말이다. 설사 그게 아니라 하더라도, 2011년 11월 전 국무총리 이해찬이 문재인의 변신에 대해 토로한 다음과 같은 놀라움을 감안해보는 것도 좋을 듯하다.

"노 대통령 선거 때도 참모 역할을 했지 선거운동을 직접 하지는 않았거든요. 그런데 이번에 직접 부산 동구 구청장 선거라든가, 서울시장 선거라든가, 여러 가지 전면에 나서서 운동을 했지 않았습니까? 그리고 연설하는 능력도 굉장히 빨리 발전하고. 어떻게 보면 전문적인 정치인이 됐다는 느낌을 줄 정도로 됐거든요. 그건 놀라운 변신이죠, 변신."[20]

고려대 교수 임혁백은 『어떤 리더십이 선택될 것인가?: 대선 2012』라는 책에서 "그는 신언서판身言書判이 노무현보다 출중하고, 특전사 사진이 유포되면서 많은 여성표가 몰리고 있을 정도로 좋은 의미의 '마초' 이미지를 갖고 있다"면서도 "아직 '노무현 대통령의 비서실장'에서 벗어나지 못하고 있다"는 진단을 내린다.[21]

즉, 비서실장 수준을 넘어선 리더십이 검증받지 못했다는 뜻이다. 『문재인 스타일』은 "안철수와 박원순의 아름다운 합의를 이끌어낸 문재인식 리더십"이라는 슬로건을 내걸었지만, 박원순의 서울시장 선거 출마에서부터 당선까지를 꼼꼼하게 기록한 『박원순과 시민혁명: 50일간의 희망기록』이란 책의 그 대목에서는 문재인의 이름이 한 번도 언급되지 않는다.[22] 이 책은 선거 운동에서 중책을 맡은 박원순의 최측근 인사인 유창주가 쓴 것인데, 유창주도 모르는 그 어떤 비밀스러운 '문재인식 리더십'이 있었다는 것인가? 안철수 불출마가 친노 세력의 음모였다는 당시 한나라당의 주장이 맞다는 것인가?

친노 프레임을 벗어날 수 있을까

시사평론가 김종배는 경제 코드가 없는 게 문재인의 한계라고 지적한다. "대중이 성장 이데올로기를 완전히 버렸느냐, 저는 그렇게 생각하지 않아요. 안철수 원장이 가진 중요한 코드 중 하나가 '성공'이거든요. 시장에서의 성공은 결국 시장에서의 능력으로 치환되잖아요. 그런 면에서 볼 때 우리 대중은 아직 성장에 대한 미련을 못 버리고 있다는 거죠. 다만, 질적인 변화의 조짐이 나타나는 게 '묻지마 성장'이 아니라 '어떤 성장이냐'를 생각하는 각성이 일어나고 있어요. 그게 안철수 원장이 말하는 동반 성장, 공생 발전의 개념인 거예요."[23]

참여연대 사무처장 출신으로 4·11총선에서 민주통합당 비례대표 당선자가 된 김기식은 대선 주자로서 문재인을 평가할 때 "인품도 훌륭하고 공인으로서의 검증도 끝난 분이다. 국민적 신망을 얻을 수 있는 진정성도 평가받고 있다. 좋은 리더의 자격을 갖춘 분이다"라면서도 극복해야 할 점을 다음과 같이 지적한다.

"친노 프레임에서 벗어나야 한다. 친노 프레임 안에서는 결코 대선에서 이길 수 없다. 민주당, 나아가 야권 전체의 대권 후보, 국민의 대통령이 되고자 한다면 어떤 세력만을 대표해서는 안 된다. 친노 프레임을 깨고 거기서 벗어나 정치적으로 더 넓게 아우를 수 있어야만 한다."[24]

그렇지만 "나는 당신이 남긴 숙제에서 꼼짝하지 못하게 됐다"는 이유로 정치판에 뛰어든 문재인이 과연 그 프레임을 깨는 게 가능할까? 문재인은 뛰어난 애티튜드의 힘을 지녔음에도 여전히 '노무현을 위하여'라는 프레임에 갇혀 있을 수밖에 없는 운명을 타고난 건 아닐까?

'노무현을 위하여'라는 틀은 자기 성찰 문제로 귀결된다. 문재인은 "본질적으로 노무현 대통령에 대한 수사는 정치권력과 검찰의 복수극이었다"며,[25] 사실상 이명박 정권이 노무현을 죽였다는 입장을 취하는데, 문재인이 자기 성찰을 해야 할 점은 없는 걸까? 대통령 가족이 관련된 비리를 원천 봉쇄해 이명박 정권이 노무현을 죽일 빌미를 주지 않았더라면 이야긴 달라지지 않았겠느냐는 말이다. 문재인은 사실상 참여정부에서 그런 일을 전담하는 총책임자 위치에 있었지만, 완전히 직무를 유기했다 해도 좋을 정도로 그 일에 실패했다. 혹 정실 관계에 약하기 때문은 아닐까?

『문재인 스타일』은 "문재인의 실무 스타일은 '공평무사'로 압축될 수 있다. 그는 학연이나 지연 그리고 친분 여부 등의 사사로운 관계에 있어서는 더욱더 원리 원칙을 지켰다고 한다. 그것이 장기적으로 서로 간의 신뢰를 구축하는 데 도움이 된다고 믿었기 때문이다"고 말한다.[26] 동의할 수 있는 평가지만, 문재인의 공평무사에 과연 새는 구석은 없는 걸까?

나꼼수 파동과 담합 파동

그대로 다 믿어야 할진 모르겠지만, 『동아일보』에 실린 「김용민 감싸고 돈 문재인 '부메랑'」이라는 기사는 문재인이 자신을 이미 2년 전 대통령감으로 점지해준 김어준과 그가 이끄는 나꼼수에 대한 정실 관계에 휘둘린 게 아닌가 하는 의아심을 갖게 만든다.

이 기사를 보면, 4·11총선 직전 주말에 문재인은 한명숙 대표에게 전화를 걸어 "김용민 씨(서울 노원갑 후보)에게 사퇴를 요구해서는 안 된다"는 당부를 했다고 한다. 그래서 한 대표는 주요 언론 매체가 쉬는 토요일(7일) 한밤중에 측근을 통해 "김 씨의 과거 발언은 분명 잘못으로 사과드린다. 김 씨에게 사퇴를 권고했으나 '유권자에게 심판을 받겠다'고 한다"며 이도 저도 아닌 입장을 내놓게 됐다는 것이다. 이어 이 기사는 다음과 같이 말한다.

"문 고문은 김 씨의 막말 파문에도 그를 옹호하는 태도를 보였다. 선거 이틀 전인 9일 방송된 '나꼼수'에 민주당 박지원 최고위원, 통합진보당 노회찬 대변인 등과 함께 출연했다. …… 같은 날엔 부산대 앞에서 김어준 『딴지일보』 총수, 주진우 『시사IN』 기자 등 나꼼수 멤버들과 민주당 후보 지원 유세를 벌였다. 수도권에서 재당선된 한 의원은 "낙동강 벨트의 부진한 성적표는 문 고문이 막말 주역들과 지원 유세를 함께한 탓도 있을 것"이라며 "수도권 후보들끼리 '문 고문이 이상하다', '대선 후보감은 아닌 것 같다'는 얘기를 나누곤 했다"고 쓴소리를 했다."[27]

그러나 야권에 "그래도 나꼼수 덕분에 이만큼이라도 해냈다"고 보는 이들도 적잖이 존재하는 만큼, 문재인이 그런 시각을 고수하고 있다면, 문재인이 김용민 사퇴를 막기 위해 애를 쓴 건 흉이 되지 않을지도 모른다. 과연 그렇게 생각하는 이들이 얼마나 되며, 과연 그게 옳은 판단인가 하는 것이 문제가 되겠지만 말이다.

설사 문재인의 공평무사에 작은 구멍이 있다 하더라도, 그게 문재인에 대한 유권자들의 판단에 큰 영향을 미치진 않을 것 같다. 강양구는 "대부분의 사람들은 특정 정당이나 특정 정치인을 지지할 때 '좋고', '싫고'의 문제로 접근합니다. 그리고 나서 좋은 이유, 싫은 이유를 덧붙이지요. 이게 진실 아닐까요?"라고 말한다.[28] 이건 꼭 불편한 진실만은 아니다. 이미지가 이슈를 농축해 내재하고 있으며 유권자들은 직감으로 그걸 알아차리기도 한다는 가설이 전적으로 타당하진 않을망정, 때론 타당한 면이 있다는 걸 부인하긴 어렵다.

어쩌면 문재인이 앞으로 당면할 가장 큰 문제는 김어준이 극찬한 애티튜드의 힘, 즉 인격·품위 파워가 본격적으로 뛰어든 정치판에서도 과연 유지될 수 있겠느냐는 점일 것이다. 이 책의 원고를 끝내는 시점에 터진 민주통합당의 '담합 파동'이 그 주요 시험대로 등장한 것 같다.「'선수가 게임 룰에 개입' 흠집 난 문재인」이라는 2012년 4월 27일자『경향신문』기사는 다음과 같이 말하고 있다.

"민주통합당 이해찬 전 총리와 박지원 전 원내대표의 '담합' 후폭풍이 문재인 노무현재단 이사장을 덮치고 있다. 문 이사장이 정략적인 권력 분점에 관여한 것으로 알려지면서 '문재인 대망론'도 도마에 올랐다. …… 한 중진 의원은 '대선에 직접 뛸 선수가 게임의 룰을 정하는 자리에 개입한 것만으로 도 불신을 초래했다'고 말했다. 담합의 한 축으로 몰리면서 문 이사장이 강조 해온 새롭고 개혁적인 이미지는 비판대에 섰다. 특히 '노무현의 적자'로 불 렸던 문 이사장의 담합 관여는 친노 정신과도 상충된다. 친노 관계자는 '손해 를 보더라도 정공법을 택하는 것이 친노 정신 아닌가'라며 고개를 저었다."[29]

문재인이 과연 자신이 갖고 있는 애티튜드의 힘을 성숙시켜 이 시험을 잘 통과하고, 리더십과 비전까지도 포괄하는 멘토 지도자로 부상할 수 있을 것 인지 예의 주시해보기로 하자.

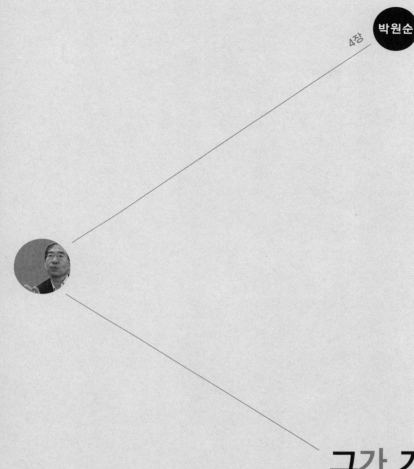

4장 박원순

박원순

그가 가면
길이 된다

안철수 박원순 김난도 문재인
박원순 김제동 공지영 박경철
김어준한비야김영희 문성근

순교자형 멘토
박원순

나는 지옥을 지원하겠다

"박원순 변호사를 통해 인생이 바뀌었고, 세상에 대해 관심을 가지면서 사회 부조리가 얼마나 구조적인 문제인지 알게 됐어요."[1] 박원순을 멘토로 삼아 존경하는 이들이 한결같이 하는 말이다. 이와 관련, 『박원순과 시민혁명』이라는 책의 뒤표지에 박힌 문구가 인상적이다. "사람들은 말합니다. '그가 가면 길이 된다.' …… 그는 대답합니다. '함께 가야 길이 됩니다.'"

박원순이 가면 길이 된다는 것은 여러 가지를 의미하겠지만, 한 가지 빼놓을 수 없는 것이 박원순의 아이디어다. 『원순씨를 빌려 드립니다』라는 책은 "박원순 & 스티브 잡스, 공통점은? 새로운 발상으로 세상을 바꾸는 CEO!"라는 광고 슬로건을 내세웠는데, 이게 결코 과장이 아니다. 안철수도 이 책에 대한 추천사에서 그 점을 잘 지적했다.

"박원순 님의 선한 인상, 사람 좋은 웃음 안에 이처럼 다채로운 상상력이 있어 우리 사회가 조금씩 더 나아지고 있는 것은 아닐까? 나는 이 책을 읽고 그가 그동안 이룩해낸 다양한 성과의 원천은 바로 그의 빛나는 상상력이었다는 생각이 들었다. 그리고 바로 지금 대한민국을 살아가는 CEO, 직장인, 청소년 등 우리 모두에게 필요한 것은 익숙하고 편안하지만 늘 그대로의 구태의연함이 아닌, 끊임없는 노력을 통한 새롭고 혁신적인 상상력이란 것임을 알았다. 독자들이 상상력의 중요함을 깨닫는 계기가 되기를 바란다."[2]

박원순이 가면 길이 될망정, 그가 걷는 길은 늘 가시밭길이었다. 박원순은 "농담으로 시작했지만 자주 하다 보니 스스로 진담으로 생각한다"며 "나는 지옥을 지원하겠다"고 했다. 천국엔 자기와 같은 인권 변호사나 시민운동가가 필요 없기 때문인데, 그건 생각만 해도 "끔찍한 일"이라는 것이다. "그 대신 지옥은 여전히 인권 변호사와 시민운동가를 갈구할 수밖에 없다. 목마르게 나를 기다리는 곳으로 나는 가리라. 지옥에까지 가서 나는 인권 변론을 하고 참여연대 운동을 할 것이다. 생각만 해도 신난다."[3]

신은 나겠지만, 박원순에게 한국 사회는 시민운동가들의 장렬한 순교를 요구하는 전쟁터와 같았다. "오늘 한국 사회는 구조적 부패, 땅에 떨어진 정의, 일그러진 형평으로 얼룩져 있다. 지금은 분명 온몸과 마음, 그 모든 것을 바쳐 긴장과 열정과 헌신으로 싸우지 않으면 안 되는 상황이다. 그런 의미에서 사회 불의와 싸우며 정의를 위해 젊음을 불사르는 시민단체의 간사들은 분명 이 시대의 작은 '순교자'들이다."[4]

박원순은 참여연대 시절부터 틈날 때마다 시민운동가로 정년퇴직이 가능하도록 만들겠다고 큰소리쳐왔다.[5] 이는 그가 시민운동가의 정계 진출에 단호히 반대한 것과 궤를 같이하는 것이었다. 그는 시민운동가로 언론의 주목을 받아 쌓은 자산을 딴 목적으로 쓰는 사람들을 다음과 같이 비판했다.

"그런 사람이 헌신과 희생을 끝없이 요구하는 시민단체의 고난의 길을 계속 걸으리라고 보지 않기 때문이다. 물론 한번 시민운동에 종사한 사람은 끝까지 시민운동을 지켜달라고 요구할 수는 없다. 그러나 시민운동으로 얼굴이 알려진 사람이 개인적인 목적으로 그 얼굴을 사용한다면 국민들의 배신감을 막을 길이 없을 것이다."[6]

그러나 시민운동가로 정년퇴임이 가능하도록 만들겠다는 박원순의 꿈은 실현되기 어려웠다. 회비를 내는 회원들이 부족한 것과 더불어, 박원순이 자신도 의식하지 못하는 사이에 '시민운동가=순교자'라고 생각했기 때문이다. 박원순의 시민운동 동지이자 정치적 동지인 유창주는 『박원순과 시민혁명』에서 다음과 같이 말한다.

"박변(박원순 변호사)은 선망의 대상이자 두려움의 대상이었다. 일벌레이자 아이디어맨인 박변을 누가 따라가랴. 독서광에다가 철저한 현장주의자이며, 실천 최우선주의자인 박변. 지난 10년간 나는 그에게서 많은 것을 배웠고, 그로 인해 많은 것을 버리기도 했다. 직장 생활 하면서 힘들게 마련한 아파트를 팔고 반지하집에서 사글세로 살면서 마음에 상처를 입기도 했다. 몸도 황폐해졌다. 박변 때문만은 아니었다. 결국 '나' 때문이었다. 하지만 지금 와서 그런 게 무슨 의미가 있겠는가? 지금 현재의 박변과 '새로운 정치'가 중요하다는 생각 하나로, 나는 안개 자욱한 정치 선거판으로 뛰어들기로 했다."[7]

박원순의 역할 모델은 예수

박원순은 순교자형 멘토다. 그는 실제로 순교자적 삶을 살았다. 그에겐 순교자에게 공통적으로 나타나는 고난의 내재화와 더불어 일중독 그리고 무서운 집중력이 있다. 경기고등학교 진학을 위해 1년간 재수할 때는 독서실에서 석 달간 단 한 번도 양말을 벗지 않았다는 이야기에서부터 아름다운가게 간사들의 신년회에서 "과로사가 내 꿈"이라고 말했다는 에피소드에 이르기까지, 그의 순교자적 자세와 실천을 보여주는 일화들은 무수히 많다.[8]

"제가 무서운 사람이에요. 사람 좋은 줄만 알다가는 큰 코 다칩니다."[9] 박원순이 직접 한 이 말처럼 그는 정말 무서운 사람이다. 물론 이 말은 서울시장 선거에서 아름다운재단의 기부금과 사용처에 대해 투명성을 강조하면서 나온 것이지만, 그가 청렴결백에서만이 아니라 순교자적 삶을 실천하는 데에서도 무서운 사람이라는 사실을 말해주는 일화도 무수히 많다.

순교자의 생명은 강한 신념과 열정이다. "제가 희망제작소 식구들에게 늘 하는 이야기가 있습니다. '세상에는 두 종류의 사람이 있습니다. 희망제작소를 돕는 사람과 희망제작소를 돕지 않는 나쁜 사람이 있습니다.' 물론 이 말은 듣기에 따라 굉장히 오만하게 느껴질 수도 있습니다. 그러나 저는 자신의 일에 대해 이 정도의 신념과 열정은 있어야 그 조직이 성공한다고 믿습니다."[10]

박원순은 순교자가 상을 받는 건 어울리지 않는다고 생각했다. "저는 상을 준다고 할 때 제일 괴로웠습니다. 내가 현실에서 제대로 못하고 있구나 싶어서요. 정말 훌륭한 일을 한 사람은 당대가 아니라 후세에 평가받지 않습니까? 당대에 상 받는 사람이 되면 세상을 위해 충분히 일하지 않았다는 반증이 되지 않을까 싶어 오히려 핍박을 받는 게 더 좋습니다. 마음을 굉장히 가다듬

었고, 과거에 그랬듯이 억압받는 사람, 힘없는 사람들과 함께 있는 게 다행스럽고 행복하다고 생각합니다."[11]

박원순의 역할 모델이 예수가 아닌가 하는 생각이 들 정도로 그는 늘 예수를 떠올리곤 했다. 2010년 5월 16일자 『경향신문』에 실린 「김제동의 똑똑똑」인터뷰에서도 "정부가 해야 하는 일을 민간이 해주는 것은 정부에도 도움이 되는 일이잖아요. 그런 분을 지원해주고 독려해주면 좋을 텐데 오히려 고소를 하네요"라는 말에 박원순은 이렇게 답한다. "예수님은 고소당한 뒤 처형까지 당하셨잖아요. 난 차라리 감옥에 가고 싶다는 생각을 했어요. 그럼 이렇게 복잡한 일정들 신경 안 써도 되고 규칙적으로 책 읽고 글 쓰면서 살 수 있는데. 오히려 감옥 보냈으면 했는데 돈도 없는 나한테 2억 원이나 청구했잖아요. …… 그런데 제동 씨 혹시 감옥 가본 적 있어요?"[12]

박원순은 기회 있을 때마다 감옥이나 유배를 가고 싶다고 말한다. "다산 정약용 선생은 강진에서 유배 생활을 하며 『목민심서』, 『경세유표』, 『흠흠신서』 등 300여 권을 저술했습니다. 저도 그런 곳으로 유배를 떠나 원 없이 글을 쓸 수 있다면 얼마나 행복할까요? 제 책과 자료 들은 지자체에서 안 쓰는 정미소 같은 곳을 빌려주면 시민운동 전문 도서관으로 꾸미고 말입니다. 누가 저좀 유배 보내줄 분 안 계시나요?"[13]

감옥에 꼭 가보라는 멘토링

박원순이 청춘을 대상으로 하는 멘토링의 주요 메뉴 중 하나도 "감옥에 꼭 가보라"는 것이다. 2011년 11월 15일 동국대 특강에서 "감옥에서 읽었던 책만큼 감동적으로 읽은 것은 없다"며 "여러분은 감옥에 꼭 한번 가보시기 바란다"고 하더니만, 2012년 4월 20일 서울대 특강에서도 그는 "역사의 현장 속에 있으면 훨씬 삶의 의미와 보람을 느낄 수 있을 것"이라며 "여러분, 감옥에 꼭 한번 가보세요"라고 말했다.[14]

그것 참 묘한 일이다. 1975년 박원순은 서울대 1학년 학생일 때 우연히 시위에 참가했다가 4개월 동안 경찰서 유치장과 구치소 생활을 한 적이 있다. 그는 감옥 생활이 4개월로 그친 걸 몹시 아쉬워한다. "지금 생각해보면 1년 정도 더 있었으면 좋았을 텐데 싶어요. 박정희 대통령이 참 고맙긴 한데, 조금 더 있게 해줬으면 더 좋았겠다는 생각이 듭디다. (웃음)"[15]

민주화 운동으로 박원순보다 더 오랫동안 감옥 생활을 한 인사들은 한결같이 "다시는 감옥에 가고 싶지 않다"고 하는데, 왜 박원순은 자꾸 감옥에 가고 싶다느니 감옥에 꼭 가보라느니 하는 말을 하는 걸까? 그의 순교자 의식 이외엔 달리 설명할 길이 없다.

순교자의 멘토는 단연 예수다. 유치장과 구치소 생활을 할 때 성경을 다 읽으며 세상을 뿌리째 바꾸려 했던 혁명가 예수의 모습을 발견했다는 박원순은 자신도 예수의 길을 걷기로 작정한 것 같다. 자신에 대한 평가도 예수에 대한 평가와 비슷할 거라고 생각하는 걸까? 2006년 박원순은 필리핀 막사이사이상 '공공 봉사' 부문의 상을 수상했을 때에도 함께 일하는 간사들에게 수상 소감으로 "당대에 평가받는 사람 중에 제대로 된 사람이 있겠느냐? 그러니까 내가 감옥에 가면 축하하러 오고, 지금은 애도를 해라"라고 말했다.[16]

2011년 8월 15일 광복절에 박원순은 백두대간을 28일째 종주하고 있었다. 그날 블로그에 올린 「대속代贖을 생각하다」라는 글에서도 "기독교에서는 하느님이 독생자 예수를 보내 인간이 저지른 그 죄악을 십자가형으로 대신 속

죄했다고 믿는다.…… 하느님의 아들로서 그러나 동시에 인간의 아들로 태어나 가장 모독적인 방법으로 극형에 처해진 예수의 삶과 실천, 그 최후는 모든 인간을 스스로 죄스럽게 만든다"고 말했다.

이어 박원순은 "우리 사회에서 저질러지는 이 엄청난 비극과 범죄와 과오를 대속할 사람을 요구하고 있다"며 "우리 시대에 다시 예수가 필요한데 이것을 자임할 사람은 없다. 자임한다고 되는 일도 아니"라고 말했다. 그는 글을 "이 시대의 고민, 동시대 사람들의 고난, 유린되는 국토, 악화되는 삶의 질, 무너지는 경제와 더 심각해지는 빈부 격차, 좌우 갈등과 사회적 대결, 소모적 정쟁, 공직자들과 사회적 리더들의 거짓말과 무책임, 시대의 향방에 대한 무지와 편견, 이 모든 것들을 곱씹어보았다.…… 그것을 한 지게에 짊어지고 그 어딘가 갖다 버릴 곳이 있다면 감히 그 지게를 한번 져볼 수 있을 것인가라고 생각해보았다"는 말로 마무리한다.[17]

2011년 8월 24일 서울시의 무상급식 주민투표율이 33.3퍼센트를 넘지 못해 무효화되고 이틀 후 오세훈이 서울시장직을 사퇴하자, 백두대간 종주 중 이 소식을 들은 박원순은 측근 인사들에게 서울시장 출마 결심을 밝힌다. "지금 우리 국민들은 마음을 줄 어느 누구도, 몸을 기댈 어느 곳도 없는 처참한 상황이다. 이를 외면하면 난 역사 앞에 죄인이 되고 말 것이다."[18]

대중의 무뎌진 양심 찌르기

감옥 가는 게 두렵기는커녕 오히려 그곳을 가고 싶어 하는 박원순에게도 넘기 어려운 벽이 하나 있었으니, 그건 바로 세대 차이다. "나이가 들면서 가장 넘기 힘든 국경이 '세대'가 아닌가 싶을 만큼 세대 차이를 느끼곤 한다. 그건 논리적 차이라기보다는 말 그대로 느낌이다. 콕 집어 설명할 수는 없지만, 젊은이들과 우리 세대 그리고 그 중간 세대 사이에는 특정 시대를 살아온 이들의 감정과 감정이 만나 이루어진 높은 벽 하나가 놓여 있는 듯한 기분이 들 때가 있다. 물론 그 벽 사이를 통과하는 공통된 감정들을 느낄 때면 그 벽의 높이만큼 큰 기쁨을 느끼지만 말이다."[19]

박원순은 세대 차이를 극복하기 위해 무진 애를 썼다. 매일 바쁜 스케줄 속에 살면서도 젊은이들이 찾아오면 어떻게든 시간을 내서 만났다.[20] 2009년 9월 트위터에 입문하는 등 젊은이들과의 소통을 위한 테크놀로지 활용도 매우 선진적이며 적극적이다. 심지어 개그식 표현법의 구사도 불사한다. 그는 4·11총선 때 트위터를 통한 투표 독려에 적극 나서면서 〈개그콘서트〉의 한 꼭지인 〈꺾기도〉의 유행어를 활용해 "4월 11일 투표 안 하실 겁니까불이~ 투표합시다람쥐~ 박원순"이라고 쓰인 피켓을 들고 있는 사진으로 프로필 사진을 교체했다. 이어 "투표 참여 버전의 프로필 바꿔봤습니다~~람쥐, 시민 여러분 소중한 권리를 포기하지 마~~보이"라며 시민들에게 투표를 권유했다.

박원순은 이처럼 청춘과 소통하고 최신 유행 감각을 따라잡으려고 애쓰는 멘토지만, 그의 대對사회 멘토링은 대중의 무뎌진 양심을 찌르는 일에 집중되었다. 강연과 저술을 통한 멘토링도 다를 바 없었다. 2003년에 그는 사법연수원생들을 대상으로 한 특강에서 다음과 같이 말했다. "여러분, 판검사 되고 싶지요? 그러나 저는 여러분이 판검사가 되더라도 축하해주고 싶은 마음이 전혀 없습니다. 판검사라는 지위에 도취되어 인생의 겸허함이 사라지는 모습을 많이 보았기 때문입니다. 안락한 생활과 사회의 대접에 안주해 턱없는 자기기만에 빠지는 모습을 자주 접했기 때문입니다. 그게 어디 축하할 일입니까? 차라리 곡을 해주는 게 맞지요."[21]

이건 자신의 경험담이기도 했다. 그는 젊은 나이에 잘나가는 변호사로 부자가 돼 있었다. 기사가 운전하는 승용차를 탔고, 다른 사람들은 뭔지도 모르는 휴대전화를 사용했고, 제법 큰 단독주택에서 여유 있게 생활했다.[22] 박원순은 『아름다운 세상의 조건: 나눔과 희망의 전도사 박원순 에세이』에서 다음과 같이 말한다.

"저는 한때 일류 학교를 나오고 사법 고시를 합격하고 검사를 했습니다. 변호사를 개업한 뒤 제법 돈도 벌었고 집도 샀습니다. 탄탄대로가 열려 있는 듯했습니다. 그러나 어느 순간 깨닫고 보니 그 길은 의미가 없어 보였습니다. 내 집을 키워가고 좋은 자동차를 타고 별장을 사고 은행에 두둑한 통장을 두는 것은 하나의 탐욕의 길이었습니다. 그것보다는 가난하고 억울하고 약한 사람들과 함께 그들을 부축하고 그들을 돕는 것이 훨씬 보람 있고 재미있는 길이었습니다. 그래서 시민운동가가 되었습니다."[23]

박원순은 『원순씨를 빌려 드립니다』에선 이렇게 말한다. "제 경험 때문인지 저는 부유한 집 아이들일수록 오히려 불행하다고 생각합니다. 고생과 실패 속에서 자신의 세계를 가꿔나가는 기쁨을 맛보기 어려운 탓입니다. …… 그래서 저는 진로를 묻는 젊은이들에게 가급적 삶의 가장자리를 찾아가라고 권합니다. 부와 지위라는 세속적 기준에서 보았을 때 변방이 어딘지 주목하라고 당부합니다. 삶의 가장자리에는 도움의 손길을 필요로 하는 사람이 많습니다. …… 그래도 실패가 두렵다구요? 실패 좀 했다고 감옥 갑니까? 아니, 감옥 가면 또 어떻습니까?"[24]

사실 이런 멘토링은 일반적으로 '사람 약 올리는 멘토링'이다. 자신은 해볼 것 다 해본 뒤에 얻은 깨달음이라며 이제 막 인생을 본격적으로 살아보려는 사람에게 "나 그거 다 해봤는데 별것 아니더라"라고 말하는 게 얼마나 얄밉겠는가? 결혼해 잘살고 있는 유부녀가 노처녀 친구에게 좋은 사람을 소개해줄 생각은 않고 "결혼은 미친 짓이야"라고 말한다고 상상해보라. 그 얼마나 얄밉겠는가?

그러나 박원순의 경우 순교자적 삶의 후광 덕분에 얄미운 멘토링조차 전혀 다른 성격을 띠게 된다. 특히 평소 막연하게나마 사회정의에 갈증을 느껴온 사람들에겐 벅찬 감동으로 다가온다. 더 나아가 골프를 즐기는 사람이 『녹색평론』의 애독자가 될 수 있듯이, 출세욕에 사로잡힌 사람들도 박원순의 그런 순교자적 멘토링에 진한 감동을 얼마든지 느낄 수 있는 법이다. 그런 사람들에겐 오히려 박원순의 멘토링이 비현실적일수록 더욱 매력적으로 보이지 않을까?

정치가형 시민운동가의 성공인가

많은 사람이 박원순의 순교자적 삶에 감동하고 존경을 보냈지만, 나는 오래전부터 좀 달리 보았다. 개인으로 뛰는 게 아니라 조직을 꾸려가는 시민운동 지도자는 다른 시민운동가가 따를 수 있는 모델을 보여줘야 하는데, 그의 순교자적 삶은 도저히 따를 수 없는 것이라고 보았기 때문이다. 자신의 사재까지 시민운동에 털어놓고 큰 빚까지 지면서 산다는 말을 들었을 때도 "아니, 이분이 성인이 되려는 건가?" 하는 생각을 떨치기 어려웠다.

새뮤얼 베어먼의 다음과 같은 경구도 박원순의 순교자적 삶에 불편을 느끼지 않을 수 없는 이유였다. "내가 순교자들에 대해 가장 불편하게 생각하는 것은 그들이 순교하지 않은 사람들을 경멸한다는 점이다. I think the most uncomfortable thing about martyrs is that they look down on people who aren' t."

박원순은 자신처럼 순교자적 삶을 살지 않는 사람들을 경멸하진 않았겠지만, 자신의 운동 방식에 이의를 제기하는 사람에겐 늘 자신이 얼마나 희생하고 헌신하는가를 강조하는 것으로 답을 대신하곤 했다. 사실상 이의 제기자의 자격을 문제 삼는 것이었다.

박원순은 정계 진출을 하지 않겠다던 오랜 약속을 깨고 서울시장이 되었다. 앞서 소개한 바와 같이, 변심의 이유는 단 한 가지다. "지금 우리 국민들은 마음을 줄 어느 누구도, 몸을 기댈 어느 곳도 없는 처참한 상황이다. 이를 외면하면 난 역사 앞에 죄인이 되고 말 것이다." 그는 죄인이 되지 않기 위해 서울시장이 되고자 했던 것이다. 순교자다운 발상이다.

박원순이란 인물의 알파와 오메가를 꿰뚫는 키워드는 순교다. 나는 그의 '순교'를 비판하는 글을 썼다. 앞서 머리말에서 언급한 「'정치가형 시민운동가'의 성공인가: '박원순 현상'의 명암」이라는 글이다. 이제 이 글에 대한 반론에 답하기로 하자. 반론 두 편을 중심으로 이야기하겠다. 2011년 11월 28일에 경희사이버대 미국학과 교수 안병진이 『프레시안』에 기고한 「강준만 교수의 낡은 감수성」과 『월간 인물과 사상』 2012년 2월호에 성공회대 NGO대학원장 조희연이 쓴 「박원순을 옹호하고 비판하는 올바른 방법」이란 글이다.

이 두 글은 매우 정중하게 쓰였지만, 나의 박원순 비판에 대한 분노를 담고 있었다. 안 교수는 내가 '정치 공학적 낡은 틀'로 '맑은 영혼의 존재'를 재단했다고 비판했고, 조 교수는 내 글의 핵심을 "박원순이 오랫동안 정치인, 심지어 '대통령이 될 꿈'을 가지고 행위해왔고, 그런 전제에서 박원순의 삶을 이중적인 것으로 분석한다"고 요약했다.

무언가 오해가 있는 것 같다는 생각이 들었다. 혹시 이분들은 내가 사실상 박원순이 대통령이 되고 싶은 출세 욕망을 숨기고 시민운동을 이용한 위선적이고 기만적인 사람이라고 주장했다고 생각하는 건가? 아무래도 그런 것 같다. 만약 그렇게 생각했다면, 그 오해의 상당 부분은 박원순의 '대통령이 될 꿈'에 대한 설명을 충분히 하지 않은 내 책임일 수도 있겠다.

또한 내 글은 내가 수년 전부터 제기해온 박원순의 운동 방식에 대한 이의의 연장선상에 놓여 있는 것이었지만, 독자들에게 그런 과거까지 기억해달라고 요구하는 건 무리일 수도 있겠다는 생각이 드는바, 이 또한 내 책임일 수 있겠다. 그간 여러 차례 이의 제기를 했지만, 여기선 내가 2008년 3월에 출간한 『각개약진 공화국』에 실은 「박원순: 삼성과의 관계, 적절한가?」라는 글을 싣는 것으로 그간의 과정에 대한 소개를 대신한다.

'박원순 모델'의 명암

"삼성은 박원순 변호사의 희망제작소에 7억 원을 지원했고, 더 큰돈이 드는 사업도 서로 협의한 바 있다. 오랫동안 시민운동에 몸바쳐온 박 변호사의 공적은 아무리 존중해도 지나치지 않는다. 희망제작소를 설립한 취지나 운영상의 어려움도 모르는 바 아니다. 하지만 재정을 주로 삼성에 기대는 연구소가 얼마큼 독립적이고 진보적일 수 있을까. 박 변호사는 재벌과의 생산적 긴장을 이야기하지만, 근년에 그의 활동에서 긴장된 관계는 찾아보기 힘들다."

재벌 개혁을 위해 애쓰는 김기원 방송대 교수가 최근 『한겨레』에 기고한 칼럼에서 한 말이다. 김 교수는 칼럼 제목 그대로 '걸리버 삼성과 진보 세력'의 관계에 주목했지만, 지방에 사는 나로선 좀 다른 아쉬움이 있다.

나는 박 변호사의 희망제작소에 큰 기대를 걸었던 사람 중의 하나다. 무엇보다도 희망제작소가 '지방·지방자치 살리기'를 제일의 과제로 내세웠기 때문이다. 영남권 일부를 제외하곤, 지방은 심리적 중앙 종속성도 매우 강하다. 지방에 사는 사람들이 하면 안 될 일도 중앙에서 활약하는 유명 인사가 나서면 될 수도 있다. 지방민의 한 사람으로서 자존심 상하는 일이긴 하지만, 그게 현실이라는 걸 부정할 순 없다.

내가 사는 전라북도의 경우를 잠시 살펴보기로 하자. 전북의 지역신문 구독율은 4퍼센트 미만이다. 25가구 중 1가구꼴로 전북에서 발행되는 일간지를 구독하고 있다는 뜻이다. 지역 공론장이 사실상 없다는 뜻이기도 하다. 이런 현실에서 제대로 된 지방자치는 기대하기 불가능하다는 게 내 평소 지론이다.

지역신문을 살릴 길이 없을까? 현재로선 답이 없다. 전북 인구는 180만 명도 안 되는데, 일간지가 9개나 된다. 앞으로 1개가 더 생긴다고 하니 곧 10개를 돌파할 모양이다. 전북 경제의 현실상 2개 일간지가 먹고살까 말까 한데 그 지경이니 모든 신문이 다 영세성을 면할 길이 없다. 그래서 신문에 대한 불신도 매우 높다. 불신의 악순환이라고나 할까. 지역신문 살려야 제대로 된 지방자치 할 수 있다고 호소해봤자 돌아오는 반응은 싸늘하다.

박 변호사의 희망제작소가 나서면 달라질 수도 있지 않을까? 그런 기대를 걸고 있었다. 그러나 재벌의 지원을 받는 모델로는 안 된다는 게 나의 생각이다. '독립성'이나 '진보성' 때문에 그러는 게 아니다. 지금과 같은 '박원순 모델'은 박원순이라는 이름이 사라지면 지속될 수 없는 모델이기 때문이다. 박원순이라는 이름에 기대를 건다는 건 그가 전국적 여론을 조성하고 지방의 시민사회를 설득할 수 있는 역량을 갖고 있다는 것에 기대를 건다는 뜻이지,

그의 이름으로 돈을 끌어오는 것에 건 기대는 아니다.

일단 재벌 돈 가져다 쓰면서 지속 가능한 모델을 개발할 수도 있지 않을까? 그러나 지방이 어렵고 지방자치가 부실한 건 고급 인력의 아이디어나 정책 부재 때문이 아니다. 지방민들을 지배하고 있는 '냉소와 불신의 소용돌이'가 훨씬 더 큰 문제다.

돈 없이 시민단체나 진보적 연구소를 할 수 없는 현실을 몰라서 하는 말이 아니다. 어떻게 하면 시민들의 소액 기부금을 광범위하게 얻어낼 수 있을지, 그걸 고민해 성공시키는 게 지속 가능할 뿐만 아니라 전국에 확산시킬 수 있는 일반 모델이 될 수 있다는 뜻이다.

바로 그런 이유 때문에라도 돈은 지방에서 모아야 한다. 서민의 주머니에서 천 원짜리 한 장씩 내놓게 하는 게 진짜 참여요, 진짜 개혁이다. 그 돈을 내놓게 하기까지 쏟아야 할 피와 땀은 엄청나겠지만, 그게 이루어지면 이미 절반 이상의 성공을 거두었다고 말할 수 있다. 시민단체나 진보적 연구소가 재벌 돈을 받는 것엔 찬반양론이 있을 수 있지만, 박원순이라는 귀한 이름이 그런 일에 쓰이는 건 우리 모두를 위해 바람직하지 않다.

'아래로부터의 개혁'을 위하여

이 글 「'박원순 모델'의 명암」은 내가 『한국일보』 2006년 10월 11일자에 기고한 칼럼이다. 2006년 11월 인터넷 『빅뉴스』 지승호와의 인터뷰에서 내가 이 칼럼과 관련된 질문에 답한 걸 소개한다.

질문 지난번에 칼럼을 통해 희망제작소가 삼성으로부터 자금 지원을 받은 것을 비판하셨는데요. 박원순 변호사께서는 비판에 대해서는 동의하면서도 현실의 어려움을 토로하기도 했는데요. 현재 한국의 시민운동 상황을 어떻게 평가하십니까?

답 박 변호사님의 토로에 100퍼센트 동의합니다. 제가 그걸 왜 모르겠습니까? 이런 이야깁니다. 우리는 말로는 너무도 쉽게 '아래로부터의 개혁'을 외치지만, 이게 안됩니다. 정말 안됩니다. 특히 지방에 사는 분들은 뼈저리게 실감합니다. 그래서 박 변호사님께 기대를 갖는 것이지요.

그분의 이름이 워낙 보물과 같기 때문에 그 보물의 힘으로 작은 지역에서나마 시범 사업 삼아 '아래로부터의 개혁'을 성공시켜 다른 지역에 희망과 용기를 줄 수는 없겠느냐는 거지요. 삼성 돈 받아 하는 일도 소중하고 의미가 있겠습니다만, 그건 박 변호사님이 아니더라도 다른 분들도 할 수 있는 일이고 파급 효과로 보아 '아래로부터의 개혁' 시범 사업 성공이 훨씬 더 큰 의미가 있다는 거지요.

사실 저는 박 변호사님께 '순교'를 요구했던 건지도 모르겠습니다. 대선 후보로까지 거론되기에 그 '네임 파워'에 기대고자 했던 건지도 모르겠습니다. 이 자리를 빌려 박 변호사님께 죄송하다는 말씀을 드리고 싶습니다. 도무지 희망이 보이지 않길래 그만 '희망제작소' 이름을 보고서 제가 무리한 욕심을 부렸나 봅니다.

정치와의 거리 두기는?

'거리 두기' 이야기를 한 김에 정치와의 거리 두기는 어떻게 보아야 할 것인지 그것도 생각해보자. 이와 관련, 2007년 3월 26일자 신문에서 두 기사가 눈길을 끈다. 먼저 『경향신문』 기사를 보자.

"범여권 대선 예비 주자인 한명숙 전 총리와 정치권 밖 범여권 제3후보로 거론되는 문국현 유한킴벌리 사장, 박원순 희망제작소 상임이사가 25일 저녁 식사를 함께했다. 서울의 한 호텔에서 2시간여 동안 진행된 만찬에는 진보적 시민사회 활동가들로 구성된 '창조한국 미래구상'의 핵심 멤버인 최열 환경재단 대표도 참석했다. 참석자들은 총리직에 있는 동안 만나지 못했던 한 전 총리를 오랜만에 만난 사적인 자리였다고 설명했지만 대선과 관련한 정치 현안에 대한 의견을 교환했을 것으로 보인다."[25]

다음은 『중앙일보』 기사다. 경실련 사무총장 박병옥과의 인터뷰 기사인데, 박병옥은 다음과 같이 주장했다.

"시민단체들은 커밍아웃coming out이 필요하다. 자기 정체성을 드러내란 말이다. 그걸 안 하기 때문에 전체 시민운동이 물고 물려 다 죽는다. 정치 운동을 하려면 그 컬러를 드러내고 그런 데로 나가면 된다. 시민단체들이 각기 헤엄치면 다 살 수 있는데, 서로 껴안고 붙잡고 숨으려고 하면 다 죽는다. 숨지 마라."[26]

박원순과 박병옥이 무슨 선거에 출마한 건 아니지만, 나는 박병옥에게 표를 던지련다. 박원순은 대통령 후보로 거론되는 것에 대해선 손을 내저었지만, 정치에까지 그런 건 아니다. 물론 나는 그가 좋은 뜻으로 시민운동의 정치 세력화를 꿈꾸고 있다고 믿는다. 그런데 이런 문제가 있다. 박병옥의 말마따나, 다 죽게 생겼다는 것이다. 신뢰의 추락 때문이다.

성균관대 동아시아학술원 서베이리서치센터와 삼성경제연구소가 3년 동안 한 한국종합사회조사KGSS 결과 2003년, 2004년 연속 1위에 오른 시민단체 신뢰도가 2005년 5위로 4계단 떨어졌다. 2006년 6월 한국사회여론조사연구소KSOI의 사회단체 정기 여론조사도 참여민주사회와 인권을 위한 시민연대(약칭 참여연대) 등 시민단체에 대해 '신뢰하지 않는다'는 답변(52.6퍼센트)이 신뢰한다(41.5퍼센트)보다 많았다. 동아시아연구원EAI이 2006년 가을 국내 24개 파워 집단을 조사한 결과 참여연대의 신뢰도는 지난해에 비해 8위에서 15위로, 영향력은 16위로 4계단 떨어졌다.[27]

그런 상황에서 시민운동 지도자들의 정치 참여는 시민운동의 신뢰도를 더욱 떨어뜨릴 게 틀림없다. 시민운동을 죽이는 정치 개혁? 정치를 하더라도 하나의 규칙을 만들자. 이재영이 『시민의 신문』에 기고한 글에서 한 제안이 마음에 든다.

이재영은 "나는, 그가 누구든 정치에 간여하거나 누군가의 선거운동을 돕는 것을 반대하지 않는다. 어떤 거창한 명분을 내세우든 정치 참여를 막는 것이 오히려 죄악이고, 시민·사회단체의 상대적으로 고급한 인력 자원이 정치에 참여하는 것이 한국 정치를 다소나마 개선하는 데 기여할 수 있다고 믿는다"며 "다만 단 하나의 조건, 자신이 몸담고 있거나 경력 사항에서 언제나 앞세우는 그 단체 회원들의 동의를 얻으라는 것이다"고 말했다.

"서경석도, 최열도, 한명숙도 그런 과정은 아주 과감하게 생략했다. 그러고는 말한다. '개인의 활동'이라고. 그런데 한국노총이나 민주노총 같은 노동조합들은 어느 당에 들어가든 대개 조합원 투표 같은 걸 거친다. 자민련에 들어가든 민주노동당에 들어가든 공적인 의견 수렴 과정을 통과하고, 정당으로 적을 옮긴 후에도 낮은 정도의 교류나마 유지하는 것이 노동조합에서는 불문율처럼 굳어지고 있다." 이어 이재영은 "초등학교 동창회에서도 '금년 총무는 영희가 맡았으면 좋겠는데, 반대하는 분 계세요?' 라고 묻지 않는가. 민주주의 하자는 시민·사회단체들이 정치 참여와 같은 고도의 민주주의 행위에 대해 아무런 절차도 두지 않는 것은 어떤 변명으로도 용납될 수 없다"며 다음과 같이 주장했다.

"게다가 시민·사회단체 전·현직 간부들이 정치권에서 통용될 수 있는 상품성은 자연인인 개인으로부터 나오는 것이 절대 아니다. 그들의 명망과 권위는 오직 단체의 공적 축적물로써만 발생한 것이고, 쓰일 것이다. '저는 어디 단체 출신인데, 지금은 상관없어요' 라는 말을 누가 믿나? 한국 사회 시민이라면 누구든 '아, 어디 출신 누구지' 라고 생각하고, 그렇기 때문에 그들을 지지하는 것이지 않는가? 따라서, 출신 단체의 정치적 진로나 동의와는 무관하게 혈혈단신 정치에 나서겠다는 것은 '시민' 의 사유화이고, '양심' 의 횡령이다."[28]

나는 이재영의 제안이 모든 시민단체에 명문화된 철칙으로 적용되기를 바라며, 박원순이 그런 일에 앞장서주면 좋겠다. 정치 개혁도 좋지만, 시민운동을 다 죽이고 나서 그게 무슨 의미가 있겠는가. 정치란 인간이 존재하는 한 늘 개혁 대상인 것이지 개혁의 완료라는 게 있을 수 없기에 더욱 그렇다. 이제 박원순의 '정치와의 거리 두기' 도 시험대에 올랐다.

박원순의 '대한민국 디자인' 꿈

이상이 「박원순: 삼성과의 관계, 적절한가?」라는 글의 전문이다. 이제 박원순의 '대통령이 될 꿈'에 대해 말해보자. 이렇게 간단히 설명할 수 있겠다. 박원순은 자신이 서울시장이 된 것에 대해 자신이 희생한다고 생각한다. 그에겐 서울시장 자리가 더 큰 순교 행위로 나아간 것에 불과하다. 그렇게 스스로 순교를 한다고 생각하는 사람에게 '진정성', '위선', '기만' 등과 같은 말은 무의미한 것이다.

내 주장의 핵심은 박원순의 순교는 대한민국을 자신이 직접 디자인해보겠다는 원대한 꿈을 전제로 한 것이었기 때문에 그의 행동 양식에 대통령이 될 꿈이 애초부터 내장돼 있었다는 것이다. 그가 그걸 의식했느냐 하는 건 중요하지 않다. 우리 인간의 행동은 의식 못지않게 무의식의 지배를 많이 받는 법이다. 다만 내 설명이 "어쩌면 진실은 박원순이 자신의 그런 정치 공학을 전혀 의식하지 못할 수도 있다는 것일 수도 있다. 그는 자신에 관한 한 '메시아적 인간관'의 소유자이기 때문이다"에서 그친 게 아쉽다.

그런데 참여연대의 창립 주체이기도 한 조희연 원장은 박원순을 오랫동안 곁에서 직접 지켜본 나머지 미시적인 인간관계에만 집착하고 있다는 느낌을 떨치기 어렵다. 조 원장은 "그가 시민단체 기자회견 등에서 중심에 앉지 않고 '말석'을 고집하는 것을 보면서 나는 개인적으로 내 안에 있는 '내세우기' 욕구를 성찰하기도 했다"고 말하는데, 그것 참 묘한 말씀이다. 말석만 고집해온 박원순은 늘 대선 후보감으로 거론돼왔고 서울시장에 오른 반면, 자신의 내세우기 욕구를 성찰한다는 조 원장은 국회의원 후보로조차 거론된 적이 한 번도 없으니 말이다. 내세우기 욕구가 없는 사람만이 정치인을 할 수 있다는 말인가?

조 원장의 말씀은 나로 하여금 "아니, 이 양반이 이렇게 순진한가?" 하는 놀라움을 갖게 했다는 걸 말씀드리지 않을 수 없다. 조 원장은 정반대로 말하고 있기 때문이다. 내가 판단하기론 조 원장은 내세우기 욕구가 너무 없어서 문제인 반면, 박원순은 내세우기 욕구라는 수준 낮은 말을 쓸 필요조차 없이 자신을 메시아 비슷하게 여기고 있기 때문이다. 미시 행태적 겸손으로 말하자면, 예수도 겸손의 화신이 아니었던가?

메시아 운운하면 불필요한 오해를 유발할 것 같아, 내가 택한 단어가 바로 순교자다. 순교자는 늘 말석을 고집할망정 세상을 보는 눈은 철저하게 자기중심주의다. 박원순이 삼성 그룹의 돈을 받는 것에 대한 문제 제기에 내놓은 답을 보자. "제가 예컨대 참여연대의 사무처장으로 있다면 당연히 그런 비판이 마땅하고, 저도 그렇게 해야 한다고 생각합니다. 하지만 지금 하고 있는 일은 이미 그런 운동이 아닙니다. 재벌이 아니라 염라대왕하고도 협력할 수 있어요."[29] 일리 있는 말이긴 하지만, 참여연대와 희망제작소는 다르다고 간단히 정리하고 넘어간 것이야말로 그의 자기중심주의를 잘 말해준다. 대중의 이해와 인식에서 과연 그런 분리가 가능한 걸까?

내가 「'정치가형 시민운동가'의 성공인가: '박원순 현상'의 명암」에서 지적했듯이, 박원순은 대통령급 시민운동가였다. 이 점은 조 원장도 흔쾌히 동의하리라 믿는다. 그런데 그 파워가 과연 어디서 나왔을까? 박원순의 헌신성? 이 나라 재벌과 정부의 중앙 부처가 시민운동가의 헌신성만 보고서 큰돈을 주거나 협력 사업을 추진할까? 박원순의 현실적 파워는 늘 대통령 후보로 거론돼온 그의 정치적 파워에서 비롯된 것이다.

박원순은 자신이 왜 자꾸 대통령 후보로 거론되는지 모르겠다며 너스레를 떨곤 했지만(그는 이런 면에선 의외로 둔감하기 때문에 정말 모를 수도 있겠다), 그가 늘 그런 '오해'를 받기에 족한 언행을 해왔다는 사실을 잊어선 안 된다. 그것이 오직 선의에서 비롯된 언행이었다 하더라도 권력과 금력을 가진 사람들의 눈엔 무시해선 결코 안 될 정치가형 시민운동가로 활약해왔다는 것이다. 조 원장이 아무리 좋은 공익적 사업을 하려고 해도 어디 가서 돈 1000만 원도 얻어 오기 쉽지 않을 것이다. 박원순의 큰 업적들은 대부분 그가 정치가형 시민운동가로서 거둔 교섭력(로비력)의 결과였지만, 조 원장에겐 그런 교섭력이 없기 때문이다.

박원순이 서울 시장으로서 성공할 수 있는 이유

박원순의 정치적 변화는 자신이 '탄압'을 받게 된 이후이며, 그 직전까진 반反이명박만을 외친 야당을 나무랐다. 그는 '용산 철거민 참사'가 일어났을 때에도 그런 자세를 유지했다. 용산 참사 때 시민운동이 민주당과 손잡은 건 잘못이라는 지적도 했다. 2009년 2월 그는 민주당에 가서 "야당이 반대만 하면 국민은 피곤하다"는 말도 했는데, 이에 대해 전북대 교수 박동천은 "어떤 반대가 생산적이고 어떤 반대가 소모적인지를 분별하는 대목으로 들어가지 않은 채, 무조건 반대는 안 된다는 식의 일반론에 머물면 말장난만 남는다"고 비판하기도 했다.[30]

지금 나는 박원순의 그런 일련의 자세가 잘못된 것이라는 말을 하는 게 아니다. 오히려 나는 당시 박원순의 균형 감각을 매우 높게 평가했던 사람이다. 그래서 그가 서울시장이 된 후에 그런 균형 감각을 버리고 사사건건 이명박 정부와 갈등을 빚는 '변신'을 한 걸 마땅치 않게 보는 사람이다. 사전 조율이 가능할 법한 사안인 것 같은데도 자신의 지지자들에게 뭔가를 보여주기 위한 것 같은 냄새가 진하게 풍긴다는 말이다. 지금 내가 하고자 하는 말은 미시적 행태 중심으로 박원순을 보는 시각의 한계에 관한 것이다. 안 교수의 다음과 같은 말씀도 그런 한계를 보여 안타깝다.

"박원순의 수염이 안철수에 대한 압박 전술이라는 강 교수의 기묘한 해석은 기존 수구 신문들도 생각해내지 못한 '창조적' 상상력이 아닐 수 없다. …… 오히려 그의 지적과 반대로 안철수, 박원순의 한계는 너무 정치적이지 않다는 사실에 있다. 이는 선거 과정에서 안철수의 예측을 뛰어넘는 양보나 (물론 이를 정치 공학적 포석이라고 정치평론가들은 또 해석할 테지만 말이다) 박원순의 네거티브 혐오에서 잘 드러난다. 난 그들이 더 정치적으로 발전해나가길 기대하지, 강 교수처럼 자신의 정치 공학적 틀로 맑은 영혼의 존재들을 재단하고 싶지 않다."

아름다운 말씀이긴 한데, 지금 우리가 무슨 어린이 학예회를 하자는 건 아니잖은가? 너무 정치적이지 않아서 오히려 문제인 '맑은 영혼'이 서울시장에 오를 수도 있다? 초등학교 반장 선거에 나선 어린이도 제 나름대로 전략과 전술을 짜는 법인데, 그게 도대체 가능한 이야기인가? 아니, 그리고 그게 바람직한가?

조 원장과 안 교수는 박원순이 서울시장으로 성공하길 바라긴 하는 건가? 나는 잘해낼 것이라고 보는 쪽이다. 어느 네티즌이 내게 분노 어린 항의 메일을 보내와서 나는 "제가 비판한 이유들 때문에 박원순은 서울시장직을 잘해낼 것입니다. 그러니 우리 모두 그분이 성공하길 빕시다"고 답을 보낸 적이 있다. 우리는 전략·전술이니 정치 공학이니 하는 걸 정치권에만 존재하는 타락으로 보는 경향이 있는데, 그 착각부터 바로잡는 게 좋겠다.

전략·전술이니 정치 공학이니 하는 걸 넓은 의미의 마키아벨리즘으로 부른다면, 순교자와 마키아벨리즘은 전혀 상호 모순 관계가 아니다. 김대중과 노무현을 어떻게 평가하든 그들은 마키아벨리즘에 투철한 사람들이었기 때문에 그 정도나마 성공했다는 게 내 판단이다. 나는 그런 점에선 박원순이 김대중·노무현에 결코 뒤지지 않으며 오히려 능가할 수도 있다고 본다. 스타일의 차이를 본질의 차이로 오해해선 안 된다.

나와 두 분의 생각 차이는 박원순에 관한 것이 아니라 근본적인 인간관과 정치관에 있는 듯하다. 그렇지만 그걸 놓고 다툴 필요는 없을 것 같다. 나 역시 박원순이 더 정치적으로 발전해나가길 기대하기 때문이다. 그런 마음이 있다면 그런 글은 쓸 수 없다는 게 안 교수의 생각인 것 같은데, 바로 여기서 우리는 갈린다(그리고 안철수에 대한 내 생각에 대해선 안 교수가 무언가 크게 오해하고 있는 것 같은데, 이 책에 실린 나의 안철수론을 보고서 정당하게 평가해주시길 바란다).

박원순이 정치권으로 가면 도끼 들고 쳐들어간다

그런데 내가 보기엔 「'정치가형 시민운동가'의 성공인가: '박원순 현상'의 명암」이라는 글 자체보다는 그 글의 전제에 대한 생각 차이가 문제의 핵심인 것 같다: 달리 말해서, 박원순이 서울시장에 출마하겠다고 나섰을 때, 강준만·조희연·안병진 세 사람이 보인 반응의 차이가 더 중요하지 않겠느냐는 것이다. 반갑게도 조 원장이 이야기를 풀어나갈 수 있는 실마리를 던져주었다. 다음과 같은 대목이다.

"나는 언젠가 정치권의 러브콜이 빗발칠 때 박원순에게 '정치권으로 가면 도끼 들고 쳐들어간다' 라고 농담처럼 이야기했던 적이 있다. 사실 그때 시민운동가들이 박원순의 정치 진출을 극력 만류하는 것이 '상식' 이었다. 그러나 이제는 이 '상식' 이 변화했다. 한 사회의 상식, 시민사회의 상식이 꼭 영구불변할 필요는 없다. 나도 이번 선거에서 그가 출마한다는 것을 언론을 통해서 알았을 때 이미 나 자신이 '도끼 들고 찾아가고자 하는 나' 가 아니라는 것을 깨달았다. 나는 박원순과 같이 정치를 하는 것이 아니라, 정치를 감시하고 비판하는 것을 개인의 과업으로 상정하고 있지만, 그러나 다른 시민운동가들이 정치가로 변신하는 것에 대해서 이전처럼 '반운동적' 이라고 매도할 생각이 없다. 그렇게 생각이 변화했다."

조 원장은 시민운동가의 정계 진출에 대해 열려 있다. 나는 이 자세를 존중하지만, 시민운동가들의 정계 진출이 만드는 명明에 상응하는 암暗도 있기에 딜레마라고 본다. 암은 무엇인가? 한신대 교수 윤평중이 잘 지적한 것 같다.

윤평중은 "박원순 서울시장의 당선은 '시민 정치의 승리' 로 상찬賞讚되기도 한다. 시민이 주인이 되는 생활 정치의 본격화라는 이유에서다. 일생을 공적 가치에 헌신한 그의 이력이 그런 기대를 갖게 한다. 나는 '박원순 서울시' 가 순항해 시민들의 주름살을 펴주기를 간곡히 소망한다. 그러나 동시에 '박원순 당선' 의 야누스적 얼굴도 냉철히 들여다볼 필요가 있다. 한국의 시민운동을 대표해온 박원순 변호사의 현실 정치 투신이 한국 민주주의의 진화에 부정적 여파를 끼칠 수도 있기 때문" 이라며 다음과 같이 말한다.

"우리나라는 팽배한 정치 결정론이 다른 모든 영역을 빨아들이는 막강한 전통이 있다. 자기 분야에서 일가를 이룬 인물들이 마지막으로 정치에 투신해 망가지는 오래된 광경에서 보듯 한국 특유의 정치 중심주의는 크게 변하지 않았다. 이는 국가 · 시민사회 · 시장 사이의 상호 견제에서 비롯된 현대적 삶의 질서가 한국적 정치 만능론 때문에 위협받을 수 있다는 걸 보여준다. 진보적 시민운동 진영이 총동원되어 현실 정치의 당파적 주체로 나선 지금의 상황은 시민사회가 정치에 흡수되어버리는 한국적 '소용돌이 정치' 의 재판再版이 될 수도 있다. 국가와 정치가 시민사회를 포함한 다른 모든 영역을 흡수하는 블랙홀 현상이 재현되는 셈이다. 박원순 서울시장의 정치적 성공은 미래의 다른 시민운동가에게도 '앞으로 정치할 거냐?' 란 질문을 불가피하게 할 것이다. 박 시장의 정치적 입신立身이 진보 진영에 지금은 희소식이지만 장기적으로는 한국 시민사회의 미래를 위해서 좋은 뉴스가 아닐 수 있는 건 이 때문이다. …… '박원순 이후' 의 시민운동이 순수성을 주장하기는 쉽지 않게 돼버렸다. 참여 민주주의의 대의를 앞세운 현실 정치 참여가 오히려 시민운동을 위기에 빠뜨리는 역설이 아닐 수 없다."[31]

윤평중의 주장은 조 원장도 한때 신봉하던 상식이었지만, 이제 조 원장은 그 상식이 변화했다고 말한다. 변화는 불가피하고 또 아름다울 수도 있다. 조 원장이 잘 지적했듯이 나 역시 "안티조선의 전사이던 때와 강남 좌파를 이야기하는 때" 는 다르다. 나는 "어, 안티조선 운동이 왜 저런 식으로 가지?" 하고 안타까워했던 게 한두 번이 아니다. 노무현 정부 시절에 그 열성 지지자들이 '조선일보 프레임' 이라는 말까지 동원하면서 노 정부의 심각한 문제점마저 정당화하는 걸 보고선 개탄을 금치 못했다. 『조선일보』를 악마화, 아니 신격화하면서 그것을 자기 성찰을 하지 않는 데 대한 면죄부로 삼는 모습을 보고선 분노마저 치밀었다. 그건 내가 원한 안티조선이 아니었다. 오히려 안티조선을 정략적으로 악용하는 모독이라고 느꼈기 때문이다.

안티조선이라는 슬로건 아래에서도 여러 입장이 있을 수 있듯이, 시민운동가의 정계 진출 문제도 그럴 것이라 믿는다. 대의를 위해 세상의 변화에 발맞춰 가는 건 미덕이지 악덕이 아니다. 그러나 공적 기관이 변화할 땐 거쳐야 할 절차가 있는 법이다. 아무리 온 세상이 이명박 정권에 대한 분노로 들끓는다 해도 지켜야 할 원칙마저 건너뛸 이유는 없지 않을까?

앞서 소개했듯이 이재영은 "민주주의 하자는 시민·사회단체들이 정치 참여와 같은 고도의 민주주의 행위에 대해 아무런 절차도 두지 않는 것은 어떤 변명으로도 용납될 수 없다"며 "출신 단체의 정치적 진로나 동의와는 무관하게 혈혈단신 정치에 나서겠다는 것은 '시민'의 사유화이고, '양심'의 횡령이다"라고 했다. 조 원장이 활동하는 참여연대는 어떤 절차를 두고 있는지 궁금하다. 단지 상식이 변화하면 그걸로 족하다는 것인가? 상식의 변화 여부와 정도는 누가 결정하는가?

또한 사람들이 변화에 적응하는 속도가 모두 똑같을 수는 없는 법이다. 조 원장도 반론을 쓰는 과정에서 자신의 변화에 대해 이야기한 것이지 그런 변화의 필요성을 공개적인 글로 쓰거나 시민운동계에 공론으로 제기하진 않았다. 따라서 아직도 "박원순이 정치권으로 가면 도끼 들고 쳐들어간다"라고 생각하는 사람이 있을 수 있다는 걸 이해하면 어떨까 싶다.

박원순이 여당 후보로 출마해 당선되었다면?

안병진 교수는 시민운동가의 정계 진출에 대해 '열린 자세'를 넘어서 시대적 대세요, 당위라고까지 여기는 듯하다. 안 교수는 "시민운동은 정치 바깥에서 중립적 시민운동으로만 남으라는 것은 근대 시기의 낡은 정당 만능론이자 실천적으로는 새로운 정치 흐름을 차단하고 싶은 기득권 체제의 이익을 대변한다"고 했다. 안 교수는 다른 칼럼에서도 "정당과 시민운동의 굳은 벽이 이미 무너졌다. 정당이 내부에서 정치하고 시민운동은 외부에서 견제만 한다는 이분법적 이론은 20세기 낡은 유물이다"라고 말한다.[32]

이 주장의 진정성엔 경의를 표하지만, 문제는 '우리 대 그들'이라고 하는 이분법이 그 바탕에 깔려 있다는 점이다. 안 교수는 시민운동가를 "시민적 가치를 훈련한 이들"로, 기성 정치인들은 그런 훈련이 없는 사람들로 보면서, "시민운동가들의 정계 진출에 대한 비판은 결과적으로 현실 정치에서 기성 정치인의 안정된 미래를 보장해준다"고 말한다. 과연 그럴까? 시민적 가치를 맹훈련했을 뿐만 아니라 시민사회에서 존경을 받던 이들마저 정치권에 들어가 변질된 사례가 수없이 많음에도, 여전히 한국 정치의 문제를 '사람의 문제'로 보다니, 그 질긴 생명력에 놀라움을 떨치기 어렵다.

안 교수는 내 감수성이 낡았다고 비판한다. 그렇지만 사실 나는 안 교수의 그런 이분법이야말로 낡은 것이라고 생각한다. 그리고 안 교수가 벤치마킹하려는 미국의 '무브온' 모델은 한국에 들여와선 안 될 위험한 방식이라고 생각한다. 미국과 한국의 여건이 너무도 다르기 때문이다. 이 점에 대해선 안 교수의 멘토링을 받는 문성근을 다룬 6장에서 자세히 논하기로 하자. 내 글에 대한 안 교수의 비판은 '사람이 문제'라는 안 교수의 시각과 '사람이 아니라 시스템이 문제'라고 보는 내 시각의 차이 때문에 나온 걸로 보고 싶다.

시늉일망정 박원순의 정계 진출의 암에 대한 우려의 목소리, 아니면 그걸 원칙 차원에서나마 정리해보려는 목소리가 같은 편이라고 생각하는 사람들 사이에서 모기 소리만큼이라도 나왔더라면 나는 문제의 글을 쓰지 않았을지

도 모르겠다. 그러나 모두가 '시민의 위대한 승리'라는 축제 분위기에만 푹
빠져 있었다. 박원순뿐만 아니라 그와 같이 동고동락했던 시민운동가들이 대
거 정관계로 우수수 빨려 들어가고 있는데도 그저 감격 일변도였다.

내가 보기엔 그마저 이분법 독재의 산물이었다. 박원순이 '우리 편' 후보
로 서울시장에 출마해 당선되었기에 그런 일이 벌어진 것이다. 박원순이 여
당 후보로 출마해 당선되었거나 또는 다른 시민운동가가 여당 후보로 공직
선거에 출마해 당선되었다면, 그때에도 시민운동가의 정계 진출에 대해 너그
럽거나 찬사를 보낼 사람이 우리 편에 얼마나 있었겠는가?

4·11총선이 끝나고 나서 『동아일보』에 실린 「'박원순맨' 12명 금배지…
朴 '정치권의 큰손' 자리 잡아」라는 기사가 흥미롭다. "민주통합당(21명)과
통합진보당(6명) 비례대표 27명 중에서는 5명 정도가 '박맨'으로 분류된다.
대표적으로 민주통합당 14번을 받은 김기식 전 참여연대 사무처장을 꼽을 수
있다. 김 전 처장은 선거캠프 특보단 3명 가운데 1명으로 선거전략본부장을
맡아 당시 선거를 진두지휘했다. 박 시장 선거캠프에서 공동선대위원장을 맡
았던 남인순 민주통합당 최고위원도 9번으로 당선됐다. 김제남 전 녹색연합
사무처장과 박원석 전 참여연대 협동사무처장 역시 '박맨'으로 분류할 수 있
다."[33]

한국의 시민운동을 대표해온 상층부 인사들이 대거 정관계로 진출한 걸
가리켜 '박원순 효과'라 할 수 있겠다. 그런데 재미있지 않은가? 박원순 효과
에 대해 야권은 여전히 감격만 하고 보수 신문은 담담하게 정치적 분석만 하
고 있다는 게 말이다.

시민운동 내부의 빈부 격차

조희연 원장은 "시민운동가들이 정치가로 변신하는 것에 대해서 이전처럼 '반운동적'이라고 매도할 생각이 없다"고 했다. 실은 나도 그렇다. 아니, 나는 이전에도 안타깝게만 생각했을 뿐 반운동적이라고 매도한 적이 없고 그럴 생각도 없다. 시민운동을 평생 직업으로 삼을 수 없는, 시민운동가의 열악한 처지를 너무도 잘 알고 있기 때문이다. 2012년 1월 성공회대 사회과학부 교수 김동춘은 시민운동가들의 정계 진출에 대해 착잡한 마음을 피력한 바 있는데, 그의 생각이 곧 내 생각이기도 하다.

김동춘은 "파트타임 시민운동을 해온 나는 정치하겠다는 사회운동가들을 말릴 명분이 없고, 모든 일을 정권 교체와 연결하는 세상의 보통 사람들을 설득할 자신이 없다. 우선 40대 중반 넘어서까지 사회운동을 해서는 자신의 경력에 걸맞은 역할을 할 수 있는 자리가 없고, 자녀들 교육은 물론 가족의 생계조차 꾸릴 수 없다는 것을 너무 잘 알기 때문이다. 이명박 정권이 들어선 이후 공익 시민단체의 돈줄이 막히고 진보적 학자들의 연구 용역조차 끊어지는 것을 보았기 때문에 한국에서는 여전히 정치가 모든 것을 좌우한다는 것을 너무도 뼈저리게 실감하고 있다"며 다음과 같이 말했다.

"자신의 영역에서 경력을 쌓아가면서 자신의 능력을 마음껏 발휘할 조건이 안 되어 있으니 모든 '잘난 사람들'은 곧바로 세상을 바꾸겠다고 정치로 가게 된다. 그런데 지난 20여 년간 세상을 바꾸겠다고 수많은 사회운동가가 정치에 뛰어들었건만, 오직 자기 자신만 권력자로 바꾸었을 따름이며 일부는 부나방처럼 불에 뛰어들어갔다 타죽고 떨어져 사람들의 발에 밟혔다. 그리고 나름대로 정치에서 경륜과 식견을 쌓은 전직 운동가들은 다시 운동 진영으로 돌아오지 못했다. 이것은 비극이다. 개인의 비극이 아니라 국가와 사회의 비극이다. 이들을 정치로 내몰고, 정치 경력을 쌓은 이후에도 다시 사회 현장으로 돌아오지 못하는 이 구조를 바꾸지 않으면 정치의 후진성, 정치가에 대한 배반감, 양심적 인사들의 변신과 도덕적 파탄을 계속 목격해야 하며 대중의 좌절과 실망감은 계속될 것이다. …… 세상을 바꾸는 길이 오직 중앙 정치로만 통하는 조선 시대 이래의 과도 정치화 현상이 사라지지 않는 한, 정치도 바뀌지 않을 것이고 우리나라는 계속 후진 상태에 있을 것이다. 정권 교체? 물론 필요하다. 그런데 바닥 현실을 보면, 교체되더라도 그 정권이 김대중, 노무현 정권의 실패를 답습하지 않으리라는 보장이 어디에 있는지 알 수가 없다."[34]

즉, 이해는 하지만 착잡하다는 것이다. 그래도 서울의 시민운동가들은 나은 편이다. 지방은 더욱 열악하다. 나는 언젠가 지방의 어느 강연회에서 서울의 유명 시민운동가들을 염두에 두고 시민운동가의 정계 진출에 대해 부정적인 견해를 피력했다가 강연 후 그 지역에서 활동하는 시민운동가들에게 항의를 받은 적이 있다. 그들은 지방의원들의 부패를 개탄하면서 지역의 시민운동가들이 지방의회에 많이 진출하면 그걸 바로잡을 수 있는데, 왜 시민운동가의 정계 진출을 부정적으로만 보느냐고 항변했다. 그래서 내가 물었다. "시민운동가 출신으로 의회에 진출한 분이 계시나요?" 있을 리 없다. 시민들이 안 뽑아준다. 정작 지방의회에 진출해야 할 풀뿌리 시민운동가들은 지명도가 없어서 지방의회 근처에도 못 가는 반면, 서울에서 시민운동으로 이름을 날린 명망가들만 그 지명도를 이용해 정계에 진출하는 게 그간의 현실이었다. 시민운동 내부의 빈부 격차가 심각하다는 것이다.

정치의 중요성을 과장하지 말자

나는 중앙의 유력 시민운동가들이 이 문제에 정면 대응해주기를 바랐다. 공론화를 통해 그 어떤 원칙이라도 정해주길 바랐다. 서울도 그런 점이 있겠지만 지방에서 시민운동이 성장하기 어려운 가장 큰 이유 가운데 하나는 시민들의 냉소주의 때문이다. 사실 중요한 건 시민운동가의 정계 진출 여부가 아니다. 엉거주춤한 자세, 즉 공개성과 투명성 여부가 문제의 근원이다. 지방의회 개혁을 위해 시민운동가들이 의회에 진출해야겠다는 걸 천명하고 대대적인 캠페인을 벌이든가, 아니면 '시민운동가 정계 진출 절대 불가'를 천명하고 그 원칙을 지키든가 하는 언행일치가 필요했다는 말이다.

그러나 그간 시민운동이 보인 건 정반대였다. 스스로 시민운동가의 정계 진출을 부정적으로 보는 시각을 유포하면서 막상 어떤 시민운동가가 나서서 정계 진출을 시도하면 침묵하거나 협조하는 방식이었다. 선거에 나설 만한 시민운동가는 대개 지도자들이다. 이들은 사실상 인적 관계를 통해 시민운동 단체들을 장악하고 있기 때문에 시민운동 내부에서 그 지도자에 반대하거나 비판하는 목소리가 나올 수 없다. 시민운동가가 정계 진출을 위해 시민단체를 떠난 뒤에도 자신이 심어놓은 인맥을 통해 시민단체를 배후 조종하는 일도 다반사로 일어나는 게 우리 현실이다.

박원순 효과는 시민단체가 정치인 사관학교로 클 수 있는 가능성을 드라마틱하게 입증해 보였다. 당분간 시민운동은 성장세를 기록할지도 모르겠다. 노골적인 정치 지망생들이 대거 시민단체로 몰려들 수도 있기 때문이다. 그러나 그런 일이 벌어진다 해도 그건 '그들만의 이야기'다. 서울에서 활동하면서 실세와 인연을 맺은 이들에게만 열려 있는 문일 뿐, 지방의 시민운동가에겐 어림도 없는 일이다.

수도권에 살다 보면 시민운동가든 지식인이든 늘 보고 겪는 게 서울뿐이니 무슨 생각을 하겠는가? 그저 서울을 대한민국으로 보는 관찰과 판단만이 가능할 따름이다. 지방이 서울 식민지로 전락한 상황에서 시민운동을 하더라도 서울에서 해야 정치가로 전업 가능하다는 사실, 이건 의외로 한국 사회의 이중적 작동 구조에 대해 많은 것을 시사해준다.

물적 자본이든 학벌 자본이든 자본력이 좋은 서울의 진보 인사들이 자식 교육만큼은 강남의 보수파와 전혀 다를 바 없이 하고 있는 건 탓할 게 못 된다 하더라도, 서울-지방의 이중 구조처럼 한국 진보의 그런 이중 구조가 진보 정치를 '그들만의 이야기'로 머무르게 한다는 것도 분명한 사실이다. 억울하면 출세를 하거나 서울 가서 살 일이다. 목소리가 너무 높아졌나? 그럴 만한 이유가 있다. 한국에서 말깨나 하고 글깨나 쓰는 사람들을 보라. 거의 다 수도권에 산다. 지방을 대변해주는 사람이 없으니 나라도 나서야지 어쩌겠는가?

박원순은 과거 『한겨레』와의 인터뷰에서 자신의 정계 진출에 대해 강하게 부정하면서 "정치권은 사람도 많은데 시민사회는 대체재가 부족하다"라는 말을 했다.[35] 같은 맥락에서 나는 정치가 모든 걸 바꿀 수 있는 것처럼 허풍을 떠는 건 자제해야 한다고 본다. 적으로 간주하는 세력에 대한 적개심과 증오가 그런 허풍을 낳게 하는 건 아닌지 스스로 검증해볼 필요가 있다. 서울시장을 '우리 편'이 먹었다는 사실에만 열광하고 감격할 것이 아니라, 박원순의 서울시장 진출과 박원순 효과로 시민사회 대체재가 정치 지망생으로 채워지는 사태가 과연 어떤 결과를 낳을 것인지, 이에 대해서도 한번쯤 생각해보면 좋겠다.

「'정치가형 시민운동가'의 성공인가: '박원순 현상'의 명암」이라는 글은 바로 이런 문제의식으로 쓰인 것이다. 그 글이 거칠었던 것에 대한 아쉬움은 있지만, 아무런 성찰 없이 박원순의 서울시장 당선 그리고 4·11총선에서 나타난 박원순 효과에 열광적 환호만 보낸 자칭 개혁·진보적 지식인의 행태와 그걸 유발한 선악 이분법 구도에 대한 문제의식은 여전하다는 걸로 이 글을 끝맺고자 한다.

명랑 사회 구현의
선구자

안철수 박원순 김난도 문재인
1외수 김제동 공지영 박경철
김어준 한비야 김영희 문성근

교주형 멘토
김어준

김어준은 명랑 사회 구현의 선구자

이 글을 쓰기 전에 내가 『인물과 사상 10』에 쓴 글 「'백이숙제' '사육신' 식 운동관을 버리자: 딴지일보 총수 김어준」을 다시 읽어보았다. 『인물과 사상 10』은 1999년 4월에 출간되었으니, 지금으로부터 13년 전에 쓴 글이다. 『딴지일보』를 "약간 사이코 기질이 있는 몇 놈들이 사회에 대해 시답잖은 자위행위를 하고 있는 정도"로 보는 시각을 강력 반박하며 『딴지일보』와 김어준을 적극 옹호하고 예찬한 글이다.

김어준을 보는 시각은 지금도 그대로지만, 이제 내가 김어준과 그의 주요 활동, 즉 나꼼수를 옹호하고 예찬해야 할 필요는 없어진 것 같다. 나꼼수는 한 국 정치마저 좌지우지하는 엄청난 언론 권력이 되었고, 김어준은 그 권력의 최상층에 존재하는 교주의 자리에 올랐기 때문이다. 나는 그를 '교주형 멘토'로 보는데, 결코 부정적인 의미는 아니다. 상호 묵계적으로 약속된 오락적 코드일망정 김어준과 멘티의 관계가 '교주 대 신도'의 관계로 설정되었다는 점을 나꼼수식으로 표현한 것에 지나지 않는다.

두말할 필요 없이, 교주형 멘토 김어준은 '명랑 사회' 구현의 선구자다. 그는 1998년 『딴지일보』를 창간하면서 "딴지일보는 인류의 원초적 본능인 먹고 싸는 문제에 대한 철학적 고찰과 우끼고 자빠진 각종 비리에 대한 처절한 똥침을 날리는 것을 임무로 한다"라는 사시를 내걸었다. 그가 구현하고자 한 '명랑 사회'란 무엇인가? "선진 조국 창조, 신한국 창조…… 이런 말에 너무도 오랫동안 속아왔기에 딴지가 새로 정립해 지향하는 21세기의 국가 모델로서, 모든 국민들이 즐겁게 웃으며 명랑하게 생활할 수 있는 멋진 사회"를 뜻한다.

김어준은 명랑 사회 구현의 내용적 방법론으로 '엽기'를 택했는데, 이는 "발상의 전환, 주류의 전복, 왜곡된 상식의 회복, 발랄한 일탈"을 뜻하는 개념이다. "억압됐던 성을 쾌활하게 발현시켜 낭심빈혈을 치유하고, 좆선일보를 1등 하게 하는 유치짬뽕의 극우 멘털리티를 갈아엎으며, 박통이 심어 놓은 천민자본주의에 힘찬 야유를 퍼부어 명랑한 사회를 만들고자 하는 의지. 그게 엽기였다."[1] 김어준은 그밖에도 『딴지일보』에서 자주 쓰는 몇 가지 어휘에 대한 정의를 내려주는 자상함을 보였는데, 세 가지만 더 살펴보기로 하자.

조또 '매우', '아주', '굉장히' 등의 평상적인 단어로는 그 정도를 제대로 표현해낼 수 없을 경우 혹은 상황이 하도 기가 막히고 답답하여 '도대체', '대관절' 정도로는 그 심정을 제대로 표현할 수 없을 경우 뒤에 나오는 동사나 형

용사를 강조하기 위해 쓰이는 부사.

씨바 차분하고 논리적으로 자신이 표현하고자 하는 바 혹은 주장하고자 하는 바를 설명해냈음에도 불구하고 여전히 뭔가 풀리지 않은 응어리가 가슴에 남아 있을 경우 전체 글의 종결구 또는 여흥구로 쓰이며, 때로는 '조또' 와 함께 부사로 활용되기도 하는 의성어.

졸라, 열라, 욜라 명랑 사회를 반드시 구현하겠다는 사명감을 가지고 열심히 뛰어가는 동적 자세를 표현하는 의태어로 쓰이기 시작했으나, 이제는 '열심히', '바쁘게', '억수로', '매우' 등등의 다중 의미를 가지게 된 단어.[2]

'조또, 씨바, 졸라, 열라, 욜라' 방법론

김어준과 『딴지일보』는 명랑 사회 구현을 위해 그 형식적 방법론으론 "조또, 씨바, 졸라, 열라, 욜라" 등을 택한 셈이었는데, 한마디로 재기발랄 그 자체라고 해도 좋을 정도였다. 예컨대, '기존 언론은 딴지 음해를 즉각 중지하라!' 라고 제목을 붙인 규탄 성명서를 보자. "특히 『한겨레21』은 본지를 표현하는 데 있어 '똥색 언론' 이라는 극단적인 표현을 서슴지 않아 앞으로 본지와의 정면 대결이 임박한 상황이다. 이 경우 단순히 언론사주의 의도가 아니라, 『한겨레21』의 일부 엽기적인 기자들이 본지의 똥침 정신과 자신이 추구하고자 하는 기자 정신이 일치하자, 자신의 영역을 침범하는 데 위기감을 느껴 나온 일탈 행위로 보인다. …… 기존 언론들은 본지 탄압과 음해를 즉각 중지하라!!"[3]

「우리도 누드 비치를 만들자!」는 제안도 재미있다. "누드족 그들의 주장에 100퍼센트 동조하기 때문은 아니다. 결코 여성들의 저탱이를 맘껏 보기 위해서도 아니다…… 그래, 씨바…… 그건 조금은 있다…… 울나라도 이제 제발 그 정도의 '파격'은 표시도 안 나게 너끈히 흡수할 수 있는 넙대대한 포용력의 나라였으면 정말 좋겠기 때문이다. 내가 동조하지 않는 것도 그 존재를 인정하고 함께 공존할 수 있는 사회…… 다양한 가치와 생각들이 주류와 틀리다는 이유로 박해받고 사장되지 않는 사회…… 그런 사회가 건강한 사회고 창조적인 기운이 넘치는 사회 아니던가. 배꼽티를 단속하는 우리나라에 절망감을 느낀다. 배꼽티 입는다고 우리나라 안 망한다. 누드 비치 있다고 우리 정신세계 파괴 안 된다. 오히려 그 반대. 누드 비치를 만들자!"[4]

1999년 『시사저널』이 1년 동안 가장 영향력이 있는 언론 매체 순위를 조사했더니 『딴지일보』가 인터넷 매체로서는 처음으로 20위 안에 선정되는 놀라운 결과가 나타났다. 감격을 할 법도 하건만, 김어준의 반응은 이랬다. "아니 본지가 10위권 밖이라니…… 아니…… 씨바 이럴 수가…… 본지가…… 겨우…… 17위였다…… 아…… 본지가 그동안 그 모든 탄압과 역경을 헤치며 고난의 민족정론 행보를 이어왔건만 겨우 17위란 말인가."[5]

이 시절의 김어준에 대한 『딴지일보』 부국장 홍대선의 애정 어린 증언이 흥미롭다. 홍대선은 "졸리면 그 자리에서 자기 시작하고, 부하 직원에게 일 독촉을 받을 정도로 게으르고, 재미 삼아 직원들의 업무를 방해하고, 노골적으로 여자를 밝히며 검은 망사스타킹을 찬양한다. 무엇보다 수시로 자신이 잘생겼다고 주장한다. 그는 양심도 없지만 두려움도 없다. 회사 경영이 안 좋을 때 가장 얼굴이 밝은 사람이 바로 경영자인 김어준이다"라며 다음과 같이 말한다.

"근엄한 고위 권력자에게 무슨 팬티를 입었는지, 동성애와 포르노를 어떻게 생각하는지 묻는다. 권력의 심기를 건드리는 모습에 '잡혀갈까 무섭지 않느냐'고 물으면 사식의 메뉴를 고민할 뿐이다. 김어준은 심각한 법이 없다. 그에게 즐겁지 않은 것은 죄다. 누구든지 그와 함께 있는 시간만큼 웃게 된다. 모든 회의는 스탠딩 코미디가 되어 끝난다. 『딴지일보』 특유의 유머는 그의 성격에서 유래한다. 김어준은 '함부로' 산다. 싫으면 관두고, 하고 싶으면 한다. 일과 취미가 구분되지 않는 그에게 삶은 유희다. …… 필자가 가장 부러워하는 김어준의 능력은 어떤 문제나 주제의 핵심에 누구보다 빨리 접근하는 것이다. 일견 복잡해 보이는 문화적·사회적 사안을 단순 명쾌하고 시적인 문장으로 단박에 정리해낸다. 김어준은 언어를 효율적으로 사용한다. 그래서 사물과 현상, 인간을 '드러내는' 데 놀랍도록 탁월하다."[6]

김어준의 탁월한 멘토링

김어준은 『딴지일보』는 물론 『한겨레』 지면에서까지 오랫동안 인생 상담을 해온 진짜 전문 멘토다. 그중 일부를 추려 묶어낸 책이 『건투를 빈다: 김어준의 정면돌파 인생 매뉴얼』이다. 인터뷰 전문 기자 지승호는 이 책에 대해 "『딴지일보』를 통해 수많은 폐인을 양산했던 이 놀라운 본능주의자이자 경험주의자는 자신의 경험을 바탕으로 체득한 삶의 기술을 '자기 객관화와 선택에 대한 책임'이라는 두 가지 코드로 풀어내고 있다"는 평가를 내린다.[7]

김어준의 인생 상담은 결코 친절하지 않다. 교주가 신도들에게 하사하는

설교 같다. 그래서 의뢰인을 찌질이로 보는 것이 아니냐는 의견도 있었지만,
교주 나름의 철학이 있다. 그런 의견에 대해 김어준은 "그건 사실대로 말하는
거지. (웃음) 고민 좀 있다고 해서 어린애 취급하면 안 된다는 거야. 상담을 할
때 상대방은 나보다 훨씬 취약하고 열등하고 불안전한 존재로 상정한 다음에
하는 것이 아니고, '내가 조금만 잘못해도 이 사람은 자살하지 않을까' 라고
지레짐작을 하면 안 된다는 거지"라면서 다음과 같이 말한다.

"내가 정말 그렇게 생각하는 사람들은 그렇게 상담하지 않아. 일반적인
상담이 기만적이라고 생각하는 게, 상담해주는 사람이 의뢰인에게 실제로는
그렇게 생각하지 않으면서 말은 되게 조심스럽고 우아하고 정제되게 한다고.
나는 그게 무례라고 생각한다는 거지. 그 사람이 찌질하게 행동했으면 찌질
하다고 말해줘도 그 사람이 스스로 '나는 찌질했구나' 하고 충격을 흡수하
고, 거기서 나름대로 껍질을 깰 자기 치유 능력이 있단 말이야. 찌질하면 찌질
하다고 말을 해줘야 된다고. 다칠까 봐 조심스럽게 하는 것은 애들 다루듯 하
는 거거든, 그러면 안 된다는 거지. 나는 그 사람이 감당해야 될 몫이라고 생
각하고, 내 맘대로 말하는 거지. (웃음)"[8]

김어준의 멘토링에서 중요한 건 형식과 더불어 내용이다. 매우 알차다.
"행복에 이르는 방도의 가짓수가 적을수록 후진국이다"라거나 "사람이 나이
들어 가장 허망해질 땐, 하나도 이룬 게 없을 때가 아니라 이룬다고 이룬 것들
이 자신이 원했던 게 아니란 걸 깨달았을 때다"라는 말은 그대로 교주의 경전
에 옮겨놓아도 좋을 것 같다.[9]

「서울대에 못 가 참 다행이다」 편의 멘토링도 매우 실질적이다. "고백 하
나 하자. 학창 시절, 나, 공부 좀 했다. 서울대, 당연히 가는 줄 알았다. 연고대
는 공부 못하는 학생이 가는 곳인 줄 알았다. 물론 지금 생각하면 나도 재수

없다. 하지만 그땐 그렇게 생각했다. 그러다 결국, 못 갔다. 억울했다. 내가 획득한 학력고사 점수만큼의 사람이란 걸 받아들일 수가 없었다. 해서 이런저런 핑계도 찾았다. 실수를 했다느니 따위의. 실수를 최소화하는 게 결국 실력이란 걸 인정하기까지 몇 년이 걸렸다."

김어준이 그 대신 얻은 게 자유다. 그래서 『딴지일보』도 창간할 수 있었다. "그럴 수 있었던 건 부모를 비롯한 주변·사람들이 공부 잘하는 아이였던 시절 내게 걸었던 기대들을 어느 순간부터 저버렸기 때문에 가능했다는 것 역시 알게 되었다. 난 더 이상 부모나 주변 사람들의 기대나 평균적인 사회 인식을 내 행동의 기준으로 삼지 않고 있었다. 그렇다고 의식적으로 그렇게 노력한 건 아니었다. 그저 그런 것들을 잊고 살았던 게다. 그제야 비로소 서울대에 떨어진 것이 얼마나 다행인지 진심으로 깨닫게 되었다."[10]

'장애우'란 신조어에 대해 이의를 제기하는 것도 매우 신선하다. 김어준은 "'장애자'나 '장애인'이란 호칭엔 비하의 뉘앙스가 있다며 몇 년 전부터 그 대안으로 만들어진 이 단어는 그동안 우리 사회가 장애를 가진 사람들을 홀대했다는 죄책감을 담고 있다. 애초 선의에서 출발한 게다. 그러나 이 호칭은 장애인들에 대한 차별을 오히려 강화하고 만다"며 다음과 같이 말한다.

"이 호칭은 장애인을 스스로 주체가 아니라 비장애인의 친구로서, 그러니까 상대적 객체로서만 존재케 하기 때문이다. '장애우'는 장애인 스스로는 쓸 수가 없는 말이다. 나는 '누구다'가 아니라 나는 '비장애인의 친구다'라고 말하라는 거니까. 게다가 장애인들더러 모든 비장애인들이 나서서 당신 친구를 해줬으면 좋겠는지 물어는 봤나? 그들이 왜 모든 비장애인들이 나서서 친구가 되어주는 걸 바랄 거라 여기는 건가? 그들은 불쌍한 존재니까? 이런 단어를 만든 당사자들은 상대방의 신체 기능 일부가 고장 났다는 이유만으로 그의 친구가 정말 되고 싶은가? 이 무슨 시건방진 은혜인가? 이런 호칭으로 심리적 부채나마 덜어보려는 거, 이해 못할 바는 아니다. 하지만 이런 호칭은 자기 마음 편하자고 정작 장애인들을 시혜의 대상으로 만들어 지속적으로 구분 짓고 그로 인해 그들에 대한 차별을 강화하고 만다."[11]

『건투를 빈다』의 총론적인 결론은 이렇다. "많은 이들이 자신이 언제 행복한지 스스로도 모르더라. 하여 자신에게 물어야 할 질문을 남한테 그렇게들 해댄다. 자신이 어떤 사람인지, 그런 자신을 움직이는 게 뭔지, 그 대가로 어디까지 지불할 각오가 되어 있는지, 그 본원적 질문은 건너뛰고 그저 남들이 어떻게 하는지만 끊임없이 묻는다. 오히려 자신이 자신에게 이방인인 게다. 안타깝더라. 행복할 수 있는 힘은 애초부터 자기 안에 내재되어 있다는 거, 그러니 행복하자면 먼저 자신에 대한 공부부터 필요하다는 거, 이거 꼭 언급해두고 싶다."[12]

나꼼수로 진화한 김어준

김어준은 진화한다. 끊임없이 진화한다. 형식은 계속 자유분방으로 치닫지만, 주제와 내용은 점점 진지하고 심각해진다. 2011년 4월 말 그가 주도해 시작한 팟캐스트 방송 나꼼수는 민주언론상까지 받을 정도로 개혁 진영의 뜨거운 지지를 누렸다. 나꼼수는 방송 1회당 평균 600만 건이 다운로드되는 '권력'으로 부상해 19대 총선 국면에서 민주통합당에 절대적 영향력을 행사했다. 어찌하여 이런 일이 가능했을까? 나꼼수 4인방에게 "나꼼수의 흥행 이유는 무엇이라고 보는가?"라는 질문을 던졌더니 이런 답들이 나왔다.

주진우는 "오직 가카, 팩트 그리고 위로"라고 했고, 김용민은 "난해한 정치를 원초적 본능(금욕, 성욕, 식욕)으로 풀어냈다"고 했다. 김어준의 답은 좀 길다. "당연히 가카. 거기 더해 애티튜드. 쫄지 말라는. 그러한 태도 자체가 절절한 위로가 되는 시대다. 그래서 웃으면서 운다. 그리고 네 사람이 각기 살아온 삶. 자기 콘텐츠는 결국 자기가 삶을 상대하는 태도로부터 나온다. 정보는 그 위에 얹히는 토핑일 뿐이다. 마지막으로 화법. 자신이 얼마나 옳고 똑똑한지를 입증하기 위한 화려한 화술이라는 의미가 아니라 애티튜드, 정보, 해학, 캐릭터, 진심이 화학 결합해 만들어내는 합목적적인 전달력. 전달되지 않는 메시지는 아무리 많은 사람이 모여 크게 외쳐도 독백일 뿐이다."

정봉주의 답은 조금 더 길다. "듣고 싶은 얘기가 아니라 내가 하고픈 얘기를 대신 해주는 데 대해 카타르시스를 느끼는 것 아닐까? 또 하나는 울분. 이것이 분명하다고 확신을 하지만 술좌석에서 아무리 얘기해봐야 열만 받는데 나와 똑같은 콘텐츠가 방송이라는 신뢰의 무기로 치장을 하는 순간에 나의 울분은 정의감으로 전환되는 것이다. 확인되는 내 울분 그리고 정의감으로서의 전환에 엄청난 희열을 느끼는 것. 그리고 부끄러운 자화상에 대한 반성문 성격도 있는 것 같다. 다들 자기 검열 하면서 촛불 이후를 살았다. 그런데 그런 두려움에 아랑곳하지 않고 하고픈 얘기를 지껄여대는 인간들을 보면서 부끄러운 내 모습이 오버래핑되는 거지. 이러지 말자. 이거라도 열심히 듣는 것이 반성문 쓰는 것이다' 하면서."[13]

김어준은 지승호와 같이 2011년 10월에 출간한 『닥치고 정치: 김어준의 명랑시민 정치교본』에서 나꼼수와 관련된 자신의 모든 것을 아낌없이 드러낸다. 이 책은 "팟캐스트 세계 1위에 빛나는 나는 꼼수다 김어준", "무학의 통찰로 파헤친 전율의 2012년 정치 메가트렌드 전망" 등과 같은 슬로건과 함께,

교주형 멘토
김어준

김어준이 교주로 등극할 수 있었던 이유를 다음과 같은 교주 설법을 통해 밝힌다.

"과거 군사정권은 조직 폭력단이었어. 힘으로 눌렀지. 그런데 이명박은 금융 사기단이야. 돈으로 누른다. 밥줄 끊고 소송해서 생활을 망가뜨려. 밥줄로부터 자유로운 사람은 없다. 힘으로 때리면 약한 놈은 피해야 해. 그건 부끄러운 게 아니야. 피하고 뒤에서 씨바 거리면 돼. 그런데 밥줄 때문에 입을 다물면 스스로 자괴감이 들어. 우울해져. 자존이 낮아져. 위축돼. 외면하고 싶어. 그러니까 지금 이 시대가 필요로 하는 건, 위로야. 쫄지마! 떠들어도 돼, 씨바. 그런 자세는 그 자체로 사람들에게 위로가 된다."

이 책은 김어준의 평소 매력이라 할 해악과 더불어 위악도 남김없이 드러낸다. "사전 경고한다. 다음 페이지부터 펼쳐질 내용, 어수선하다. 근본도 없다. 막 간다. 근본 있는 자들은 괜히 읽고 승질내지 말고 여기서 덮으시라. 다만 한 가지는 약속한다. 어떤 이론서에도 없는, 무학의 통찰은 있다. 물론, 내 생각이다. 반론은 받지 않는다. 열 받으면 니들도 이런 거 하나 쓰든가."[14]

이명박은 사이코패스, 노무현은 남자 중의 남자

김어준의 통찰은 무학의 통찰인가? 아니다. 그에겐 유학의 통찰이 있다. 그의 통찰은 유학에 기반을 두되 무학적 본능과 직감의 언어로 표출된다. "정치인 강금실을 보면서 느낀 안타까움은, 참 똑똑한 사람인데 정치인으로서의 역할보다 자기가 더 커. 자기의 자의식이 더 커. 물론 바로 그 점이 자연인으로서는 매력으로 작용했지만."[15]

　　표현 능력이 참으로 대단하지 않은가? 김어준은 문재인의 핵심을 '애티튜드의 힘'으로 평가했던 것처럼, 조국의 『진보집권플랜』에 대해서도 서문을 읽자마자 든 생각은 "조국은 사람이 너무 올발라, 지나치게 올발라"였다고 단칼에 정리한다. 그는 조국의 매력에 대해 다음과 같이 말한다.

　　"이 사람이 가진 전부가 매력이지. 생긴 것부터. 일단 여자들이 좋아하게 생겼잖아. 여자들은 이 정도로 생긴 대통령을 갖고 싶어 해. 여자들은 이명박이 어디다 내놔도 부끄러운 대통령이야. (웃음) 외국 정상들과 나란히 서 있는 장면, 보기 힘들어해. 외국에 안 나갔으면 좋겠다고. (웃음) 하지만 조국은 아니잖아. 이게 얼마나 큰 자산이야. 오세훈도 바로 그 지점에서부터 먹히기 시작한 건데. 조국, 이 남자는 키도 크고 잘생기고 목소리도 좋고 학벌도 좋고 생각도 올바르고 내용도 있고 품위도 있고. 이만한 자산을 패키지로 갖춘 진보 인사는 없었다고. 이런 스펙에 이런 외모에 이런 마인드의 사람이, 이 시국에 존재한다는 것 자체가 진보 진영에 엄청난 자산이지. 현 시국에서 조국이 있는 것과 없는 것의 차이가 있다고. 조국만 할 수 있는 역할이 있어."[16]

　　본능과 직감의 차원에선 가슴 깊이 와 닿을망정, 애써 이성을 호출해낸다면 김어준은 지독하게 편파적이라는 느낌을 떨치기 어렵다. 이명박의 생김새를 들어 "어디다 내놔도 부끄러운 대통령"이라고 보는 김어준이 이명박에게 고운 언어를 쓰는 건 애당초 그른 일이다. 그는 "이명박을 논평할 수 있는 사람들은 정치학자들이 아니라 정신병리학자들이라고 봐. …… 사람 자체가 욕망이 말라붙어서 딱지가 졌어. 그 딱지가 정치를 하고 있는 것 같아"라면서 다음과 같이 말한다.[17]

　　"MB가 가장 결여된 것이 감정이입의 능력이야. 결정적으로 결여된 게 그건데, MB가 어떤 상태에 대해 코멘트를 하더라도 알맹이가 없는 발언들을 하잖아. 붕 떠 있어. 땅바닥에 발이 붙어 있지 않아. 원인을 들여다보니까 상대방이 왜 그런지 이해를 못해. 상대방 입장에서 사안을 바라보는 능력이 없는 거야. 감정이입 능력이 결정적으로 결여된 것이 사이코패스잖아. (웃음)"[18]

이명박을 사이코패스로까지 몰아가는 편파성은 노무현에 이르러선 정반대로 치닫는다. 그래서 그는 타의 추종을 불허하는 노빠가 되었다. 그런데 노빠가 된 주된 이유도 '남자다운 남자'라는 콘셉트다. 논문을 그렇게 쓴다면 황당한 일이겠지만, 김어준은 논문을 혐오한다. 대중도 논문을 혐오한다. 그래서 교주의 그런 이론은 신도들에게 황당하게 들리기는커녕 본질을 제대로 짚어준 것으로 간주된다.

"그래, 나 노무현 좋아. 난 자연인 노무현보다 남자다운 남자를 본 적이 없어. 나보다 남자다워. (웃음) 난 서른 중반이 되어서야 비로소 남자가 다 됐어. 그전엔 나도 부분적으로 찌질했어. (웃음) 하여튼 난 그런 사람 처음 봤고 아직까진 마지막으로 봤어. (웃음) 아, 씨바, 노무현 보고 싶다. 이명박 같은 자가 그런 남자를 죽이다니. 도저히 참을 수가 없어. 내가 노무현 노제 때 사람들 쳐다볼까 봐 소방차 뒤에 숨어서 울다가 그 자리에서 혼자 결심한 게 있어. 남은 세상은, 어떻게든 해보겠다고. 그리고 공적 행사에선 검은 넥타이만 맨다. 내가 슬퍼하니까 어떤 새끼가 아예 삼년상 치르라고 빈정대기에, '그래, 치르게 이 새끼야 (웃음) 한 이후로. 봉하도 안 간다. 가서 경건하게 슬퍼하고 그러는 거 싫어. 체질에 안 맞아. (웃음) 나중에 가서 웃을 거다."[19]

곽노현과 노무현의 동일시

김어준은 곽노현 사건 때 곽노현에게서 노무현을 발견하고, 과거 수구 세력과 더불어 노무현을 비난했던 진보주의자들에 대한 반감을 드러낸다. 곽노현 사건은 '전형적인 진보 인사 죽이기 코스'이며, '노무현 죽이기'와 닮은꼴이라는 게 그의 주장이다.

김어준은 "제가 『딴지일보』를 무려 14년간 해오면서 수많은 진보적 글쟁이들 혹은 진보 인사들을 만났기 때문에 그분들의 심리를 잘 압니다. 어떤 심리가 있느냐면 '나는 같은 편도 비판할 만큼 공정하다. 합리적이다'이런 말을 하고 싶은 거예요. 그래서 뭔가 잘못이 나오면 진보 매체, 가장 진보적인 진영이 먼저 공격을 해요"라면서 다음과 같이 말한다.

"이런 심리를 더 들여다보면 사실은 굉장히 비겁한 겁니다. 도망가는 거예요. 같은 편이라고 편들어줬다는 소리 들으면 어떻게 하지? 편들어줬다가 뭐가 나오면 어쩌지? 그러니까 교과서에 나오는 원론을 이야기하는 거죠. 에이, 씨바. 그런 말은 누가 못해. 사실, 노무현 대통령도 우리가 같은 방법으로 보냈습니다. 노무현 대통령이 아무리 '몰랐다'고 말해도 믿어주지 않았죠. 가장 먼저 진보 미디어가 깝니다. 더 비아냥거리고. 1억 원짜리 시계를 논두렁에 버렸다는 이야기, 완전 개뻥이에요. 그런데 그런 이야기를 막 퍼뜨릴 때 진보 미디어에서는 반박을 못합니다. 오히려 먼저 나서서 비판을 해요. 이런 생리를 보수 미디어가 더 잘 압니다. 그래서 검찰이 흘리고 보수 언론이 야금야금 생중계를 하고, 포털에 알바 풀고. 그러면 진보는 쫍니다. 그러니까 교과서로 돌아갈 수밖에 없는 거예요. 그 피해가 우리 편으로 돌아올까 봐. 이렇게 해두면 최소한 자기는 공정한 게 되니까."[20]

당시 논란의 핵심이 "노무현 대통령이 아무리 '몰랐다'고 말해도 믿어주지 않았"던 것이었을까? 놀라운 사실 단순화와 왜곡이지만, 이미 나꼼수의 청중은 교주의 그런 설법을 받아들일 만반의 준비가 돼 있는바, 문제 될 건 전혀 없다. 게다가 진보 미디어는 노무현의 서거 이후 급변한 민심에 따라 이전의 비판적 보도를 사죄하는 자세를 취했던 만큼 자신들의 '만행'에 대한 김어준의 분노가 그 수준에서 멈춰준 것에 대해 감사해야 할 일일 게다.

그런데 정작 흥미로운 건 김어준이 자신의 노빠 발언은 사적 감정과는 무관하다고 주장한다는 것이다. 흥미롭다는 것은 전혀 김어준답지 않은 어법이기 때문이다. "그래, 나 사적 감정으로 말한다. 어쩔래? 너도 억울하면 그렇게 해!"라고 말하는 게 김어준 어법의 매력일 텐데 말이다.

"난 내가 못 가진 것 빼고, 가진 것 중에 스스로 가장 괜찮다 생각하는 게, 선천적인 균형 감각이야, 믿든 말든. (웃음) 키 큰 사람이 있듯 그냥 운 좋게 타고났어. 이런 소리 하면 또 황우석 박사 이야기 나온다. (웃음) 황 박사 사건은 인간이 저지른 과오를 악마적 의도라고 단정하는 진영 논리로, 저지른 잘못에 합당한 징벌을 상회하는 결과적 폭력이었다고 여기지만, 그래서 그저 생래적 보수성을 타고났을 뿐인 불완전한 인간 하나를 사회적 걸레로 용도 폐기하는 진보의 잔인한 비인간성을 목격한 것이라 생각하지만, 그 이야기를 하는 순간 또 하나의 책이 만들어져야 하니까, 그건 그냥 내가 욕먹고 말게. (웃음)"[21]

사실 김어준은 황우석 사건 때 상당한 상처를 받았다. "저 새끼는 파시즘적인 성격도 강하고, 국가주의자고, 민족주의자고 이런 식의 비판을 많이 받았는데, 일일이 아니라고 말하기도 어렵고, 내가 황우석에 대해서 해명했던 것으로 인한 비용은 지불해야지. 어떻게 일일이 쫓아다니면서 아니라고 얘기해."[22]

　그런데 김어준은 황우석 사태 때 왜 그렇게 뜨거웠을까? "나는 여러 가지로 황우석이 잘못됐다고 생각해. 단 한 가지 황우석을 옹호하는 지점은 뭐냐하면 황우석이 저지른 잘못 이외에 황우석이 저지르지 않은 잘못이거나 남의책임인 부분까지 황우석이 뒤집어썼다는 거야. 거기서 여전히 부당한 지점이있다고 생각해. 그 사람이 잘했던 부분도 분명히 있고, 그 사람이 잘했던 부분과 그 사람이 잘못하지 않은 부분에 대해서 해명한다고 해서 그 사람이 잘못한 부분이 줄어드는 것도 아니거든. …… 그때는 오버하는 줄 알면서도 오버할 수밖에 없었어. 가만히 있으려고 하니까 너무 비겁한 것 같은 거야."[23]

김어준의 황빠·황빠빠 활약

　당시 황우석 지지자를 가리켜 '황빠'라고 했는데, 김어준의 '오버'엔 혹황빠의 주력 세력이 노빠였던 것과 관련이 있었던 것은 아닐까? 고려대 교수최장집은 "황우석 사태는 노무현 정부 과학 정책의 산물"이라고 규정한 뒤"무언가 업적을 만들어야 한다는 강박관념과 한국을 생명공학의 중심으로내세우고자 했던 과학 정책 사이에 밀접한 상관관계가 있다"고 평가했다. 그는 "정부의 열정이 애국주의와 결합하면서 '총화 단결'을 부르짖는 듯한 유사파시즘적 분위기를 연출했다"며 "심지어 과거 민주화 운동 세력의 일부가극우 세력과 연대하는 모습까지 보였다"고 비판했다.[24]

　노무현의 '정치적 경호실장'을 자처한 유시민의 〈PD수첩〉 비난 발언도그런 맥락에서 이해할 수 있는 사건이었다. 유시민은 "언론 자유가 너무 만발해 냄새가 날 지경이다"라고 했는데, 이게 노빠들의 총궐기를 유도함으로써 노빠가 황빠로 전환하는 데 영향을 미친 건 아니었을까? 친노 인터넷 사이트 '서프라이즈'에는 날마다 황우석을 옹호하는 글이 올라왔다. 김상호는 그들이 자신을 '개혁의 횃불'로 소개하지만, 박정희의 '한국식 경제개발'과 삼성의 '한국식 경영'을 맹렬하게 비난했던 이들이 '음모론'을 생산해내는 것을 넘어서 황우석을 정당화하는 것으로 나아간 점은 경악스러운 일이었다고 말했다.[25]

그러나 노빠 겸 황빠들에겐 나름대로 '명분'이 있었다. 예컨대, 노빠들의 지도자 노릇을 했던 서영석은 "'황까'에 열을 올리는 사람들은 하나같이 이 사회의 강자들이며, 그에 격렬하게 저항하는 '황빠'는 바로 이 사회의 약자들"이라고 주장했다.[26]

이때에 김어준의 활약도 두드러졌는데, 그는 「황우석 사태, 이제 그만 닥치자」라는 『한겨레』 칼럼에서 〈PD수첩〉에 대해 할 말이 있다고 했다. "첫 방송, 취지, 옳다. 그러나 생명 윤리가 진정 걱정됐다면 황 박사가 거짓말쟁이임을 입증해내는 사회 고발이 아니라, 우리네 연구 환경과 조건의 어떤 점이 미비해 거짓말할 수밖에 없었나를 밝히는 다큐멘터리였어야 했다. 사람들 격한 반응, 애국주의 탓만 할 게 아니다. 모두가 믿던 걸 하루저녁에 전복하는 데 팩트만으로 충분한가? 화법이 싸가지 없으면 내용 전에 열부터 받는 게 커뮤니케이션이다. 사람들은 팩트 이전에 그 문법에 설득되지 못한 거다. 똑같은 내용, 안타까워하며 차분히 짚는 디스커버리 다큐멘터리였다면, 달랐다. 〈PD수첩〉이 취한 최초의 자세 달랐다면, 그 이후 모든 것이 달랐다."

그는 이런 말도 했다. "물론, 황 교수에 대한 대중의 열광이 가진 쇼비니즘 색채, 짙다. 그러나 대중의 감정이입을 멍청한 착각이고 위험한 파시즘이라고만 단정하는 게으르기까지 한 관성적 비판과 영웅적 캐릭터로부터 위무받고 대리 만족 느끼던 대중을 간단히 애국주의로 괄호 치는, 그 야박하고 오만한 이성주의가 난 훨씬 더 재수 없다."²⁷

이 글에 대해 〈PD수첩〉 책임 프로듀서 최승호는 좀 어이없어했다. "저희가 취재하여 방송한 내용은 전부 사실로 드러났습니다. 그럼에도 불구하고 상당히 많은 사람들이 〈PD수첩〉을 여전히 비난하고 있습니다. 알 만한 분들이 지금도 그러고 계세요. 오늘 『딴지일보』의 김어준 씨가 『한겨레』에 쓴 글을 보니까 아, 참……. (웃음) 어떻게 그렇게 생각하실까 하는 생각이 듭디다."²⁸

『한겨레21』 2006년 2월 14일자는 '황빠빠'의 등장을 알렸다. "황우석을 믿는다는 쪽을 믿는다"는 쪽이 황빠빠라고 했다. 이 계열에 속하는 것으로 간주된 김어준은 "사기를 쳤다면 사기죄만 단죄해야지 지금의 몰아치기 여론은 (황 교수에게) 살인죄까지 덮어씌우는 양상이므로 이를 의심해보자는 것"이라고 주장했다.²⁹

김어준은 "충분히 훈련된 이데올로그들이 황우석의 유명세와 박정희의 권력을, 그때 거론되는 국익과 박정희의 성장주의를, 그 지지자들의 오버와 박정희 지지의 파시즘을 그리도 손쉽게 등치시키는 그 나태한 로직의 관습성에 화가 난다. 게으르다. 오만하다. 방송국에서 쓰이는 빨간 마이크 보고 방송국에 침투한 빨갱이들의 적화를 떠올리던 『한국논단』의 자동 연상과 본질적으로 무에 그리 다른가"라고 항변했다.

"어느새 서울대가 피해자가 되고 미국이 정의가 되고 방송국이 약자가 되는 구도에 진보 진영이 절대 기여하는 이 웃지 못할 아이러니의 자초지종은 정말 제대로 헤아려보기는 했는가 말이다. 정치하지 못한 대중 언어와 세련되지 못한 대중 액션을 오로지 파쇼의 그것으로 해석하고 말아버리는 나태와 오만은 사태 초기 토해놓은 스스로의 말들 때문인가? 그거야말로 진보 진영이 그리도 학을 떼던 극우 꼴통의 단골 코스 아니던가? …… 내가 범 '우리 편'이라 굳건히 믿는 『한겨레』, 『오마이뉴스』, 『프레시안』의 늙은 진보가 슬프다. 그래서 쓰고 또 쓴다. 황우석 구실 삼아 쓰고 또 쓴다. 정체된 진보는 보수다. 씨바."[30]

김어준 예찬론과 비판론

사실 김어준의 '우리 편'인 『한겨레』, 『오마이뉴스』, 『프레시안』이 등을 돌리면 천하의 교주 김어준이라도 어떻게 해보기가 힘들다. 그러나 시간이 흐르다 보면 그들도 환호할 주제가 나오기 마련이고, 그렇게 해서 양쪽을 다시 찰떡처럼 붙여주는 접착제로 등장한 게 바로 이명박이다. 『한겨레』, 『오마이뉴스』, 『프레시안』의 지원을 받는 나꼼수에 김어준의 특유한 통찰과 말빨이 가해지니, 이거야말로 명실상부한 교주의 등극이 아닐 수 없겠다.

대진대 철학과 교수 김성환은 『나꼼수로 철학하기』에서 김어준과 나꼼수에 대해 아낌없는 찬사를 보냈다. "김어준은 신의 나라 하늘에 살지 못하고 인간의 나라 땅을 떠돈 디오니소스와 닮았다." "나꼼수는 '의심에서 출발하기'라는 철학의 기본기를 훌륭하게 보여준다." "서태지가 랩과 메탈을 결합한 것처럼 김어준은 데카르트와 흄을 결합한다. …… 이토록 뛰어난 창의력이 어디서 나올까?" "나꼼수처럼 똑똑해지려면 논리학을 배우고 익혀야 한다." "김어준은 99퍼센트의 벗, 휴머니스트고 낭만주의자다."[31]

안병진은 『한겨레』 칼럼에서 "'나꼼수'를 단지 술자리 심심풀이 '구라'

나 '심층 탐사 보도'로만 이해하는 분들은 김어준의 진정한 위력을 반만 아는 것이다. 그는 한국 정치 심리학의 새 지평을 연 탁월한 지식인이다"라고 평가한다.

이어 그는 "그간 왜 한국의 대부분 진보 진영들은 김어준과 달리 자주 정치 예측에 실패하게 될까? 왜냐하면 시민의 구체적 삶과 자신들의 이념을 부단히 조응하려 노력하지 않거나 인생의 복합성을 이해하지 못하기 때문이다. 이들은 자신이 시민을 사랑하는 이유와 반대로 시민들이 자신을 사랑하는 이유가 다를 수 있다는 것에 대해서조차 별로 생각해본 적이 없다. 또 어떤 이들은 질투심에 눈이 멀어 김어준의 분석은 친노의 정치적 결론이라 비난한다"며 다음과 같이 주장한다.

"세상에, 이들은 분석이 현실의 추이와 일치하느냐를 먼저 따지기보다 낙인을 찍는 것으로 승리한다고 보는 모양이다. 일부 진보파들의 불편한 속내에도 불구하고 앞으로 김어준 현상은 더 강해질 것이다. 왜냐하면 이제 깨어있는 시민들은 정치 엘리트들의 내공의 수준을 파악하게 되고 SNS 등 자신들의 엄청난 무기의 위력과 맛을 알게 되어 본격적으로 정치가들을 통제하려고 시도할 것이기 때문이다. 시민 정치가 만들어내는 안철수, 문재인 현상은 이러한 새 정치 문법 속에서 움직인다. 김어준의 나꼼수 방송과 『닥치고 정치』 신간엔 내년 누가 대통령이 될지의 비밀과 다양한 정치 이론으로 발전할 가공되지 않은 원석이 보물처럼 들어 있다."[32]

그러나 김어준의 이명박 비판에서 예전 황빠 시절 김어준의 모습을 다시 보는 이들도 있다. 2011년 10월 칼럼니스트 허지웅은 『시사IN』에 기고한 「내가 김어준을 비판하는 이유」라는 글에서 "김어준은 '닥치고 씨바' 우리 시대의 모세다. 김어준이 하나님, 아니 그러니까 시민의 힘과 상식의 무결성이라는 말씀을 허락받아 '나는 꼼수다'라는 석판을 들고 도래했다"며 다음과 같이 말했다.

"김어준이 하나님과 일촌을 맺는 데에는 불타는 떨기나무 대신 안철수나 박원순, 곽노현이라는 아이콘이 동원된다. 이 세계관 안에서는 대마왕 이명박이라는 절대 악의 집권 혹은 나경원류 버섯돌이의 저열함이 보장되기 때문에 유대 민족, 아니 그러니까 '아름다운 시민'이 석판의 순결함에 중독될 수밖에 없다. 석판의 위계에 반박하면 아무튼 전부 때려죽일 놈인 거다. 시민의 힘! 상식의 위대함! 지금 당장 이 부글거리며 끓어오르는 시민혁명에 동참하라. 〈나는꼼수다〉는 '우리 꼼꼼한 이명박 대통령님이 그럴 리가 없다'는 조롱으로 반을 채운다. 나머지 반을 저널리즘에 기초한 생산적인 지적에 할애하는 경우도 있다. 그러나 김어준이 마이크를 잡으면 이야기가 달라진다. 과거 황우석이나 심형래 광풍의 사례에서 보여주었듯, 김어준은 민중이라는 단어의 중독성에 몸을 의탁한 사람이 듣기 좋아할 만한 말만 골라 하는 방법으로 반지성주의에 기반해 지성인으로서 지분을 획득한다. 지식인 까면서 지식인이 되는 기적에 능한 것이다. 곽노현 눈을 본 적이 있느냐, 곽노현이 어떤 사람인지 아느냐, 곽노현은 결코 그럴 사람이 아니다, 만나본 사람은 안다 따위 말을 늘어놓는다."

이어 허지웅은 "김어준의 문장은 선과 악이 대립하다가 결국 대체 왜 믿지 못하느냐는 타박으로 끝을 맺는다. '내가 나름 언론사 사주고, 그래서 글쟁이 욕망을 잘 아는데, 그러는 거 아니다. 왜 믿을 만한 사람을 믿지 못하고 당장의 허물을 꾸짖으며 절대 악 진영의 지속 가능성에 종사하느냐'는 거다"라며 다음과 같이 말했다.

"김어준의 말을 경청하는 사람이 모두 그를 신봉한다는 듯 싸잡지 말라는 말로 이 글을 비판할 수 있겠지만, 중요한 결점과 명백한 위험을 전제하고 있는데도 단지 그것이 듣기에 통쾌하거나 재미있다는 이유만으로 옹호한다면, 거대 교회에 꼬박꼬박 출석하는 회의주의자의 느슨하고 이율배반적인 경계심과 뭐가 다른지 잘 모르겠다. 여기에는 명백히 종교적인 선동이 존재하고 있다. 이에 저항할 최소한의 의지를 드러내지 않으면서 시민의 힘 운운하는 건 당신들이 가장 듣기 싫어하는, 그러니까 '빠' 가 되는 지름길이다."[33]

나꼼수야말로 정치 혐오의 극치

김어준이 주장하는 자신의 선천적 균형 감각을 믿어야 할까? 그런데 믿든 안 믿든, 그의 취약점은 사실 전혀 다른 곳에 있다. 김어준은 『닥치고 정치: 김어준의 명랑시민 정치교본』을 이런 말로 끝낸다. "이 긴 대화를 끝내며 이제 마지막으로 가장 중요한 한마디를 해두고 싶다. 나는 잘생겼다! 크하하하."[34] 이건 결코 가볍게 넘어갈 일이 아니다. "나는 잘생겼다! 크하하하"는 김어준을 보호해주는 갑옷과 같은 것이기 때문이다. 이 대목을 읽는 순간, 나 역시 "크하하하" 웃으면서 김어준의 마력 같은 매력에 넘어가지 않을 수 없었다.

김어준의 그런 매력은 『딴지일보』와 인생 상담에 머무를 때엔 '교주의 아우라' 에 눈이 부시다고 해도 좋을 정도로 빛을 발했지만, 나꼼수 시대에 이르러 현실 정치에 깊숙이 개입할 때엔 좀 다른 성격을 띠게 된다. 각기 장場의 문법이 크게 다르기 때문이다.

박성민은 나꼼수와 김어준에 대해 "그 방식에 대한 평가는 차치하고라도 정치를 말하는 지식인이 스타가 되고, 베스트셀러 작가가 되었잖아요. 정치가 재미있을 수도 있고, 좀 더 속물적으로 말해서 잘만 포장하면 장사도 된다, 이런 사실을 대중에게 생생히 알려준 것입니다"라면서 이렇게 말한다.[35]

"나는꼼수다를 백 번 듣는다 한들 세상은 아무것도 변하지 않아요. 하지만 현실 정치에서 할 수 있는 일이 없으니 주야장천 나는꼼수다나 듣고, 그러고도 분이 안 풀리면 촛불을 들고 광장으로 나가는 것이죠. 그리고 또 아무것도 바뀌지 않은 세상에 절망하고요."[36]

나꼼수가 SNS 바람과 맞물려 정치 혐오의 장벽을 허물고 있다는 시각이 있지만,[37] 당파적 차원을 넘어서 보자면 정반대 해석도 가능하다. 나꼼수가 누리는 인기의 비결이 금기를 넘어선 욕설·독설, '정치 담론의 개그화', 폭로와 '음모론의 상품화'라는 것을 감안컨대, 나꼼수야말로 정치 혐오의 극치를 보여준 것일 수도 있다.

경희대 영미문화과 교수 이택광은 나꼼수의 서사 구조를 음모 이론으로 풀이한다. 그는 "현실에 대한 파악이 쉽지 않기 때문에 나름의 가설을 세우고 그에 맞는 증거들이 나왔을 때 가설이 입증됐다고 여기는 것이 음모 이론"이라며 "'나꼼수' 열풍은 기본적으로 한국인들이 좋아하는 음모 이론을 세련되게 변환시켰기 때문"이라고 분석했다. 제도 정치권의 공식 발표와 해명이 그대로 받아들여지지 못하고, 그 이면에 밀약과 검은 거래, 꼼수가 있을 거라는 전제가 만연해 있기 때문이라는 해석이다.[38]

『한국일보』기자 박선영은 "권력자들의 치부를 폭로하고 조롱하는 데서 발생하는 카타르시스는 정치라는 공적 영역의 엄숙한 언어를 사적 영역의 세속적 언어로 통역해내는 출연진의 '말빨'에서 비롯된다. 욕설과 고성, 인신공격을 서슴지 않는 이들은 약자의 언어인 풍자와 패러디로 정치 현실을 쉽고 유머러스하게 파헤침으로써 '정치가 이렇게 재미있는 줄 몰랐다', '통쾌하다'는 반응을 끌어낸다. 여기에는 쉽게 들을 수 없던 '카더라' 통신의 온갖 뒷얘기들도 사례로 동원된다"며 다음과 같이 말한다.

"'나꼼수'는 〈무한도전〉이나 〈라디오스타〉 같은 예능 프로그램의 포맷을 차용한다. 4명의 출연자가 각각의 캐릭터를 갖고 역할을 수행하는 것. 미디어를 통해 드러난 '가카'의 문제적 언행은 제왕 격인 김어준, BBK사건 등 정치 비화는 누구의 구박에도 굴하지 않는 정봉주, 디테일의 보완은 어눌한 듯 집요한 캐릭터의 주진우 등으로 나눠 그 꼼수를 분석하는 식이다. 정치의 예능화에 걸맞은 형식을 찾아낸 것이 '나꼼수'가 예능에 익숙한 젊은 세대에 어필할 수 있는 주요인이지만, 그렇기 때문에 '자기들끼리 찧고 까불고 호들갑 떤다'는 예능 프로 일반에 대한 비판은 '나꼼수'에도 그대로 적용된다. 정치 예능이라는 '나꼼수'의 형식은 정치의 대중화라는 순기능과 희화화라는 역기능을 동시에 수행하는 양날의 칼인 셈이다."[39]

'쫄지마 법칙'의 함정인가

예능 프로에 어떤 문제가 있든 재미가 있는 건 분명하다. 이 재미는 당파성을 초월해 애청자를 끌어모으기도 한다. "한국 민주화의 일등 공신은 박정희다. 박정희가 산업화로 국민들을 먹고살게 해주지 않았다면 민주화를 꿈이라도 꿨겠나?"라고 틈만 나면 '박정희 찬가'를 부르던 사람이 나꼼수의 애청자가 되는 이유도 바로 여기에 있다. "좌편향인 줄 알지만 너무 재밌다"는 것이다.[40]

음모론은 포퓰리즘 소통의 주요 구성 요소다.[41] 즉, 나꼼수엔 포퓰리즘 요소가 다분하다는 것이다. 그런데 여기서 중요한 것은 나꼼수식 담론과 소통이 대중의 일상적이고 사적인 공간에서 이루어지는 담론과 소통의 전형을 보여주고 있다는 점이다. 앞서 정봉주도 잘 지적했듯이, 나꼼수가 누리는 인기의 비결은 사적 공간에서 소비되던 정치적 담론이 아무런 제약 없이 공적 공간으로 옮겨져 많은 사람들이 연대감을 느끼면서 공유할 수 있게 되었다는 점과 그 과정에서 수용자의 개인적 분노가 집단적 정의감으로 전환되는 만족감을 느낄 수 있게 되었다는 점이다.

정치가 워낙 혐오와 저주의 대상이기에 나꼼수식 담론과 소통이 정치 흥행에 큰 자산이 될 수 있는 건 분명하지만, 이 세상은 나꼼수를 좋아하고 사랑하는 사람들만 사는 곳은 아니라는 데 나꼼수의 문제가 있다. 즉, 나꼼수가 자신만의 영역에서야 무슨 일을 하건 문제 될 게 없지만, 그들의 장을 벗어나 새로운 장으로 나서면 새로운 문제가 발생할 수밖에 없고, 이를 잘 보여준 게 바로 4·11총선의 '김용민 막말 파문'이다. 김용민의 막말이 문제라기보다는 사실상 민주당을 쥐고 흔든 나꼼수가 시종일관 '쫄지마'로 밀어붙인 대응 방식이 문제였다.

총선 결과가 민주당의 패배로 나타나자, 원망의 파편은 나꼼수에도 튀었다. 한겨레사회정책연구소 연구위원 한귀영은 "자신의 과오는 인정하지 않는 태도로 성찰의 공간을 갖지 않는 '나꼼수'에 휘둘렸다는 평가는 줄곧 지속됐다"며 "진영 논리로 우리 편 아니면 적이라는 식으로 '쫄지마' 형태로 일관하는 것이 처음에는 달콤 짜릿하지만 결국 그것이 자기편에게 부메랑이 되어 돌아오게 되는 것"이라고 말했다. 이택광도 "새누리당 과반 의석 차지는 공허한 심판론과 막말 파문에 대한 안이한 대처가 만들어낸 결과"라며 "나꼼수 현상이 결국 독으로 작용했다. 떠먹여주는 밥도 못 먹는다는 말이 나오는

까닭"이라고 지적했다.[42]

김어준은 평소 "나꼼수 메시지의 가장 큰 덩어리는 어떤 주장을 '쫄지 않고 말해도 된다'고 하는 태도 그 자체"라고 했는데,[43] 혹 이게 자승자박의 함정이 된 건 아닐까? "우리는 쫄지 않는다"라는 걸 보여주는, 본말이 전도된 '오버'가 나꼼수에 내장돼 있는 게 아니냐는 것이다.

앞으로 김어준과 나꼼수가 어떤 노선을 걸을지는 두고 볼 일이지만, 나는 김어준이 교주형 멘토로서 명랑 사회 구현의 선구자로 복귀하면 좋겠다는 쪽이다. 물론 교주로서 좀 더 넓은 세상을 개척해 더욱 많은 사람을 구원해주고 싶은 자비심이 발동하는 걸 모르는 바는 아니지만, 교주가 진지해지고 심각해지는 것보다는 "나는 잘생겼다! 크하하하"라고 외치는 걸 더 보고 싶다. 나는 불량 신도인가?

6장

문성근

100만 송이 국민의
명령을 위하여

안철수 박원순 김난도 문재인
김외수 김제동 공지영 박경철
김어준 한비야 김영희 문성근

선지자형 멘토
문성근

유쾌한 100만 민란, 100만 송이 국민의 명령

나는 『인물과 사상 9』에 「'위선'에 대한 공포로 자신을 학대하지 말자: 세상과 호흡하는 진짜 배우 문성근의 꿈과 희망」이란 글을 쓴 적이 있다. 『인물과 사상 9』는 1999년 1월에 출간되었으니 13년 전에 쓴 글인데, 이 글을 쓰기 전에 그 글을 먼저 읽어봤다. "'위선'에 대한 공포로 자신을 학대하지 말자"는 건 무슨 뜻인가? 이와 관련된 부분만 여기에 소개하면서 왜 문성근이 '선지자형 멘토' 인지에 대해 미리 말하고자 한다.

문성근은 1998년 11월 27일자 『중앙일보』 인터뷰 기사에서 이런 말을 했다. "나는 자신을 신뢰하지 못하는데 남들은 나를 '운동권' 처럼 보기도 하는 것 같다. 1970~1980년대 아버지를 곁에서 지켜보았다. 무슨 성명서 발표가 있는 날이면 아침에 집으로 전화를 걸어 이름을 빼달라고 부탁하는 사람들. …… 무섭고 섬뜩한 기억이다. 하지만 난 그들을 이해할 수 있었다. 과연 난 얼마나 위선적이지 않을 수 있을까. 이런 생각 때문에 작은 봉사 단체에서 참여 요청을 받아도 피해 다니기도 했다."

하지만 그는 1998년 들어 생각이 바뀌는 변화를 겪었다고 말했다. 위선적이냐 아니냐 하는 문제로 자신을 학대하기보단 어떤 모임이든 일이든 방향이 옳다면 참여하고 발언하는 쪽을 택하기로 했다는 것이다. 그러나 그렇다고 해서 그의 '위선에 대한 두려움' 까지 사라진 건 아니었을 게다.

1998년이 문성근의 1단계 변신이 이루어진 해라면, 2010년은 그의 2단계 변신이 이루어진 해다. 그는 현실 정치에 직접 발을 담그기로 결정했기 때문이다. 2010년 8월부터 시작한 '유쾌한 100만 민란, 100만 송이 국민의 명령(이하 국민의명령)' 운동이 바로 그것이다. 민주, 진보 성향인 야 5당이 연대해 단일 정당을 만들어야 한다는 주장을 실현하기 위한 운동이었다. 왜 하필 '민란' 이라는 표현을 썼을까?

"백낙청 선생인가한테 설명을 드리다가 어느 순간 '이 운동의 성격은 민란입니다' 라고 얘기했죠. 말해놓고 보니 '아! 민란이 핵심이구나' 라는 느낌이 확 들어. 백성이 참고 기다리다가 못 견뎌서 들고일어나는 게 민란이잖아요. 그동안 우리는 정치권 상층부의 논의, 통합, 결렬, 이런 것들을 오래 봐왔죠. 높은 분들의 선처를 기다려온 역사지. 하지만 이제는 정치권의 내부 논리나 기득권 땜에 결렬되는 걸 속수무책 지켜보지 않겠다는 거죠. 민주주의는 시민혁명을 통해서 왕족·귀족이 독점하던 것을 '우리도 말 좀 하자' 고 뒤집은 거잖아. 정치권이 스스로 하지 않으니까 시민이 압력을 넣자, 뒤집어버리자, 민주주의에 맞는 정당을 창출하자, 이런 거죠."[1]

그러나 민주, 진보 성향의 인사들도 '민란'에 대해 부정적인 의견을 표한 이들이 많았다. 진보신당 대표 조승수는 "정당정치 자체를 부정하는 일"이라 했고, 노무현 정부 시절 동지였던 유시민은 "그걸 국민의 요구라 할 수 있을지 의문"이라며 안 될 거라는 반응을 보였다.[2]

세상 일각의 비웃음을 받아가면서도 문성근은 대단한 뚝심을 보이며 그 일을 밀어붙였다. 문성근은 '위선에 대한 두려움'을 완전히 넘어선 것일까? 사실 문성근은 그간 아버지 문익환 목사 때문에 현실 정치에 본격적으로 뛰어들 수 없었다. "아버지 삶을 보면서, 정치인이라는 게 종교인과 마찬가지로 기본적으로 봉사고, 어느 단계에 가면 희생인데, 전 그런 그릇이 안 돼요."[3]

어찌 생각하면 놀라운 이야기다. 우리 시대에 정치인을 그렇게 정의 내리는 사람이 얼마나 있을까? 도대체 누가 정치인에게 봉사와 희생을 기대한단 말인가? 정치인의 '그릇'은 위선과 기만과 변절을 얼마나 담아낼 수 있느냐에 따라 결정되는 것이 아니던가? 그러나 그건 어디까지나 잘못된 현실을 이야기하는 것일 뿐이고 정치인은 문성근의 말처럼 봉사와 희생이 요구되는 직업이다. 아니, 그래야만 한다. 문성근이 선지자가 될 수밖에 없는 이유다. 당위가 현실로 바뀌기까진 오랜 시간이 걸리는 법이기에, 그날이 올 때까지 문성근은 선지자 노릇을 해야만 한다. 우리는 지금 선지자형 멘토의 활약상을 목격하고 있는 중이다.

문성근은 선지자답게 국민의명령 운동을 동학혁명으로 간주하고 있는 걸까? 국민의명령은 전국 1차 봉기를 콘서트 형식으로 2010년 11월 13일 우금치에서 해냈다. 10~30명으로 나눈 최소 단위를 '들불'이라고 하고 그 들불 모임을 움직이는 사람을 '접주'라고 했는데, 2010년 11월은 이제 막 접주들이 생겨나기 시작하던 때다.[4]

우금치 1차 봉기의 서늘한 비장미

우금치가 어떤 곳인가? 충남 공주에서 부여로 넘어가는 견준산 기슭의 높은 고개로, 현재 공주시 금학동에 속하는 곳이다. 이곳에서 1894년 12월 7일(음력 11월 9일)부터 7일간 처절한 혈투가 벌어졌다. 동학농민군은 우금치 고개를 넘으려고 하루에도 40~50여 차례나 돌격전을 감행했지만, 우금치 산마루를 지키고 있던 일본군의 우세한 화력에 매번 당해야만 했다. 농민군은 2만여 명 중 500여 명밖에 남지 않을 만큼 큰 희생을 치렀다. 우금치 계곡과 봉황산 마루는 동학농민군 시체로 하얗게 덮였고 산 밑 시엿골 개천은 여러 날 동안 핏물이 흘렀다는 이야기도 있다.[5]

동학농민군은 관군과 일본군의 연합군을 수적으론 7.4 대 1 비율로 압도했지만, 무기에서 크게 뒤졌다. 농민군은 농기구, 죽창, 화승총 등으로 무장한 반면, 일본군 200여 명은 스나이더 소총, 무라타 소총, 기관총 등으로 무장했으며 여기에 조선 정부군 2,500여 명이 가세했다.[6] 농민군의 화승총은 심지에 불을 붙여 사용하며 사정거리가 불과 100보인 데 비해, 일본군의 총은 심지에 불을 붙일 필요가 없어서 눈비 속에서도 계속 사격할 수 있으며 사정거리도 400보에서 500보였다. 스나이더 소총은 영국에서 개발되어 수입한 것이었고, 무라타 소총은 일본이 직접 개발한 신병기였다. 양측의 화력을 비교하면 250 대 1 수준이었다는 주장도 있다.[7]

우금치 혈전은 농민군에게 치명타였다. 이 혈전 후 주력 농민군은 전주·원평·태인 전투를 끝으로 해산했다. 그 뒤 국지적인 전투가 벌어졌는데 그 최후를 장흥과 보은 일대에서 장식했다. 전봉준은 원평·태인에서 마지막 전투를 벌이고 입암산성과 백양사를 거쳐 회문산 아래 순창 피노리로 몸을 피

했지만, 곧 생포되고 말았다.[8]

도올 김용옥은 "우금치에서 동학농민군 수십만 명이 목숨을 잃은 뒤부터 조선은 사실상 일본의 식민지 상태에 들어갔으며, 이때부터 일본 제국주의는 조선을 집어먹기 시작했다"며 "우금치 전투 이후 일본의 조선 침탈은 가속됐고, 일본은 식민 통치 기간에 좌우 이념 대결, 6 · 25동란에 이르기까지 한반도에 모든 죄악을 다 뿌려놓은 것이다"라고 주장했다.[9]

그런 역사적 배경 때문에 국민의명령의 우금치 1차 봉기는 서늘한 비장미마저 풍긴다. 문성근이 쓴 것으로 간주해도 무방할 「2010 제1차 전국 봉기 우금치 선언문」은 "우금치를 넘어 만주, 시베리아로" 가자는 거대한 비전까지 제시하고 있다.

문성근은 "사람들은 묻습니다. 그거 되겠느냐고. 저는 되묻습니다. 이게 아니면 어떤 게 있느냐고. 또 묻습니다. 우리는 지난 1987년 6월항쟁을 왜 했습니까? 6월항쟁 이전 수십 년, 왜 우리는 그렇게 죽고, 고문당하고, 감옥 가며 싸웠습니까? 그 6월항쟁에서 우리는 직선제를 쟁취하고, 선거 제도의 민주화를 이루었습니다. 그런데 그 선거 제도에서 민주 진영을 대의할 정당이, 그것도 맏형 격인 정당이 반민주적인 상태에 빠져 있습니다. 어쩌다 이 지경이 되었습니까? 1990년 3당 합당 후에 김대중이란 정치인의 민주성을 믿고 맡겨버렸고, 민주 정부 10년 동안 나른해져 민주주의 원칙을 망각한 것 아닙니까?"라고 물으면서 다음과 같이 말한다.

"유신과 5공을 무너뜨린 패기와 열정은 어디 갔습니까? 나쁜 정권, 나쁜 헌법을 뒤집어엎은 우리 국민 아닙니까? 까짓 정당 하나 바꾸지 못합니까? 이제 다시 민주주의를 요구합니다. 민주주의를 실천하자 요구하는 것입니다. 민주주의의 발목을 잡는 정당을 왜 지금 그대로 방치한단 말입니까? 우리는 이깁니다. 유력한 정치인 없이 선거나 촛불 같은 전투 국면도 아닌데 두 달 만에 3만 명 이상 모인 건 우리가 처음입니다. 이제 우리 모두 전사가 되는 겁니다. 돌아오지 않는 화살이 되는 겁니다. 횃불을 들고 내 지역에 들불을 붙이는 겁니다. 그 들불이 전국에 붙을 때, 우리는 한 줌도 되지 않는 정치권의 기득권자들을 누르고, 전국에서 고르게 지지받는 민주적인 야권 단일 정당을 만들어낼 것입니다. 그리고 마침내 2012년 민주, 진보 정부를 세우고, 남북의 분단을 극복해 신의주로, 시베리아로, 유럽으로 뻗어나갈 것입니다. 국민의 힘이 이 땅에 새로운 역사, 정의가 승리하는 역사를 써내려갈 것입니다. 정의가 승리하는 역사! 가슴 벅차오르지 않습니까? 함께 갑시다."[10]

문성근의 비분강개 조 언어 구사

문성근은 평소 쓰는 언어에도 선지자적 비장미가 감돈다. 그는 고려대 사회복지학과 교수 김윤태와의 대담에서 봉기한 이유에 대해 다음과 같이 말했다. "2002년에는 대통령을 만들어놓고 '이제 됐다'고 손을 놔버렸고 시민·사회단체는 정당 중립을 고집했으니 민주 진보 전체의 세력화가 안 된 것입니다. 다 부서져나갔고 저들의 칼질에 심장이 뚫렸습니다. 단칼에. …… 그 바보 같은 짓을 되풀이하지 말자는 얘깁니다."[11]

김윤태가 "문성근 대표의 말을 듣다보면, 조직을 내게 주면 내가 세상을 바꾸겠다는 의지가 보입니다. 만일 집권을 한다면 그 이후 새 정부가 해야 할 가장 중요한 일은 무엇일까요?"라고 묻자, 문성근은 이렇게 답한다. "인간이 존중받는 사회입니다. 지금은 너무 상스러워졌습니다. 시민의 자존을 다 상했습니다. 한 사람 한 사람이 우주를 가진 귀중한 존재라는 인식이 확산되는 사회가 돼야 합니다."[12]

문성근은 결코 점잖은 선지자는 아니다. 차가운 것 같지만 열정으로 들끓는 선지자다. 정신과 의사 정혜신은 "문성근의 논리는 열정적이다. '뜨거운 얼음' 따위의 모순된 단어 조합이 문성근에 이르면 현실성을 획득한다"고 했다.[13] 차갑다는 자신감이 있기 때문에 더욱 뜨거워질 수 있는 걸까? 그의 언어는 때로 "저들의 칼질에 심장이 뚫렸습니다"와 같은 비분강개 조다. 보수파는 이런 언어를 혐오하거나 두려워한다. 『조선일보』 주필 강천석은 19대 총선 직후 다음과 같이 썼다.

"우리 유권자의 30퍼센트 안팎이 무당파다. 무엇이 이들로 하여금 민주당 패배를 지켜보며 안도의 한숨을 내쉬게 만들었을까? 그것은 민주당과 진보당이 들었다 놓았다 할 세상에 대한 두려움이다. '우리가 당한 만큼 되갚겠다'던 문성근 최고위원의 발언에서 '탱크로 뭉개버리겠다'는 김용민 후보의 막말로 흘러온 벌거벗은 적개심은 그들의 정치적 표적보다 무당파 사람들을 더 떨게 만들었다."[14]

문성근이 국민의명령 운동을 구상하게 된 결정적 계기는 2009년 노무현 서거였다. 이에 대한 그의 울분은 2010년 6·2지방선거 기간 중 김두관 경남도지사 후보의 창원 유세에서 토한 다음과 같은 절규에서도 잘 드러났다.

"정치인 노무현, 지역 대결 구도에 제 머리 짓이겨내면서 도전했던 사람입니다. 결국 그 벽에 제 머리 깨져 세상을 떠났습니다. 김두관 후보, 그 노무현의 길이 옳다고 또다시 지역 대결 구도에 도전하고 있습니다. 노무현 네 번 떨어졌고 김두관 일곱 번 떨어졌습니다. 노무현 한 사람의 목숨으로 부족합니까? 그러면 김두관도 죽이십시오. 또 떨어뜨리면 될 것 아닙니까?"[15]

문성근이 노무현 서거 때문에 정치에 뛰어들었다는 점에서 적개심을 우려하는 사람들도 있지만, 감동받은 사람들도 많다. 나꼼수의 김어준도 그런 사람 가운데 하나다. 그는 문성근에 대해 "내가 개인적으로 그 양반을 왜 높이 사냐면, 어느 날 자신이 왜 100만 민란을 시작했느냐를 설명하면서 그런 말을 내게 사석에서 한 적이 있어. 여태까지 자신은 배우가 천직이라고 생각하고 언제든지 배우로 돌아갈 준비를 하며 매사에 임했다는 거야"라면서 다음과 같이 말한다.

"노무현 시절 수많은 제안을 거절한 것도, 자신은 배우로 돌아갈 사람인지라 그 귀환에 방해가 될 일은 하고 싶지 않았다는 거야. 떡고물이나 얻어먹으려고 노무현을 도왔다는 오해도 받기 싫고. 그런데 노무현이 세상을 떠난 후 어느 날 갑자기 이런 생각이 들더라는 거야. 조또 배우가 뭐라고, 그까짓 직업 하나 때문에 지금 내 인생에서 당장 해야만 할 일은 주저하고 있다는 사실이 부끄러웠다는 거야. 그래서 에라이, 뒷일은 모르겠고 당장 지금 내가 할 수 있고 해야만 할 일을 하겠다며 시작한 게 바로 100만 민란이란 거지. 혼자서. 어우, 감동 먹었어. (웃음) 좋은 정치인의 자질을 갖췄어. 여자를 좋아하는 것만 봐도. (웃음)"[16]

문성근에게 감동을 받은 사람은 김어준만은 아니다. 비록 '민란'의 규모는 100만 근처에도 가지 못했지만, 그의 헌신적인 열정만큼은 많은 사람을 감동시켰다. 그래서 문성근은 2012년 1월 15일에 열린 민주통합당 당 대표 경선에서 한명숙에 이어 2위를 차지해 최고위원에 선출되는 기염을 토했다. 이 대표 경선은 대의원 2만 1,000여 명의 현장 투표(30퍼센트 반영)와 당원 12만 명, 시민 65만 명 등 77만 명으로 구성된 시민·당원 선거인단 투표(70퍼센트 반영)를 합산해 이뤄졌던바, 문성근의 2위는 순전히 국민의명령 운동의 성과로

볼 수 있을 것이다.[17]

미국의 무브온 모델은 바람직한가

문성근은 국민의명령을 구상하는 단계에서 멘토단의 도움을 받았다. 그의 멘토단은 이창동 감독, 최민희 전 방송위원회 부위원장, 조기숙 이화여대 정치학과 교수, 김창호 전 국정홍보처장, 김두수 사회디자인 연구소 상임이사, 여균동 감독, 안병진 경희사이버대 미국학과 교수 등이었다.[18]

드라마 〈제빵왕 김탁구〉가 한창 인기를 끌던 2010년 가을 문성근 멘토단의 일원인 안병진은 9월 2일자 『한겨레』 칼럼에 이렇게 썼다. "진보 개혁 진영에서도 조금씩 시대의 결에 조응하는 현상이 나타나기 시작했다. 착한 남자 문성근이 많은 정치 전략가들의 비웃음을 뒤로 하고 야권 단일 정당을 위한 '100만 송이 국민의 명령'이란 운동을 시작했다. 그제 만난 그는 비 오는 거리에서 좌충우돌하면서 더 홀쭉해졌지만 눈빛만은 김탁구처럼 더 빛났다. 난 이 운동이 한국판 무브온인 시민 정치 운동으로 성장하길 진심으로 기원한다."[19]

문성근도 안병진의 멘토링에 따라 한국판 무브온을 만들겠다는 생각이다. "2002년 정권 창출 후 노사모는 팬클럽에 머물러 진화하지 못했다. 2002년에 노 대통령을 뽑아놓고 그냥 방치했던 거다. 민주 진보 세력이 집권은 할 수 있다. 그러나 국가 공동체 안에서 우리는 여전히 약세이며 소수다. 우리 조직은 2012년 이후 시민 정치 운동 조직으로 존속할 것이다. 민주 진보 정부를 지켜내고 때로 견제하며 '무브온' 같은 형태로 지속하는 게 맞다고 본다.

상당히 긴 기간 지속되어야 할 운동이다."[20]

　　김어준이 문성근에 대해 느낀 감동을 어느 정도 공유하는 나로선 문성근의 순수성, 진정성, 이타성을 믿어 의심치 않기에 그의 운동에 이의를 제기하고 싶진 않다. 그런데 앞서 말했듯이, 안병진이 나의 '낡은 감수성'을 비판했기에 나로선 자위 차원에서라도 그의 '낡은 방법론'을 지적하지 않을 수 없고, 따라서 문성근의 방법론에 대해 한마디 하지 않을 수 없게 되었다. 나는 안병진이 벤치마킹하려는 미국의 '무브온' 모델은 낡았을 뿐만 아니라 한국에 들여와선 안 될 위험한 방식이라고 생각하며, 그 이유로 미국과 한국의 여건이 너무도 다르다는 걸 들었다. 이에 대해 말씀드리고자 한다.

　　무브온MoveOn.org은 오늘날 320만 명이 참여하는 세계 최대 규모의 미국 온라인 진보 운동 단체로 '행동하는 민주주의'를 표방한다. 무브온의 주된 활동은 의회나 정부, 언론사 등을 상대로 하는 온라인 청원 운동이며, 자원봉사 형태로 일하는 운영자 수십 명이 이 운동을 조직하고 전개한다. 청원 운동이 효과가 적을 때는 운영자들이 회원들에게 시위 계획을 전자우편이나 무브온 사이트를 통해 알리면 각자 주거지에서 가까운 곳에서 열리는 시위에 참가한다.

　　무브온의 성장은 경이적이다. 1998년 9월 22일에 시작한 무브온은 24시간 안에 서명자 506명과 자원봉사자 12명을 얻었고, 다음 날 오후 5시 서명자는 1,500명 이상으로 늘었다. 이후 눈덩이 효과가 발생하더니, 1주일 안에 10만 서명자, 나아가 50만 서명자를 확보해 세상을 깜짝 놀라게 만들었다.[21]

　　무엇을 위한 서명이었던가? 무브온은 조앤 블레이즈, 웨스 보이드 부부가 처음엔 '클린턴 구하기'를 목표로 삼아 출발시켰으며, 그다음엔 클린턴 탄핵에 찬성표를 던진 공화당 의원들에게 복수하기 위해 움직였다.[22] 이런 출발이 말해주듯, 무브온의 청원 활동은 주로 당파성을 중심으로 한다. 즉, 골수 민주당 지지자들이 돈을 내고 서명을 하게끔 만드는 뜨거운 이슈 중심으로 이루어진다는 것이다. 그런데 이는 온라인 조직인 무브온이 이메일 주소를 확보해 회원 수를 늘리려는 조직 강화 전략이기도 하다. 무브온의 지도자들은 뜨거운 열정이 흘러넘쳐 결과적으론 분노와 공포를 자극한 공화당 선거 전략가 칼 로브의 '복사판'이라거나 기독교 우익의 '복사판'이라는 말을 듣고 있으며, 그로 인한 무브온의 호전성은 미국의 일부 진보적 지식인 사이에서도 우려의 대상이 되고 있다.[23]

무브온은 민주당 정치인 중 공화당에 타협적인 정치인에 대해서도 반대운동을 맹렬히 전개함으로써 민주당 내부의 균형을 매우 어렵게 만든다.[24] 더욱 중요한 것은 보수파가 무브온을 벤치마킹해 유사 온라인 단체들을 출범시킴으로써 온라인 당파 전쟁이 극렬한 수준으로 악화되었다는 사실이다. 무브온은 특히 미국의 우익 운동인 티파티Tea Party에 큰 영향을 미쳤다. 티파티 회원들이 우익의 무브온을 만들겠다는 일념으로 무브온의 운동 방식을 열심히 배운 것이다.[25]

미국과 한국은 다르다

그럼에도 한국에선 국민의명령 이외에도 '시민정치행동 내가 꿈꾸는 나라'와 조국 교수 등이 무브온을 벤치마킹 대상으로 삼거나 예찬하는 등 무브온에 대한 장밋빛 해석만 흘러넘치고 있다.[26] 다 좋은 뜻으로 그런다는 걸 알지만, 보수 진영이라고 가만있겠는가 하는 점을 생각해봐야 한다. 즉, 일시적인 성공은 가능해도 결국은 그런 성공이 극단적인 당파 싸움을 키우는 결과를 초래할 수 있다는 것이다.

개혁·진보적 지식인이 무브온을 예찬하는 이유는 주로 '참여'다. 싱크 탱크, 컨설턴트와 여론조사 전문가 등 전문가들이 장악한 정치를 풀뿌리 중심으로 바꾸겠다는 것이다. 그러나 결국 누가 참여하는가? 조직은 곧 열정적인 과격파에 장악되기 마련이다. 이는 참여의 오랜 딜레마가 아닌가?[27]

무브온에 어떤 문제가 있든 미국의 무브온은 그런대로 봐줄 만하다고 보더라도, 한국의 여건은 전혀 다르다는 게 진짜 문제다. 그래도 미국은 '잡동사니 국가patchwork nation'라는 말이 나올 정도로 주마다 정치 체제와 방식이 다른 연방제 국가라, 당파 싸움과 승자 독식의 완충 효과를 기대할 수 있다.[28] 반면 한국은 정반대로 초강력 일극주의 국가로 그 어떤 완충 효과도 기대할 수 없기 때문에 당파성을 위주로 한 무브온 모델은 온 나라를 정치 과잉의 소용돌이로 몰고 갈 수 있는 것이다. 이거야말로 해방 정국의 낡은 모델이 아니고 무엇이랴.

이념이 당파를 만드는 게 아니다. 물론 이념이 당파를 만들기도 하지만, 시간이 흐르면서 오히려 당파가 이념을 만드는 우위에 서게 된다. 크든 작든 그룹이나 단체는 시간의 흐름에 따라 변하기 마련이다. 고정된 실체가 아니다. 그러나 '우리 대 그들'이라고 하는 구도는 모든 의식과 행동 양식을 지배한다.[29] 정치권의 그 수많은 이합집산을 생각해보라. 일단 조직이 생겨나면 조직의 성공을 위한 '조직의 논리'라는 게 생겨나고, 그에 따라 치열한 당파 싸움이 벌어지기 십상이다.

깨끗하고 유능한 시민운동가와 지식인이 관전자나 심판의 역할을 벗어나 직접 그라운드로 뛰어드는 '선수'가 되겠다는 생각은 그간 한국 정치의 낙후와 파행이 선수들 때문이라는 전제에 근거한 것인데, 과연 그 전제는 옳은가?

승자 독식 체제가 근본 원인이라는 생각을 해보는 건 어떨까? 그간 깨끗하고 유능한 시민운동가와 지식인이 승자 독식 체제를 완화하기 위해 무엇을 했는지 생각해보자. 오직 "우리 편 이겨라"라고 외치는 응원만 해놓고 막상 우리 편이 지자 "이대론 안 되겠다"라며 나선 건 아닐까?

우리는 소통에 대해 좀 더 정직해질 필요가 있다. 한국 사회가 구조적으로 안고 있는 소통의 장애 요인은 한국 사회의 총체적 실체이자 반영이기에 그걸 제거하거나 완화하는 건 매우 어렵다. 소통을 희생했기에 누릴 수 있었던 사회적 이익에 눈을 돌려 균형 감각을 찾는 것이 필요할지도 모른다. 그럼에도 소통을 진작시키기 위한 노력을 포기할 필요는 없다. 별 성과를 얻을 수 없을지라도 그런 노력을 통해 한국 사회의 작동 방식에 대한 이해를 높이면서 앞으로 나아갈 방향에 대한 성찰의 기회를 찾을 수 있기 때문이다. 그런 한계를 전제로 해 비교적 실천 가능한 '소통 살리기' 3대 방안을 제시하고자 한다.

소통 살리기 3대 방안

첫째, 승자 독식에서 자유로운 비무장 지대 영역을 넓혀나가야 한다. 대통령에서부터 기초자치단체장에 이르기까지 지도자가 직접 권한을 행사해야 할 핵심 분야를 제외한 인사와 예산 영역을 투명하게 제도화하는 일이 필요하다. 인사와 예산이 당파 싸움의 보고寶庫라 할 '영구적인 캠페인permanent campaign'의 제물이 되지 않게 함으로써 사회 전반의 과잉 정치화를 억제하자는 것이다. 즉, 지도자의 업무 중 상당 부분을 항구적인 시스템으로 대체해 선거가 승자 독식주의와 사생결단의 전쟁이 되는 강도를 낮춰주는 것이다. 각

단위의 지도자 권력에서 정치 잉여를 줄이고 이권 분배 기능을 투명하게 만들지 않는 한, 선거와 정치에 죽자 살자로 덤비는 사람의 수는 결코 줄지 않을 것이며, 소통은 영원히 신기루가 될 수밖에 없을 것이다.

둘째, 참여에 대한 인식의 전환이 필요하다. 참여는 민주주의 기본 원리인 바, 아무도 참여 자체를 문제 삼을 수는 없다. 아니, 오히려 참여는 계속 진작해야 한다. 문제는 기존 극단적 당파 싸움을 완화하기보다는 격화하는 참여가 우리가 예찬해 마지않는 참여의 유일한 형식인가 하는 점이다. 우리는 이점에 대한 고민도 하지 않은 채 무조건 참여만을 외쳐온 건 아닐까? 인물 중심형 참여에서 목적 지향형 참여로의 전환이 필요하다. 물론 목적 지향형 참여도 이념과 당파에서 자유로울 수 없지만, '전부 아니면 전무'인 인물 중심형 참여와는 달리 목적 실현을 위해 모든 정치 세력과의 소통을 배제하지 않는다는 차이가 있다. 인물 중심형 참여는 참여자에게 참여의 현실적 과실이나 권력 감정을 줄 수 있는 반면, 목적 지향형 참여는 그럴 수 없기에 그런 전환은 이루어지기 어렵겠지만, 인물 중심형 참여자들이 도덕적 긍지와 자부심까지 느끼는 기존 풍토에 균열을 냄으로써 생겨날 수 있는 변화의 가능성에 기대를 걸어볼 수도 있겠다.

셋째, 권력 중심적인 '인정 투쟁' 문화에 대한 성찰이 필요하다. 왜곡된 입신양명 문화는 고위 공직을 가문의 영광을 위한 제로섬 게임의 제물로 전락시켜 소통을 어렵게 만들기 때문이다. 기존 입신양명 문화의 동력은 이른바 '세상 사람들이 알아주는 맛'이기 때문에, 이제는 그렇게 출세한 사람들을 알아주지 않으려고 의도적으로라도 노력해야 한다. 같은 맥락에서 대부분 왜곡된 입신양명 문화에서 비롯된 교수의 정관계 진출을 대학이 엄격하게 통제해야 하는 건 아닌지 공론화가 필요하다. 특정 정치 세력이나 정치인에 대한 교수들의 집단적인 지지 성명도 한때는 소중한 가치가 있었지만 이젠 자제하는 게 좋겠다. 대학은 정관계와 거리를 두고 소통의 본산으로 기능하는 것이 바람직하다.

"사람들은 다리 대신 벽을 세우기 때문에 외롭다People are lonely because they build walls instead of bridges"는 말이 있다. 외롭기 때문에 벽을 세우고 또 그 안에서 또 다른 칸막이를 열심히 만드는 것인가? 다리를 만들어 소통을 시도해보는 건 불가능한 일인가? 우리 반대편에 있는 사람들은 도저히 상종할 수 없는 불구대천의 원수인가? 그게 아니라면, 왜 소통을 위한 운동은 구경조차 할 수 없는 것인가? 아무도 완승完勝은 가능하지 않으며, 혐오하는 세력에게도 그들을 지지하는 선량한 국민이 때로는 다수를 차지할 정도로 많이 있다면? 따라서 그 세력과도 평화 공존할 수밖에 없다는 생각을 해보는 건 어떨까?[20]

문성근이 분노와 응징의 선지자보다는 사랑과 화해의 선지자가 돼주기를 기대하는 건 그의 선의와 진정성에 대한 모독일까? 아버지의 시대와 아들의 시대가 여전히 같은 문법의 지배를 받는 동시대라는 건 믿기 어렵지만, 선지자는 워낙 거시적인 안목으로 세상을 보기 때문에 그렇게 믿는 건지도 모르겠다.

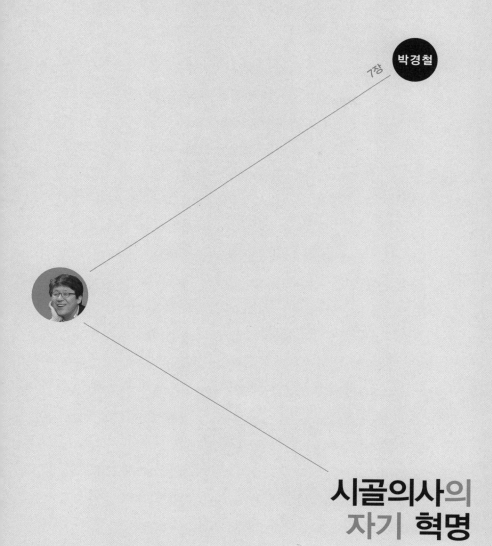

시골의사의
자기 혁명

안철수 박원순 김난도 문재인
김제동 공지영 박경철
김어준한비야김영희 문성근

멀티 · 관리자형 멘토
박경철

박경철은 시간 관리의 달인

　시골의사 박경철. 안철수가 "속 깊은 대화를 할 수 있는 유일한 사람"이라고 말한 데다 안철수와 같이 청춘 콘서트를 개최하고 서울시장 선거와 관련해 안철수의 대변인 노릇을 함으로써 안철수의 오른팔이라는 이미지가 있지만, 사실 그는 안철수 이상으로 입을 딱 벌어지게 만드는 희한한 인물이다. 안철수가 1962년생, 박경철이 1964년생이니, 둘은 친구 사이라고 해도 좋겠지만, 얼른 보기엔 박경철이 오히려 형처럼 보인다. 안철수와는 달리 고생을 너무 많이 하고 자란 탓일까?

　사실 그게 바로 멘토 박경철의 최대 강점이다. 고난과 고통을 몸소 체험하고 이겨낸 것 같은 느낌이야말로 그에게 뚝심 이미지를 주고, 더불어 많은 사람들에게 사랑과 존경을 받는 가장 큰 이유가 아닐까? 박경철의 고난과 고통은 성년이 된 이후에 찾아왔다.

"내가 성년이 되어 대학을 마칠 때쯤에는 내 앞으로 엄청난 양의 부채가 넘겨졌다. 큰 부자는 아니었지만 경제적으로 곤궁함을 몰랐던 내게 그것은 거의 절망적인 수준의 좌절을 안겨주었다. …… 당시 돈으로 수억 원이 넘는 빚을 떠안은 채 위기를 극복하기란 달걀로 바위를 치는 것과 다름없었다. …… 결국 개업을 선택했다. …… 일요일이든 설날이든 추석이든 365일 24시간 내내 병원을 지켰다. 그때가 내 인생에서 가장 치열하게 살았던 시절이었다. 그렇게 몇 년의 세월이 흘러 나는 의사로서 또 투자자로서 작은 성과를 거두며 그 질곡으로부터 벗어났다."[1]

박경철은 궁지에 몰려 시간과 전쟁을 하면서 사는 삶을 통해 시간 관리에 관한 한 달인의 경지에 올랐다. 그는 우선적으로 시간 관리의 멘토라고 해도 좋을 것 같다. 그는 매일 아침 두 시간씩 라디오 방송을, 주 1회 텔레비전 프로그램을 진행했다. 신문과 잡지에 고정 칼럼만 열다섯 편이나 쓰고, 전국을 다니며 하는 강연이 월평균 30건에 이른다. 토요일엔 안동의 병원에 내려가 본업인 진료를 한다. 그러면서도 매년 책을 한두 권 낸다. 이게 도대체 어떻게 가능한가? 그는 어느 잡지와의 인터뷰에서 다음과 같이 말했다.

"2000년 0시를 기해 전 다섯 가지를 끊었습니다. 술, 담배, 골프, 유혹, 도박입니다. 이 중 금연이 마지막까지 안되더군요. 그래도 술 안 먹고 골프 안 하고 딴 마음 안 먹으니까 시간이 많이 남아요. 텔레비전은 원래 안 보았고요. 그 시간에 책 보고 글 쓰고 하는 거죠. 책은 하루에 한 권 정도 읽어요. 화장실, 이동하는 차 안 등 토막 시간마다 책을 펼치죠. 매년 10월에 책 한 권씩 내는 게 목표이기 때문에 매일 200자 원고지 20~30장 분량의 글을 써서 저장해

둡니다. 이렇게 생활하다 보면 1인 다역을 할 수 있어요. 제가 가장 싫어하는 말이 '시간 없다' 입니다."[2]

『아프니까 청춘이다』에서 이를 소개한 서울대 교수 김난도는 특히 마지막 부분을 읽을 때 망치로 한 대 얻어맞은 것 같았다고 말한다. "시간 없다"는 말을 입에 달고 사는 사람들이 좀 많은가? 김난도도 그런 사람 중 하나임에 틀림없을 것이다. 그런데 그 누구보다 더 바쁘게 사는 사람의 입에서 "제가 가장 싫어하는 말이 '시간 없다' 입니다"라는 말이 나오니, 어찌 놀라지 않을 수 있으랴.

박경철의 시간 관리, 즉 '시테크'는 이야깃거리 수집에서도 잘 드러난다. 경험 중심의 이야기에 엄청난 관심을 보이는 그는 자신만의 경험으로 책을 쓰는 데엔 한계가 있다는 걸 잘 알고 있다. 그래서 의사 친구에게 밥을 사주고 그의 경험을 들어 자기 것으로 하는(물론 이 사실조차 밝히면서) 정열을 보인다.[3] 친구와의 우정도 돈독히 하면서 그 시간조차 동시에 공부 시간으로 활용하는 경지니, 두 손 들지 않을 수 없다.

박경철은 멀티형 인간

『시골의사의 부자경제학: 경제 원리에 숨겨진 부자들의 투자 비밀』이라는 베스트셀러를 쓴 박경철은 '재테크 신神'으로 여겨진다. 그의 『시골의사의 아름다운 동행』에 감동을 받은 사람들은 그를 허준 비슷하게 여기기도 한다. 『시골의사 박경철의 자기혁명』을 사랑하는 독자들은 그를 자기 계발의 대부로 보고, 안철수의 곁에 그가 있는 것에 주목하는 사람들은 그를 양심과 비전을 갖춘 지도자 후보로 생각한다.

1인 다역을 하는 사람들은 그전에도 많았지만, 이렇게까지 서로 거리가 먼 것을 동시에 섭렵한 사람은 없었던 것 같다. 그는 "사람들은 모두 내가 들고 있는 돋보기에만 관심을 가질 뿐, 그것을 통해 보이는 세상에는 조금도 관심이 없는 듯하다"고 불만을 토로하지만,[4] '행복한 불만'이다. 돋보기를 아무리 휘둘러도 주목해주는 사람이 전혀 없어 상처받는 사람들이 많다는 걸 감안하는 게 좋겠다.

박경철은 진정한 의미의 멀티형 인간이다. 왜 그렇게 된 걸까? 물론 탁월한 능력 때문에 그게 가능했겠지만, 그가 멀티형으로 가게 된 무슨 특별한 이유가 있지 않겠느냐는 것이다. 『시골의사 박경철의 자기혁명』에 그 답이 나온다. 그가 고교 시절 원래 원했던 전공은 법학이나 문학이었다. 그러나 가정 형편은 취업이 무난한 이과를 선택하게끔 만들었다. 대학 입학원서를 쓰기 전날 박경철은 법학과로 갈 것인가를 놓고 고민에 빠진다. 아버지의 멘토링은 무엇이었던가?

"네가 원하면 해라. 하지만 아버지가 살면서 가져온 고민 하나만 들어봐라. 나는 명령에 따라 움직이는 말단 경찰 공무원이다. 그런데 그 명령은 내 생각이나 뜻과는 아무 상관없다. 네 또래의 아이들이 민주화를 외치며 시위를 하면 나는 자식 같은 그 애들을 뒤쫓아서 잡아와야 한다. 그건 경찰관뿐 아니라 판사건 검사건, 누구건 이 시대에 공직을 맡고 있는 모든 사람의 고민일 거다. 그 고민을 안고 살아갈 자신이 있으면 네 뜻대로 해라."[5]

박경철은 그날로 아버지와 친구가 되었다고 한다. 참으로 멋진 아버지요, 멘토였던 셈이다. 박경철이 훗날 걷게 될 멘토의 길을 일러준 것이 아니고 무엇이랴. 결국 박경철은 의대를 선택했지만 마음속에 잠복해 있던 인문학에 대한 열망은 쉽게 꺼지지 않았고, 대학 생활 내내 인문학에 경도되어 소설을 쓰고 연극을 하는 괴상한 의대생이 되었다고 한다.

"그러다 만난 게 경제학이라는 학문이었고 그것은 필자에게 신세계였다. 추론과 상상력, 통찰력 가득한 학문이되 고등수학과 통계학 등 이공계적 요소가 어울린 소위 융합 학문이었던 탓이다. 거기에 매료된 필자는 청년기의 상당 기간을 경제학에 할애했고, 그 결과 의사로서 경제를 이야기하는 특이한 존재가 될 수 있었던 것이다. 물론 필자는 전공자에 비해 학문적 깊이가 없다. 하지만 다른 사람과 '차이'가 아닌 '다름'을 만들게 된 셈이다."[6]

박경철의 지적 모험

박경철의 그런 지적 모험은 미국 역사가 대니얼 부어스틴을 떠올리게 만든다. 하버드대와 옥스퍼드대를 거쳐 예일대에서 법학으로 박사 학위를 받았지만 법학자가 아닌 역사학자로 명성을 날린 매우 드문 지적 모험의 길을 걸었기 때문이다. 부어스틴은 후일 자신이 역사학자로서의 훈련을 제대로 받지 않은 것이 자신의 연구에 오히려 큰 도움이 되었다고 술회했다.[7] 그가 독보적으로 개척한, 상상력이 필요한 사회문화사를 연구하는 데 역사학자의 엄격한 실증주의는 방해가 되었을 것이 분명하기 때문이다. 원래 정통파는 '안전빵' 위주로만 갈 뿐 지적 모험을 하지 않는 법이다.

책을 통해서 만난 사이일망정 박경철의 멘토가 미래학자 앨빈 토플러였다는 것도 흥미롭다. 토플러 역시 믿기지 않을 정도로 왕성한 지적 탐구력을 바탕으로 독학으로 지식을 쌓은 학자이기 때문이다. 1985년 대학생 박경철은

"수업을 거부하고 거리 시위에 참가하고 하숙집으로 돌아온 어느 날 오후, 같은 방을 쓰던 친구의 책장에서 우연히 앨빈 토플러의 『제3의 물결』을 집어들었습니다"라며 다음과 같이 말한다.

"그날 뜨거운 햇살에 달구어진 열기를 식히느라 찬 방바닥에 드러누워 펼쳐든 그 책의 '미래 사회에는 지식이 권력이다'라는 문구는 당시 스무 살에 불과했던 한 의과 대학생의 머릿속을 완전히 흔들어놓았습니다. 총과 칼, 군부, 경찰, 검사, 판사 등이 권력이던 그 시대에 '미래 사회에는 지식이 권력'이라는 토플러의 메시지는 상당히 혼란스러운 것이었습니다. 그리고 총과 칼이라는 직접적인 힘이 지배하는 세상에 과연 지식이 권력인 세상이 도래할 수 있을까 하는 의문은 이후 내 삶의 행로에 결정적인 영향을 미쳤습니다. 어쨌거나 나는 그 한 문장을 핑계 삼아 의과 대학생으로서는 다소 생소한 경제에 대한 곁눈질을 시작했고, 어쩌다 보니 오늘에까지 이어졌습니다."[8]

박경철은 전공자에 비해 학문적 깊이가 없지만 다른 사람과 '차이'가 아닌 '다름'을 만들게 되었다고 했는데, 그 수준을 넘어선 것 같다. 박경철 때문에 애꿎은 경영학자들이 잔뜩 욕을 먹었으니 말이다. 2008년 12월 텔레비전 아침 프로그램에서 박경철의 경제 강연을 시청한 영산대 교수 배병삼은 "쉬운 용어와 일상 속의 비유를 통해 근래 세계 경제의 흐름을 선명하게 보여주었다. 분석은 명쾌했고 또 전망은 신중했다. 전문 분석가에 진배없었다. 묘한 느낌이 들었다. 의사가 대중 앞에서 경제를 저렇게 알아듣기 쉽도록 설명하는데, 본토(!)에서 배웠다는 수많은 경영 전문가들은 다 무엇하고 있는가 싶어서다"라면서 다음과 같이 말했다.

"과문한 탓이겠지만 이 땅의 경영학자가 독창적이고 세계적인 이론을 내놓았다는 소식을 들은 적이 없고 보면, 짐작건대 미국식 이론들 대리점 노릇을 하고 있는 것일 테다(이건 사회과학 전반이 대부분 그렇다). 박 씨 강의를 시청하고 울적한 심사에 빠져 있던 즈음일 것이다. 고려대 경영학과가 서울대 경영학과보다 낫다는 광고를 본 것이. 이어서 한쪽은 희희낙락하고 또 한쪽은 앙앙불락한다는 후일담도 신문에 실렸다. '광고 경영'은 잘한 것인지 몰라도, '시간 경영'은 낙제점이다 싶었다. 지금 본점에 불이 나서 몽땅 타고 있는 시점에, 대리점들은 한가하게 도토리 키재기나 하고 있는 꼴이 되었으니……. 이번 참에 나는 두 가지 사실을 알았다. 첫째는 경영학이 별것 아니라는 사실이다. 꿩 잡는 것이 매라고 했다. 의사든, 시골 사람이든, 현실과 부닥치며 배우면 전문가에 진배없다는 것이다."[9]

자기 객관화 · 자기 성찰에 투철한 관리자형 멘토

토플러의 책을 읽은 1985년이 인생의 첫 변곡점이었고 술, 담배, 골프, 유혹, 도박 다섯 가지를 끊은 2000년이 인생의 둘째 변곡점이었다면, 제3의 변곡점은 2006년에 찾아왔다. 돈도 많이 벌었고, 경북 안동에서 가장 큰 병원의 원장이 됐고, 베스트셀러 작가가 됐고, 쇄도하는 방송 출연 요청을 거절하느라 바쁜 가운데 돈을 버는 것보다 돈을 번다는 것의 의미에 더 관심을 갖게 된 것이다.

이런 변화를 알린 2006년 10월 13일자 『이코노미21』은 "5년 전, 그는 자신만만한 것이 지나쳐 거만해 보이기까지 했다. 스스로 '우리나라에서 주식 공부를 가장 많이 한 사람'이라거나 '기술적 분석에서 나를 따라올 사람이 없다'는 말을 서슴지 않고 했다. '연평균 수익률이 100퍼센트에 이른다'고도 했다. 시골의사는 증권 정보 사이트 씽크풀에서 쓰던 필명이다. 그가 그곳에 글을 쓰면 조회 수가 3만을 거뜬히 넘어갔다"며 다음과 같이 적는다.

"그러나 그때 그는 주식 투자에 손을 댄 것을 뼈저리게 후회한다고 했다. 주식에 손을 대지 않았으면 훨씬 훌륭한 의사가 될 수 있었을 거고 자신과 가족에게 더 충실할 수 있었을 거라고 털어놓기도 했다. 주식 투자는 결국 다른 사람의 호주머니에서 돈을 꺼내오는 것, 대박을 터뜨린 만큼 다른 사람에게 절망과 슬픔을 안겨주는 것이라고도 했다. …… 요즘은 주식 투자에서 정말 손을 놓았다고 했다. 배당주 포트폴리오를 일부 남겨놓았고 방송 출연 때문에 시장의 흐름을 놓치지 않으려고 선물 투자를 조금 하기는 하지만 모두 재미가 없어졌다고 했다."

그러면 이제 박경철은 무엇에 재미를 느끼게 된 걸까? 그는 부를 찾는 세 단계를 일용할 양식으로서의 부를 찾는 과정, 과시하기 위한 부를 찾는 과정, 권력으로서의 부를 찾는 과정으로 나누면서, 셋째 단계에 주목했다.

"젊은 사람이라면 주식 투자보다는 셋째 단계, 권력으로서의 부에 관심을 가져보는 것도 좋을 겁니다. 변화를 읽어내는 능력, 직관과 통찰을 기르라는 이야기죠. 그게 진짜 돈을 버는 방법입니다. 얄팍한 재테크로는 겨우 일용할 양식을 얻거나 남들에게 과시할 정도의 부를 얻는 데 그칠 뿐이지만 권력으로서의 부를 얻으면 세상을 바꿀 수 있습니다."[10]

이건 박경철이 자신에게 하는 이야기이기도 했다. 그는 권력으로서의 부를 얻어 세상을 바꾸려는 길로 뛰어들었고, 주식 투자 멘토링을 인생 멘토링으로 바꾸었다. 그러나 한 가지 변하지 않은 게 있으니, 그건 바로 정직한 멘토링이다. 그는 자신을 우상처럼 따르는 개인 투자자들에게 "당신들은 나처럼 될 수 없다"고 말했다. "달리기를 열심히 한다고 모두 황영조처럼 될 수 있

는 건 아니지 않느냐"라고도 했다.[11]

박경철은 멀티형인 동시에 관리자형 멘토다. 왜 관리자형인가? 박경철은 자기 객관화와 자기 성찰에 투철하다. 자신이 사기를 치는 건 아닌가 하면서 자신을 자주 들여다보곤 한다는 이야기다. 그는 삶에서 두려운 것이 자기 자신이라고 말한다. "때로는 착각에 빠져요. 인생은 리플레이가 없는데, 혹여 (선을) 넘어서지 않을까 조심스럽습니다. 그리고 제 아이들이 두렵습니다. 아이들이 저를 어떤 아버지로 기억해줄까. 그 눈이 두렵습니다."[12] 그가 트위터에 쓴 다음과 같은 글에서도 그런 고민의 일단을 엿볼 수 있다.

"거래는 이익을 위해 싫은 일을 억지로 행하는 것이고, 희생은 이익을 바라지 않고 힘든 일을 행하는 것이며, 헌신은 이익을 바라지 않고 힘든 일을 기쁜 마음으로 행하는 것으로, 헌신은 인간이 다른 인간에게 느낄 수 있는 최고 단계의 감정이다."[13]

자신은 헌신의 길을 택하겠다는 뜻으로 읽힌다. 박경철이 본격적으로 멘토링에 뛰어든 것은 『시골의사의 아름다운 동행』이 학생들의 필독서로 지정되면서부터다. 중고등학교에 저자 강연을 가면, 학생들이 교복이나 체육복에 사인해달라고 등을 내밀기까지 했다. 그 기쁨이 굉장히 컸다고 한다.

그러던 어느 날 작은 지방 도시의 한 고등학교에서 난감한 질문을 받았다. "저는 나름대로 열심히 공부하고 있지만, 그렇게 해도 제가 좋은 대학을 가거나 좋은 직장을 얻을 수 없다는 것을 잘 알고 있습니다. 그래도 선생님 말대로 살면 희망이 있을까요?" 박경철은 "아무 말도 할 수 없었다. 그때 그 학생의 냉소적인 표현, 선연한 눈빛이 아직도 잊히지 않는다"며 다음과 같이 말한다.

"앞서 인생을 사는 자세, 노력과 태도 등에 대해 늘어놓은 장광설이 그 아이의 눈빛 속으로 소용돌이처럼 빨려 들어가는 느낌이었다. 공감력 부재의 현장이었다. 필자는 나름대로 학생들의 편에 서서 그들을 이해하고 있다고 생각했지만, 그들의 고민을 진심으로 이해하지 못한 채 상투적으로 대했던 것이다. …… 그날 돌아오는 길에 눈물이 났다. 멀어 있던 필자의 눈이 크게 떠진 날이었다."[14]

"실패를 두려워하지 말라"의 허구

단지 그것뿐이었을까? 즉, 공감력 부재에 대한 깨달음만 얻었을까? 박경철이 책에 밝히진 않았지만, 책임질 수 없는 이야기는 하지 말아야 한다는 원칙도 스스로 재확인했을 것 같다. 많은 멘토가 젊은이들에게 "실패를 두려워하지 말라"라고 말하지만 나는 그런 멘토링은 위험하다고 생각한다. 그런데 박경철이 내가 하고 싶은 말을 대신해주니, 이 어찌 반갑지 않으랴. 그는 『시골의사 박경철의 자기혁명』에서 이렇게 말한다. "한국 사회에서 한 번 실패는 치명적이기 때문에 늘 제자리를 맴돌게 된다."[15]

박경철은 2011년 4월 19일자 『경향신문』 인터뷰에선 "기성세대가 흔히 하는 말이 '젊은이여, 도전하라'는 것입니다. 그 말을 들으면 젊은이들이 뭐라하는지 아십니까? '함부로 도전했다가 결과가 잘못되면 선생님이 책임지겠느냐'고 합니다. 도전 정신이 없는 게 아니라 한 번 잘못 내디디면 결과가 비참하기 때문에 못하는 겁니다"라면서 다음과 같이 말한다.

"안 선생님과 저는 학생들에게 도전하라고 하지 않습니다. 그저 약속을 합니다. 여러분의 도전과 모험이 무모한 일이 되지 않도록 사회를 바꿔나가는 데 작은 힘이나마 되어주겠다고 합니다. 지금은 여러분들 앞에 우리 둘이 있지만 주변에 얘기해서 늘려가겠다, 노력하겠다고 합니다. 그렇게 약속할 테니, 너희들도 어렵지만 절벽에서 떨어져라. 그러면 나무에 옷자락이라도 걸릴 수 있지 않느냐고 합니다. 이런 이야기를 진짜 이해하는 눈빛으로 하면 그들은 꽤 오랜 시간 위로를 받습니다."[16]

젊은이들에게 "실패를 두려워하지 말라"거나 "도전하라"고 말할 때엔 반드시 단서를 달아줘야 한다. 치명적이지 않을 일에 한해서 그렇게 하라고 말이다. 한국은 패자부활전이 없는 나라다. 대체적으로 보아 그렇다는 말이다. 그게 한국형 압축 성장의 비결이기도 했으니, 너무 비관하거나 저주만 할 일은 아니다. 하지만 젊은이들에겐 그 사실을 제대로 알려줘야 한다. 그런데 이게 문제다. 결국 "공부해!"라고 외치는 학부모의 극성은 바로 그런 사실에 대한 체험적 깨달음에서 비롯된 것이니 말이다. 이게 바로 내가 앞서 지적한, 다수를 대상으로 하는 멘토링의 딜레마다. 박경철은 그 딜레마를 다음과 같은 언어로 풀어낸다.

"청춘은 특권이다. 실패는 경험이 되고 기회는 늘 손에 닿는 거리에 있다. 하지만 바로 그렇기 때문에 청년의 도전은 미숙하기 쉽다. '실패를 두려워하지 말라'는 말은 어떤 좌충우돌도 용인된다는 말이 아니다. 치열하게 뜻을 세우고 뜨거운 열정으로 내달리다가 자신의 노력이 자신을 감동시키는 순간, 일거에 함성을 지르며 벼락처럼 쪼개는 것이 청년의 도전이다. 행운의 여신은 바로 그런 도전에만 깃드는 까다로운 수호신이다."[17]

지금 나는 박경철이 책임감이 매우 강한 멘토라는 말을 하는 중이다. 그런데 박경철이 그게 너무 강해서 문제가 아닌가 하는 생각도 해보았다. 그가 행복 관련 책을 좋아하지 않는다는 말을 듣고서다. "행복은 누군가의 조언으로 얻을 수 있는 것도 아니고, 한 권의 책에 행복을 찾는 비결이 담겨 있을 리 없

다고 여기기 때문이다. 만약 행복이 누군가의 전수로 만날 수 있는 것이라면
이 세상에 불행한 사람이 있을 리 없지 않은가?"[18]

꼭 그렇게 볼 건 아닌데, 뜻밖이다. 박경철이 아무리 책임 의식이 투철한
관리자형 멘토라곤 하지만, 그 역시 적잖이 위로의 메시지를 던지고 있지 않
은가? 사실 위로라는 건 박경철이 비판하는 행복론과 같은 장르라고 볼 수 있
기 때문이다. 오히려 행복이야말로 자기 계발보다는 더욱 주관적인 것이기에
책을 통해서 자신의 행복관을 바꾼다든가 하는 방법으로 얻을 가능성이 더
높은 게 아닐까?

어찌 됐건 박경철의 멘토링이 매우 구체적인 데까지 접근하는 것은 그의
그런 자세 때문일 수도 있겠다. 그는 연간 300회 이상 하는 강연 중 절반 이상
을 대학생이나 중고등학생 대상으로 한다. 학생들을 대상으로 한 강연에서는
대개 독서나 글쓰기, '어떻게 살 것인가' 같은 자기 계발, 사랑이나 생명 등을
주제로 이야기한다. 글쓰기 멘토링은 감탄을 자아낼 정도로 대단히 구체적이
고 실질적인 도움을 줄 수 있는 방식으로 이루어진다.[19]

정의, 공정, 위로를 예견한 통찰력

관리자형이라는 건 박경철의 멘토링이 그렇다는 것일 뿐, 그는 미시와 거
시를 자유자재로 넘나드는 사상가다. '재테크 신'이 되기 위해선 트렌드에
밝아야 하는데, 그는 경제 트렌드뿐만 아니라 사회 트렌드 예측에도 일가견
이 있다. 시장뿐만 아니라 사회를 읽는 감각이 탁월한 것이다.

"일전에 김영사 박은주 사장과 대화를 나누다가 '현재 한국 사회의 핵심

키워드가 무엇이라고 생각하는가?' 라는 질문을 받았다. 그때 필자의 대답은 '정의'였는데, 공교롭게도 그다음 해 김영사에서 『정의란 무엇인가』가 출간되었고 정의라는 키워드가 한국 사회에 열풍을 몰고 왔다. …… 그 후 다시 박은주 사장을 만났을 때 '정의 다음 키워드는 무엇이겠는가?' 라는 질문을 다시 받았고 이때 필자의 대답은 '공정'이었다."[20]

박경철은 공정 다음엔 위로라고 말했다. 그는 2011년 9월 9일자 『중앙일보』 칼럼에서 "모두가 정의를 이야기했지만, 정의란 해소될 수 없는 갈증이고, 사막의 여행자가 소금물을 마시듯 회자될수록 더욱 갈망되는 성질이라면, 다음 수순은 새로운 것이 아닌, 정의의 연장선에서 수단을 고민하는 것일 수밖에 없기 때문이다. 그 결과 구현되지 않는 정의를 구현하기 위한 탐색이 자연스레 공정이라는 화두를 이끌어낸 셈이다" 라며 다음과 같이 말했다.

"그럼 정의와 공정을 이어받을 다음 화두는 무엇일까? 그것은 바로 위로와 격려일 가능성이 크다. 전 세계적으로 불어닥친 신자유주의 열풍으로 시작된 양극화의 불균형이 정의를 잉태했고 수단으로선 공정을 찾았지만 그것이 사람의 피가 흐르는 자본주의건, 따뜻한 자본주의건 혹은 미시적으로 복지와 균형이건 새로운 질서가 구축되는 데는 상당한 시간이 걸릴 수밖에 없다. 그렇다면 그다음은 안타까움, 즉 체념이다. 그래서 아마 올해 말 혹은 내년에 등장할 화두는 너무나 자연스럽게 위로, 격려 등의 손 내밀기가 될 것이다. 하지만 이 역시 쉬운 일은 아니다. 타인을 위로한다는 것은 진심이 있어야 하고, 위로의 대상을 이해하는 공감이 담겨 있어야 하기 때문이다."[21]

정의, 공정, 위로라는 화두의 도래를 일찍 간파한 박경철은 사실상 안철수의 멘토 역할을 하고 있다. 2011년 10월 9일 서울 교보문고 광화문점에서 박경철의 저자 사인회가 있었다. 이 현장에서 1시간 20분 동안 줄을 서서 자기

순서를 기다린 안철수는 신청자 250명 가운데 173번째로 서명을 받았는데, 이때 박경철이 서명과 함께 남긴 글이 인상적이다. "안철수 선생님, 어떤 길을 가서도 옳으십니다." 박경철은 행사가 끝난 뒤 기자들을 만나 "(안철수 원장은) 제가 제일 믿고 존경하는 분"이라며 "어떤 선택이든 그분의 선택을 존중하겠다. 그만큼 신뢰하고 존중하는 분"이라고 말했다.[22]

서로 멘토-멘티 역할을 주고받는 두 사람의 관계가 아름답다. 박경철은 안철수와 같이 정의와 공정을 역설하면서 위로와 격려를 던지는 듀오 멘토로 나선 셈인데, 이게 참 흥미로운 이야기다. 정의와 공정은 그간 진보 진영의 브랜드였다. 물론 공정은 기존 틀을 전제로 하느냐의 여부에 따라 부르주아적 가치로 볼 수도 있겠지만, 넓은 의미에선 진보 진영의 브랜드였음에 틀림없다. 그런데 진보 세력은 이 브랜드 판매에 실패했다. 방법론과 포장술이 신통치 않았기 때문인지도 모르겠다. 진보 진영 일각에서 안철수를 매우 못마땅하게 보는 데엔 그런 이유도 어느 정도 작용했다고 보아야 하지 않을까?

박경철은 안철수와 더불어 재벌, 그것도 삼성 회장 이건희에게까지 쓴소리를 하는 경지에까지 이른다. 2011년 3월 그는 "경제학에서 이익공유제를 들어본 적도 없다"는 이건희의 발언에 대해 "이익공유제, 용어 때문에 논점이 흐려진 거죠"라며 "의학 교과서에서 '배 쨴다'는 말은 없지만 외과 의사는 개복에 대해 깊이 공부하죠"라는 말을 트위터에 올렸다. 이어 "경제학에도 이익공유제라는 말은 없지만 '한정된 자원을 어떻게 배분할 것인가'는 경제학의 존립 이유 그 자체"라고 했다. 트위터상에서 이 발언은 재인용RT되며 급속하게 퍼져나갔다.[23] 박경철은 한국 트위터 영향력 1위가 아니던가.[24]

2011년 5월 박경철의 쓴소리는 "자본 독재에 돌을 던지자"는 수준으로까지 나아간다. "과거 청년들은 민주주의의 첨병이었습니다. 이른바 386세대들은 민주주의를 위해 독재 정권에 돌을 던졌습니다. 왜 지금의 청년들은 자본 독재에 돌을 던지지 않습니까? 과거 '정치 독재'가 화두였다면 지금은 '자본 독재'가 화두입니다. 자본 권력이 정치권력을 뛰어넘은 지 오래입니다. 대통령, 기껏해야 5년입니다. 이에 비해 '회장님' 권력은 어떤가요? 돌을 어떻게 던지냐고요? 대한민국 청년들 전부 손잡고 투표하러 가면 됩니다."[25]

박경철의 엉뚱한 면

박경철에겐 좀 엉뚱한 면도 있다. 이른바 '박경철 호남 비하 논란'이 그걸 잘 보여준 에피소드가 아닐까 싶다. 2008년 그가 민주당 공천심사위원을 마친 직후 한 인터뷰에서 프로야구 선수 출신 살인범 이호성을 언급한 것이 뒤늦게 불거진 사건이다. 당시 그는 "공천 심사하면서 좋게 기억되는 정치인도 있느냐"라는 질문에 "호남 출신 유력 정치인들에게 서울 출마 의사를 물어봤는데 김효석 의원이 '정치적으로는 죽음이나 당의 명령이면 따르겠다'고 하더라"며 "갑자기 가슴이 벅차오르는 감동을 느꼈다. 순간 김효석이라는 이름 석 자가 이호성 만큼이나 인상적으로 남더라"고 대답했다. 일부 네티즌들은 "이호성이 인터넷에서 대표적인 호남 비하로 쓰이는 걸 몰랐나", "대체 무슨 인상을 받았다는 것인가", "지역감정을 부추기다니 실망" 등의 비판을 쏟아냈다.[26]

왜 그랬을까? 정말 박경철에겐 호남 비하 의식이 있었던 걸까? 그건 아닌 것 같다. '인상적'이란 말은 그냥 기억 중심으로 그렇다는 것일 뿐이고, '효석'과 '호성'이 같은 'ㅎ', 'ㅅ'이라 별생각 없이 튀어나온 듯하다. 그냥 좀 엉뚱한 구석이 있다고 보는 게 좋을 것 같다.

　자신에 대한 비판도 아니고 그저 비판의 소재가 될 수 있는 것에 과민 반응을 보이는 것도 좀 엉뚱하다는 생각이 든다. 2011년 4월 19일자 『경향신문』 「이종탁이 만난 사람」에서 이종탁이 "그가 '마이너리티 출신'이라고 한 말이 실감나는 대목이다. 하지만 과거의 마이너리티일 뿐 지금은 누구보다 강력한 머저리티(주류) 아닌가"라는 취지로 질문을 던졌다.

> **박경철**　제가 라디오에서 이념 문제를 터치하면 그런 비판이 날아옵니다. 너도 이제 주류 아니냐고. 세속적 기준으로 보면 저도 주류인 거 맞죠. 하지만 저는 발이 어디에 있든 시선을 어디 두느냐가 중요하다고 생각하거든요.
>
> **이종탁**　요즘의 강남 좌파 논쟁을 연상시키는 말이네요.
>
> **박경철**　아, 그거 제가 몇 년 전에 여러 차례 공개적으로 얘기한 것이죠. 막걸리 우파가 있으면 위스키 좌파도 있어야 하는 것 아니냐고요. 무턱대고 좌파 우파로 나뉘어 갈등하는 것은 머리 나쁜 사람의 전형입니다. 머리 나쁜 사람은 두 가지밖에 생각 못해요. 예스 아니면 노, O 아니면 X. 어떻게 인간의 생각이 그렇게 단선적일 수 있나요? 더구나 지금은 정치권력이 아니라 자본 독주의 시대인데요.[27]

　박경철이 이념 이분법을 거부하는 것에 대해선 반가운 마음이 들지만, 그렇다고 해서 뭐 그렇게 '머리 나쁜 사람의 전형'이란 말까지 해가면서 흥분할 이유가 있을까? 인터뷰에서나 구경할 수 있는 그의 '핏대'로 보는 게 좋겠다. 성질을 감추는 데엔 한계가 있는 법이다. 10여 년 전 일이라곤 하지만, 스스로 '우리나라에서 주식 공부를 가장 많이 한 사람'이라거나 '기술적 분석에서 나를 따라올 사람이 없다'는 말을 서슴지 않았던 그의 자신감이 어디 가 겠는가? 그런 자신감은 안철수를 돕기 위해 정치판에 관여하게 되면 핏대로 삐져나오기 마련이다. 나는 앞으로 그의 핏대를 폭발시킬 일들이 많을 거라 고 감히 예언한다.

박경철은 책에서는 노골적으로 이념 이분법을 비난하는 주장을 하진 않는 다. 이념적 양극화가 기승을 떨치는 한국 사회에 대한 의문을 제기하는 우회 적 방법으로 자신의 생각을 말할 뿐이다. 『시골의사 박경철의 자기혁명』에 그런 대목이 하나 있어 소개한다.

"지금 대한민국은 어떤가? 우리 사회는 좌파와 우파, 진보와 보수, 친미와 반미, 자주와 외세, 냉전과 평화 등 무수한 관용어들에 둘러싸여 있다. 이런 혼란 속에서 '말하기의 무능성'에 빠진 누군가는 스스로 내뱉은 말이 어떤 의미인지조차 이해하지 못한 채 국가와 국민, 애국, 좌빨과 수꼴이라는 말을 서슴없이 내뱉는다. '생각의 무능성'에 빠진 누군가는, 주류가 내세우는 프 레임에 걸려 비판적 분석의 능력을 잃어버렸다. 또 '판단의 무능성'에 빠진 누군가는 조국에 대한 충성이라는 자의적 판단으로 다른 누군가를 적으로 규 정하며 모욕하고 공격하기도 한다. 그럼 과연 이들 중에 누가 악이고 누가 선 이라는 것일까?"[28]

이 말에 전폭적인 지지를 보낸다.

끝으로 내가 정작 엉뚱하게 생각한 것은 그의 영어 회화 실력이다. "부끄 럽지만 나는 영어가 잘 안되는 사람이다. 읽고 쓰고 듣기는 어지간히 남만큼 하는데, 희한하게도 말하기는 거의 중학생 수준이라 해외 출장을 갈 때는 출 입국 심사부터 걱정해야 하는 사람이다."[29]

이 대목을 『시골의사의 아름다운 동행 2』에서 읽으면서 어찌나 흐뭇했던

지! "세상이 공평한 점은 있구나" 하는 생각 때문이었다. 먹물 팔아 밥 먹고 사는 사람들을 엄청 주눅 들게 하는 그의 초인적 능력에도 구멍이 있구나 하는 생각으로, 나는 그 대목을 가장 재미있게 읽었다.

8장

나는 좌파도 우파도
아닌 기분파다

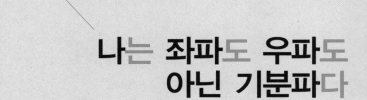

상향 위로형 멘토
김제동

김제동의 '외모 개그'와 아픔

"방송 초기에 나는 여러 번 방송국 문 앞에서 출입을 저지당했다. 매니저
가 나보다 훨씬 잘생겼기 때문에 매니저는 잘 통과하는데, 나만 안으로 들어
가지 못하는 일이 빈번했다. 정말 외모가 뭐기에 사람을 이렇게 주눅 들게 만
드는지 모르겠다."[1]

"언젠가 (영화배우 황정민) 형과 뮤지컬 배우 박건형 그리고 나까지 함께 술
을 마신 적이 있다. 그날 건너편 테이블의 취객이 우리 쪽을 보면서 '쟤는 참
못생겼다'고 했다. 그때 형이 벌떡 일어나서 '왜 우리 제동이가 못생겼냐구
요?' 하고 따졌다. 그날 엉겁결에 셋 중에서 내가 '가장 못생긴 남자'로 지목
됐지만 생각하면 할수록 억울하다. 그 취객이 '못생겼다'고 지목한 사람이

꼭 나았다고 단정할 수는 없지 않은가? 지금이라도 그 취객을 만나면 확인해보고 싶다."[2]

"한 파렴치한 여배우를 고발합니다. 소개팅을 시켜준대서 어떤 분이냐고 물었더니 절대 남자 얼굴을 안 보는 사람이니 저랑 잘 맞을 거랍니다. 함께 규탄해주세요. 투쟁!!! 한혜진은 각성하라!!! 흠흠."(《힐링캠프, 기쁘지 아니한가》를 함께 진행하는 한혜진의 발언을 놓고)[3]

김제동의 책과 글에 자주 등장하는 '외모 개그'다. 아니, 책과 글에만 등장하는 게 아니다. 텔레비전은 한술 더 뜬다. 이효리가 김제동에게 "남자로선 다 좋은데 도저히 얼굴 때문에……"라고 말하는, 이런 식의 개그는 늘 김제동과 관련해 빠지지 않고 등장하는 단골 메뉴다. 그런데 단지 개그일 뿐인가? 아니다. 개그만은 아니다. 그건 아픔이기도 하다. 이젠 김제동이 초탈했다 하더라도 그건 오늘의 김제동을 만든 아픔이다.

아픔이 어디 그것뿐이었겠는가? 〈나는 가수다(이하 나가수)〉 사건 땐 "잘난 척한다. 알고 보니 전문대 출신이구나"라는 말도 들었고, 노무현 전 대통령 장례 노제 사회를 수락한 뒤 "명계남·문성근 같은 훌륭한 사람들을 놔두고 너 따위가!"라고 욕해대는 인간들도 많았다.

트위터에 쌍용차 사건을 기억하자고 한 것도 그의 아픔에서 비롯된 말일 뿐이다. "첫째 매형이 대우조선에서 철근에 머리를 맞아 돌아가셨습니다. 하관할 때 초등학생인 제가 보상금을 껴안고 있었죠. 그때 회사에서 나온 사람들이 거만한 자세로 이걸로 합의를 보든 말든 하자고 했던 모습이 지워지지 않아요."[4]

타인의 감정을 읽는 초능력

김제동의 모든 아픔은 겸손이 되었다. 의례적인 겸손이 아니라 진정한 겸손이다. 김제동의 절친인 시골의사 박경철은 이렇게 말한다. "김제동 씨는 유쾌한 사람이다. 늘 사람 좋은 웃음을 짓고, 만나는 사람마다 일일이 인사를 한다. 길을 가다가 누군가 그를 붙잡고 사진을 찍자고 청하거나 사인을 요청해도 거절하는 법이 없다. 그런 부탁이 귀찮을 법도 한데 그의 표정은 한결같다. …… 김제동 씨의 매력은 인기 연예인이면서도 연예인 같지 않은 자세, 대중의 인기와 기대를 모으면서도 대중에게 진심으로 낮출 줄 아는 인성, 어렵게 살아온 과거를 잊지 않고 어려운 처지에 있는 이들에게 따뜻한 시선을 보내는 삶의 태도 등에 있을 것이다."[5]

겸손은 또 다른 능력을 불러왔다. "예전에 정신과적인 분석을 받아본 적이 있다. 그랬더니 내가 타인의 감정을 읽는 능력이 거의 초능력 수준이란다. 그래서 스스로 굉장히 피곤한 스타일이라고. 자신의 감정을 자유롭게 표현할 줄 아는 자유분방한 아이들을 보면 부러움을 느낀다. 요즘 특히 더 그렇다."[6]

김제동의 초능력은 타인의 감정을 읽는 능력에만 그치지 않는다. 그가 "5초 안에 좌중을 웃음바다로 만들고 3시간 동안 쉬지 않고 사람들을 들었다 놨다 하는 대한민국 최고의 입담꾼"이 될 수 있었던 힘은 도대체 어디에서 나오는 걸까?[7] 여러 이유가 있겠지만, 그의 기억력도 초능력이라 할 만큼 비상하다는 점을 빼놓을 순 없겠다. 그는 책을 많이 읽는다. 그가 일상적 삶에서도 기억력이 좋은지는 모르겠지만, 그가 말할 때 적재적소에 탁탁 맞춰서 들이대는 '지식'은 단추만 누르면 나오는 자판기 같은 느낌을 줄 정도로 정확하다. 그런 능력은 인터뷰를 할 때든 강연을 할 때든 사회를 볼 때든 때와 장소를 가리지 않고 유감없이 발휘된다. 오죽하면 '김제동 어록' 까지 나왔겠는가?

"파울로 코엘료가 트위터에 올려놓은 비슷한 메시지를 본 적이 있어요. 모든 사람이 너를 사랑한다면 그게 이상한 거다. 반드시 너에게 경고를 주고 일깨우는 원수 한 명을 가지고 있어야 한다고 말이죠."[8]

"사람들은 네 잎 클로버를 따기 위해 세 잎 클로버를 밟는다. 세 잎 클로버 꽃말이 행복이다. 행운을 잡기 위해 수많은 행복을 짓뭉개는 것이다."

"모두가 행복하지 않으면 나도 행복하지 않다. 내 아이의 친구가 행복하지 않으면 내 아이도 행복하지 않다. 왜 돈 있는 사람한테 하면 투자고 없는 사람한테 하면 포퓰리즘인가?"[9]

"신들이 왜 위대한지 압니까? 아무 말 없이 들어주니까요. 소주병이 왜 위대하냐, 아무 말 없이 들어주잖아요."[10]

어려운 과거를 잊지 않는 기억 초능력

내가 보기에 많은 사람들이 김제동에 대해 가장 궁금하게 생각하는 것은 그가 왜 개인적인 시련을 자초할 수도 있는 소셜테이너가 되었는가 하는 점이다. 무슨 다른 저의가 있어서 궁금해하는 게 아니다. 그에게 매우 호의적인 사람들도 그걸 궁금해한다. 한국 연예사에 그런 전례가 없었기 때문에 신기해하는 건지도 모르겠다. 박경철은 친분을 이용해 김제동에게 대답을 압박했던 모양이다.

"통상 30대 후반 정도에는 자기 문제에 천착한다. 하지만 그의 시선은 외부로 가 있다. 그 이유에 대해 '나한테만 얘기해보라' 고 요구한 적이 있다.

'뭐 있나, 마약 먹었나, 뭐 때문에 사회에 대해 이런 시선을 가지게 됐나' 라는 것이었다. 그는 균질성이 있고 자기 삶의 성장 과정에서 성실하게 많은 사람들을 만났다. 습관적으로 만나는 것이 아니라 진지하게 만나면서 성숙해졌다. 나도 그를 만난 지는 1년밖에 안 됐다. 하지만 어느새 새벽 1시에 전화를 해도 부담이 없을 정도가 됐다. 이 친구는 사람을 보는 시선이 다르다. 그래서 나도 마음이 열리고 애정이 생겼다. 마른 스펀지 같은 친구다. 물을 쭉 빨아들인다. 내용물이 크다."[11]

박경철의 설명이 영 신통치 않다. 다시 물어보자. 김제동은 왜 소셜테이너가 되었을까? 그것 역시 김제동의 기억 초능력 때문이다. 어려웠던 과거를 잊지 않는 것이다. 그가 나눔을 역설하고 스스로 그걸 실천하는 데 앞장서는 건 무슨 고상한 이유나 명분이 있어서가 아니다. 그의 기억 초능력이 강제하기 때문일 것이다.

김제동이 무대에서 마지막에 꼭 큰절을 하는 것도 마찬가지다. 이에 대해 그는 "수천 명, 수만 명이 호흡하고 느끼고 있다. 눈빛으로 박수로 함성으로 얘기하고 있다. 무대에 서게 만든 사람들, 마이크의 존재 이유가 그들이다. 고맙지 않을 수 있나"라면서 다음과 같이 말한다.

"난 아이돌도 아니고 보잘것없다. 텔레비전에 자주 나오는 사람일 뿐이다. 사람들이 귀를 기울이고 있다면 저는 몸을 낮춰야 한다. 내가 마이크 들고 얘기하는 게 아니라 마이크 줬기 때문에 얘기할 수 있는 것이다. 신영복 선생 글 속에서 가장 깊숙이 새기는 말이 '나무로 굳건히 서 있되 더불어 숲이 되자' 라는 것이다. 개천에서 용만 계속 나면 어떻게 하나? 개천 지킬 사람이 없다. 송사리, 빠가사리, 이름 없는 피라미들의 조그마한 연대가 개울을 이루는 원천적인 요소들 아닌가? 용은 자기를 키워준 하천을 잊으면 안 된다. 그렇게 연대해서 어깨동무해야 한다."[12]

그렇다고 해서 김제동이 무엇이든 빨아들이기만 하는 건 아니다. 내뱉을 때도 있다. 그는 과학자 정재승과 인터뷰하는 자리에서 이렇게 내뱉는다. "교수님이 쓰신 『크로스』라는 책에서 MC 유재석과 강호동의 웃음 비밀을 분석한 내용을 봤는데 괜히 거부감도 들더라고요. 사람들에게 웃음을 주는 것을 직업으로 삼는 사람 입장에서 웃음은 상상의 영역으로 놔둘 만한데 과학적으로 분석하고 파헤치시니 말이에요. 그런 거 다 분석하시면 저희는 뭘로 웃기고 사나요?"[13] 그러나 김제동이 그런 말 하면 안 된다. 그 자신도 분석의 달인이기 때문이다. 분석 과정과 표현 방식이 다를 뿐, 타인의 감정을 읽어내는 능력은 웃음 분석 이상의 것이다.

2011년 1월 28일 방영된 〈MBC스페셜-2011년 신년특집 안철수와 박경철〉 편의 방송되지 않은 편집본 녹취록에서 김제동은 안철수를 두고 "산전수전을 다 겪은 도덕 선생님 같다"고 말했다. 안철수 역시 "제 책을 사신 분이 자기가 어른이 된 이후에 처음으로 만 원을 내고 도덕 교과서를 사봤다고 얘기하더라"라고 답했다.[14]

막상 듣고 보면 별말 아닌 것 같지만, "산전수전을 다 겪은 도덕 선생님"이란 말은 아무나 생각해낼 수 있는 게 아니다. 김제동이 박원순과 인터뷰하면서 한 다음과 같은 말도 그의 만만치 않은 내공을 잘 보여준다.

"얼마 전 '요즘은 더 이상 개천에서 용 나기 어렵다'라는 글을 봤다. 한참 동안 '왜 용인가?' 하는 생각을 했다. …… 왜 다들 용꿈만 꿀까? 송사리로 남아서 함께 어깨동무하고 개천을 지키는 것이 훨씬 중요하지 않을까? 모든 송사리가 용을 꿈꾸면 그 개천은 뭐가 되나? 힘없고 가난한 사람들과 희망을 나누는 것이 송사리가 되어 개천을 지키는 것 아닌가? 함께하는 것만으로도 힘이 되는, 그런 사람이 되고 싶다는 생각만 막연히 해본다."[15]

상대를 올려다보는 상향 위로형 멘토

김제동은 '어깨동무'라는 말을 좋아한다. 그가 최근에 낸 책 제목도 '김제동이 어깨동무합니다'다. 그는 사람들을 향해 "어깨동무하지 않을래요?"라고 살살 눈웃음을 치는 상향 위로형 멘토다. '상향 위로형'이란 표현이 좀 어색하긴 하지만, 다른 모든 멘토들이 아무리 겸손하다 해도 위에서 아래를 내려다보는 하향 위로형의 성격을 띠었다고 보기에 김제동만의 독특한 방식을 설명하기 위해 불가피하게 쓴 말이다. 키가 작은 편이기도 하지만, 그는 늘 상대를 올려다보면서 위로를 보낸다.

앞서 지적했듯이, 김제동이 무대에서 마지막에 꼭 무릎을 꿇고 큰절을 하는 것도 같은 이유에서다. "여러분은 3억 대 1의 경쟁을 뚫고 난자의 선택을 받은 분들입니다. 자신에게 그리고 다른 사람에게 대우받을 자격이 있습니다. 여러분은 누구에게나 등대입니다."[16] 그는 강연장에서 어린이들이 사인을 요청하면 매번 몸을 굽혀 눈을 마주치면서 "공부는 적당히, 몸은 건강히" 등의 조언을 해주곤 한다. 쇄도하는 사진 요청에도 연방 "감사합니다", "고맙습니다"를 반복한다.[17] 그래서 상향 위로형 멘토라는 것이다.

당연히 김제동의 서사 구조도 상향 위로형이다. 자신을 낮추면서 멘토링을 하는 형식이라는 것이다. 그는 「아빠들을 부탁합니다」라는 칼럼에서 "제 아빠는 제가 100일이 되기 전에 돌아가셨습니다. 몇 장 남지 않은 사진으로 만나볼 수밖에 없지요. 사랑한다는 고백을 하기 위해 거울을 보며 몇 번씩이

나 같은 말을 연습하는 드라마 주인공처럼 저는 어린 시절 남몰래 사진을 보며 연습 같은 것을 했습니다. 아빠! 아빠? 아빠……. 늘 궁금했죠. 아빠를 갖는다는 것, 아버지의 늙어감을 지켜본다는 것이 어떤 느낌인지"라면서 다음과 같이 말한다.

"아버지의 짐을 나눠진다는 일은 처음부터 불가능한지 모릅니다. 어차피 자식은 평생 아버지의 어깨에 앉아 세상을 살아가는지 모릅니다. 아버지들은 어깨에 올려놓은 자식을 짐으로 여기지 않지요. 팔이 어깻죽지에 달려 있듯이 자식을 올려놓은 채 살아가는 걸 당연하다고 생각할 겁니다. 그러니 우리가 할 수 있는 건 어깨 위에서나마 아버지를 향해 많이 웃고 많이 이야기를 건네며 쑥스러움을 무릅쓰고 말하는 것이 아닐는지요. 제가 가장 해보고 싶은 것도 바로 그것입니다. '아버지, 사랑합니다'라고 말해보는……."[18]

인터뷰도 다를 바 없다. 성공회대 석좌교수 신영복에서 소녀시대까지 이슈 인물을 인터뷰해서 엮은 그의 책 『김제동이 만나러 갑니다』는 출간 3개월 만에 15만 부나 팔려나갔다. 이에 대해 『주간경향』 기자 신동호는 "인터뷰집이라면 1만 부도 소화하기 어려운 국내 출판 시장에서 매우 이례적인 현상이다. 이런 특급 인터뷰어에게 빈약한 밑천을 드러내는 게 직업 인터뷰어로서 여간 기죽는 일이 아닐 수 없다"며 나름의 비법을 물었는데, 김제동은 이런 답을 내놓았다.

"제가 듣고 싶은 답변보다 상대방이 하고 싶은 답에 맞춰서 질문을 하려고 노력을 많이 합니다. 그 사람이 감추고 싶다고 생각하는 건 굳이 파내지 않는 거죠. 그런 건 사람들이 이미 알고 있고 다만 확인하고 싶을 뿐인 게 대부분이거든요. …… 기본적인 자료는 준비하지만 다 조사할 수는 없고요. 그분이 누구라는 정도만 알고 가죠. 진짜 모르는 게 있어야 진짜 물어볼 수 있잖아요.

예의가 아니겠지만 '제가 잘 모르는데, 누구시죠?' 라고 (웃음) 제가 알고 있는
수준 정도를 솔직히 고백해요. 그렇게 시작하고 저는 주로 듣는 역할에 치중
합니다."[19]

나는 좌파도 우파도 아닌 기분파다

2009년 5월 김제동은 노무현 전 대통령 노제 사회를 본 후 이명박 정권의
졸렬하다 못해 추잡하기까지 한 탄압에 시달렸다. 2009년 10월 KBS〈스타골
든벨〉 하차를 두고 '외압' 논란이 일어났을 때, 김제동은 "신문 사설들이 일
주일간 제 이야기로만 시끄러우니까 이것이 과연 옳은 일인가 그른 일인가를
떠나 부담스러웠다"며 "앞으로 어떤 프로그램을 해도 이런 부담을 안고, 저뿐
만 아니라 모든 제작진이 이런 부담을 안아야 해 마음이 아프다"고 토로했다.
그는 "(〈스타골든벨〉 하차의) 97퍼센트 원인은 내부에서 찾아야 하고, 3퍼센트
정도의 요인은 외부에 있지만 그 외부 요인에 의해 저의 무엇인가가 결정됐
다고 믿거나 판단하지는 않는다"고 말했다.[20]

이게 아주 중요한 말이다. 외부 요인을 3퍼센트로 본다는 말 말이다. 바로
여기에 김제동의 본질이 숨어 있다고 해도 과언이 아니다. 그는 나중에 그 외
압의 실체가 어느 정도 드러났을 때에도 여전히 그 자세를 유지했다. 왜 그랬
을까? 김제동이 느끼는 불편함이 있기 때문이다. 이와 관련, 김제동이 전 KBS
사장 정연주와 인터뷰하는 자리에서 주고받은 말이 흥미롭다.

김제동 요즘 저도 '기득권'이 되었다는 느낌입니다. 남들이 누리지 못하는

것을 많이 누리고 살면서 다른 사람의 편에서 이야기할 자격이 되는지, 그저 허공에 대고 입바른 소리만 해대면서 내 양심을 자랑하려고 사는 것은 아닌 지…….

정연주 그게 심하게 표현하자면 '강남 좌파' 지. 하하.

김제동 지금 저보고 좌파라고 하셨습니까? 화들짝 놀랐습니다.[21]

화들짝 놀랄 만하다. '좌파' 라는 말이 겁이 나서 놀랐다기보다는 자신이 어떤 이념적 카테고리로 묶일 수 있다는 게 더 놀라웠을 것이다. 그는 자신이 소셜테이너로 활동하면서 혹 위선을 범하는 건 아닌가 하고 고민한다. 강박 증이라고 해도 좋을 정도로 고민한다. 그는 자신이 "서민 장사를 하는 것은 아닌지 늘 죄책감과 미안함을 가지고 있다"고 했다.[22] 그래서 그는 자신이 소셜테이너로 불리는 것도 매우 못마땅하게 생각하는 사람이다. 그에게 좌파라 는 딱지는 그런 불편함의 연장선상에 놓인 것이다.

2009년 10월 8일 진보신당 노회찬 대표의 정책 연구소 격인 마들연구소의 '명사 초청 특강' 에서 김제동은 최근 일련의 행보가 정치적으로 해석되는 것에 대해 "나는 어떤 정치색도 없다"고 잘라 말한 뒤 "웃기는 데는 좌도 없고 우도 없다. 다 웃어야 한다. 하늘을 나는 데도 왼쪽 날개가 있고 오른쪽 날개가 모두 펄럭대야 한다"며 "진보가 뭐고 보수가 뭔지 모른다. 다만 상식을 이야기하는 것" 이라고 했다.[23] 그는 이런 말을 수십, 아니 수백 번 넘게 했을 것이다. "웃음엔 좌우도 없고, 사람의 정치색이란 게 좌우로 따질 수 있는 이분법적인 것도 아니다." "나는 좌파도 우파도 아닌 기분파다."

김제동은 좌우 어느 한쪽으로 묶이면 개그맨으로 활동하는 데 지장이 있을까 봐 그러는 걸까? 그게 아니다. 국정원이 자신을 사찰할 때에도 김제동은

이 사실을 외부에 알리지 않았다. 언론의 보도로 민간인 사찰의 진실이 드러
난 후에야 털어놨다. 주위에서 "사찰받은 사실을 이야기하자"고 조언했지만,
그렇게 하지 않았다. "민주화 운동으로 고문당하고 투옥당한 분들에게 예의
가 아닌 것 같아서"라는 이유였다.[24]

〈나가수〉 사건의 시련

김제동은 훗날 이명박 정권의 탄압과 관련해서 "쉴 시간을 준 그분들께 감
사한다"라고 너스레를 떨었지만,[25] 감사해야 할 일은 그것만은 아니었다. 그
가 본격적인 멘토의 길로 나서게 된 계기였기 때문이다. 토크 콘서트 '노 브
레이크'의 전국 순회공연이 바로 그것이다. 2009년 12월 5일 서울 대학로 소
극장에서 시작된 김제동의 토크 콘서트는 2년 2개월여 만인 2012년 2월 4일
경남 거제문화예술회관에서 열린 105회 공연으로 누적 관객 수 10만 명을 돌
파했다.

2010년 5월 김제동은 자신을 걱정해주는 사람들에게 "걱정하지 마라. 걱
정해주는 게 걱정이다"라고 했다. "사람들 사이 어깨동무, 연대, 함께 있음.
나는 이게 가장 중요하다. 요즘 나 보며 큰 사상 가진 사람으로 여기는데 나
아주 개차반이다. 눈 마주치면 시비도 붙고, 그게 사람 사는 거 아닌가. 피 철
철 흘리면서 경찰서 가서 화해도 하고, 철퍼덕거리면서 되게 친해지고 그런
것처럼 말이다. 평범하게 살고 있다. 내면의 불안함, 우울한 정서. 그런 이면
이 있기는 하다."[26]

2010년 9월 26일 취업·인사 포털 사이트 인크루트가 대한프레젠테이션

협회와 함께 경희대에서 '취업 준비생을 위한 프리젠테이션월드 2010' 을 열고, 행사장을 찾은 대학생 151명에게 물은 결과, 우리나라 국가 대표 프리젠터로 방송인 김제동을 꼽은 응답자가 전체의 14퍼센트로 가장 많았다. 그 이유로 93퍼센트가 '전달력과 호소력이 뛰어나기 때문' 이라고 대답했고, 7퍼센트는 '내용 기획력이 뛰어나기 때문' 이라는 이유를 들었다. 안철수 안철수연구소 의장이 2위(9퍼센트)로 꼽혔다. 개그맨 유재석이 3위(5퍼센트)였고, 손석희 성신여대 교수, 개그맨 강호동, 김주하 아나운서, 이건희 삼성그룹 회장, 구글 코리아 직원 김태원 등이 공동 4위(4퍼센트)에 올랐다. 한국 홍보 전문가로 알려진 서경덕이 그 뒤를 이었다.[27]

〈나가수〉 사건도 김제동의 독특한 면모를 잘 보여준다. 2011년 3월 20일 방송된 〈나가수〉에서 김건모가 탈락 위기를 맞게 되자 김제동은 김건모의 재도전을 제의했다. 이에 제작진은 김건모의 재도전을 허용했는데, 시청자의 비난이 쇄도했다. 특히 김제동을 향한 비난이 거셌다. 3월 23일 김제동은 『한겨레』「한홍구-서해성의 직설」 인터뷰에 응하면서 세 시간이 넘는 대담 도중 끊임없이 "미안하다", "죄송하다", "내가 잘못했다"라고 말했다. 한홍구는 이런 후기를 남겼다.

"내상이 깊었다. 이야기를 하다 보면 어느새 화제는 다시 그 얘기로 가 있었다. '모든 게 다 내 잘못입니다.' 결론은 그거였다. 일일이 세어보진 않았지만 100번은 아니어도 50번은 그 얘길 했다. 그런 인터뷰 말미에 김영희 피디가 〈나가수〉에서 하차하게 됐다는 소식이 전해졌다. 김제동은 완전 넋이 나갔다. 다음 일정이 정혜신 박사와 만나는 거였는데, 거기 가서 휴지 한 통을 다 쓸 정도로 펑펑 울었다는 기사가 올라왔다. 그나마 다행인 건 상처받은 마음이 바로 마음 치료 전문가를 만났다는 거다."[28]

평소 김제동과 친분이 있는 정혜신은 그날 자신의 트위터에 "제동이 왔다. 〈나가수〉 논란 속에 깊숙한 내상을 입은 것 같다. 그는 울고 울고 몸을 떨고 운다. 내 책상 위의 크리넥스 통을 다 비웠다"라고 적었다. 이어 "무섭다. 사람이 무섭다. 내가 없어져 버릴 것 같다. 모든 게 내 잘못이다"라고 김제동의 말을 전한 뒤 "맘 여린 사람 순으로 우리 곁을 떠나게 만든다. 여린 우리들이"라고 안타까움을 내비쳤다.[29]

소셜테이너 이전의 김제동이 그립다

2011년 6월 김제동은 반값 등록금 촛불집회를 물심양면으로 도왔다. 그는 "집회에 참가하는 대학생들이나 집회를 막는 전의경들이나 똑같이 고생을 하고 있는 이 땅의 젊은이들이다. 함께 잘살자고 하는 일인데 한쪽만 챙길 수는 없다"는 말과 함께 통닭 값 500만 원을 대학생과 전의경 쪽에 각각 250만 원씩 나눠줬다. 그러나 그의 선의는 받아들여지지 않았다. 그가 대학생들을 통해 전의경들에게 전달하려던 통닭 값은 대학생들이 햄버거를 사다 전의경들 앞에 내미는 장면 때문에 '경찰을 모독했다'는 비난을 듣기도 했다.[30]

소셜테이너가 사회 현안에 대해 깊이 고민하고 대안을 제시하기보다 포퓰리즘을 추구한다는 비판도 있었다. 이에 대해 김제동은 이렇게 답한다. "제가 등록금 집회에 나가니까 그럼 세금은 어떻게 할 거냐, 세금 배분을 어떻게 할 거냐, 대학에만 돈 쏟아부으면 어떻게 할 거냐 등등의 얘기를 하죠. 그걸 알면 제가 여기 있겠습니까? 정책 내고 건의하겠죠. 영화 〈왕의 남자〉에서 공길이 '왕이 왕답지 않고 신하가 신하답지 않으니 내가 어찌 음식을 먹을 수 있겠느

상향 위로형 멘토
김제동

냐 며 귀양 가지 않습니까? 공길에게 어떻게 하면 왕이 왕답고 신하가 신하다운 거냐, 어떻게 해야 네가 밥을 먹을 거냐고 힐난하는 것과 똑같습니다. 공길은 문제 제기를 한 거죠. 그것도 웃기고 풍자하면서……. 그 역할로 끝입니다. 대안은 전문가 집단이 내야 합니다. 왜 저한테 묻습니까?"[31]

김제동은 제주 해군기지 문제에 대해서도 자신의 생각을 밝혔다. 그러자 『동아일보』교육복지부 차장 송상근은 2011년 9월 9일자 신문에 「김제동과 해군기지」라는 칼럼을 싣는다. 그는 2009년 상반기 김제동이 『동아일보』에 "부드러운 수필" 칼럼 여섯 편을 쓴 것을 상기하면서 그와의 관계에 대해 말했다. "칼럼 집필 기간에 노무현 대통령이 자살했고(5월 23일) 김 씨는 서울광장의 노제에서 사회를 봤다. 하반기에도 칼럼을 게재하자고 타진하자 그는 사양했다. 왜 『동아일보』에 글을 쓰느냐고 주변에서 말린다는 얘기가 간접적으로 들렸다. 그의 칼럼은 중단됐다."

송상근은 "그의 이름은 이듬해 2월부터 『경향신문』에 등장했다. 「김제동의 똑똑똑」이라는 인물 탐방이었다. ……『동아일보』 필진이던 김 씨가 각계각층과 얘기를 나눠 흥미 있게 읽었는데 작년 4월 15일자가 눈길을 끌었다. '이 예쁜 바다에 해군기지라니…… 생각만 해도 화가 나' 라는 제목. 해녀의 말에 김 씨가 덧붙였다. '얼마나 속이 상하시겠나. 이 예쁜 바다, 이대로 그냥 놔두는 건 정말 불가능할까?' 바다에서 37년을 지낸 해녀에게서 안타까운 마음이 들었을 수 있다. 이해할 만했다. 여기까지는" 이라 쓰고는 다음과 같이 말을 이었다.

"그는 올해도 제주 해군기지에 대해 언급했다. 6월 17일 강정마을 바닷가에서 촛불문화제가 열리기 전에 '이렇게 아름다운 곳에 해군기지를 짓는 것은 적들이 파괴하기 전에 아군이 선제 파괴하는 것' 이라고 주장했다. 지난달

24일에는 강정마을 회장이 구속되자 '해군기지 문제가 평화적으로 해결되었으면 하는 바람'이라고 밝혔다. 김 씨의 발언을 접하면서 이렇게 생각했다. 아름다운 곳에는 군사기지를 지으면 안 되나? 군사기지 건설이 아군의 선제 파괴인가? …… 촌철살인의 한마디로 '김제동 어록'을 유행시킨 방송인, 한국신문협회가 선정한 '올해의 신문 읽기 스타'(2006년), 진솔한 문장으로 독자를 위로했던 칼럼니스트. 사회적 발언의 수위를 높이기 전의 김제동 씨가 그립다."[32]

김제동을 정치적 당파성이 없는 자리에만 부르자

"김제동 몇 년 전부터 무대 올라가는 게 공포스럽다고 하더군요. …… 어제 그게 실은 누군가 날 감시하고 있다는 공포 때문이었다고 고백했습니다. 혹시라도 말실수해서 끌려갈까 봐. 김제동 약 없이는 잠들지 못합니다. 김제동, '혼자 대구서 보따리 싸 가지고 올라와 얼결에 성공한 촌놈' 얼마나 무섭고 외로웠을까 맘이 찢어집니다."

2012년 4월 3일 소설가 공지영이 트위터에 올린 글이다. 공지영은 『한겨레』 인터뷰에서 "김제동 씨가 몇 년 전부터 무대 공포중을 토로하기에 대중에 대한 막연한 두려움 때문이라고만 생각했는데, 지금 와서 보니 그게 아마도 노무현 전 대통령 추모제 사회 때문에 국가정보원 직원이 찾아왔던 무렵부터인 것 같다"며 "어제 전화 통화를 하면서 비로소 '말 한번 잘못하면 끝장이다 싶은 공포 때문이었다'고 고백하더라"라고 전했다.

공지영은 "독재 정권과 직간접적으로 싸운 경험이 있는 나와 우리 세대 친구들이라면 그런 일을 당했을 때 누군가에게 의논이라도 할 수 있었을 테지만, 스스로 '대구 촌놈'이라 말하는 김제동 씨로서는 그럴 수도 없어서 더 힘들고 무서웠을 것. …… 게다가 그야말로 말 한마디로 천국과 지옥을 오갈 수도 있는 연예인이라서 어려움이 더 컸을 것"이라고 말했다. 공지영은 "오늘 이웃에 사는 김제동 씨를 집으로 불러 점심을 같이 먹었다"고 소개하고 "김제동 씨는 자신이 사찰 때문에 별로 피해 본 것도 없고 이것 때문에 다시 구설수에 오르기도 싫다고 했지만, 이보다 더 큰 피해가 어디 있겠는가"라며 "온 국민이 알아서 지켜줄 테니까 걱정 말라고 격려해주었다"고 말했다.[33]

당시 미국에서 청춘 콘서트를 진행하고 있던 김제동은 공지영의 걱정과 격려에 대해 이렇게 말했다. "오래 혼자 살아서 그렇다. 스트레스도 많고, 잠 안 오니까 수면제 먹고 잘 때도 있다. 공지영 씨가 제가 애달파 보이고, 안타까워 보이고 그러니까. 혼자 오래 살아서 그런 거지, 사찰 때문에 그런 건 아니다. 기분이 좋진 않다. 저한테까지 그렇게 할 필요가 있을까 싶다. SNS에서 팔로우업하면 제가 어디 있는지 하루에 몇 번씩 알 수 있는데."[34]

송상근의 희망과 공지영의 격려 중 어떤 게 김제동에게 더 도움이 될까? 수구 신문의 기자가 쓴 칼럼은 마음 쓸 것 없다고 생각하는 사람들이 있을지도 모르겠지만, "사회적 발언의 수위를 높이기 전의 김제동 씨가 그립다"는 말은 선의로 접수해도 좋을 것 같다. 무엇보다도 김제동에게 과부하가 걸려 있기 때문이다. 그는 스스로 밝혔듯이, 좌파도 우파도 아닌 기분파다. 좌우의 경계 싸움에 치이지 않게끔 배려해주는 게 김제동은 물론 우리 모두를 위해서 좋은 일이 아닐까?

2012년 3월 26일에 방송된 SBS 〈힐링캠프, 기쁘지 아니한가〉에서 명지대 교수 김정운이 해준 멘토링도 참고하는 게 좋겠다. 김정운은 김제동에게 "결핌이 느껴진다"며 이렇게 말했다.

"이경규는 위악을 한다. 악한 척을 한다. 제동은 위선이다. 사실 위악이 훨씬 더 머리가 좋은 사람이 하는 짓이다. 위악은 아무거나 해도 용서받을 수 있다. 그러나 제동은 우리가 생각하는 위선이 아니고 정치적 옳은 것을 하는 강박이 있다. 그 지향을 하다 보니 대중적 이미지도 그렇게 만들어졌다. 그러나 그렇지 않은 모습을 한 번만 보여주면 훅 간다. 김제동이 음주운전을 한 번 하면 훅 간다. 이경규는 음주운전 해도 그럴 줄 알았다고 생각한다. 그걸 벗어나야 한다."

김제동이 "나도 사실 도망가고 싶다"고 털어놓자 김정운은 "길게 오래가는 게 중요하다. 당분간 떠나 있는 게 가장 좋다고 생각한다. 그 틀을 빠져나와야 한다. 남이 깨주면 아프다"라고 말했다.[35]

이 말을 듣는 김제동의 표정에 당황하는 기색이 역력했던 게 생각난다. 물론 김정운의 말은 위악적이다. 실수를 한 번 하면 훅 가기 때문에 그 틀에서 벗어나야 하는 게 아니라 김제동의 건강을 위해서도 그 틀을 다시 한 번 생각해보는 게 좋겠다는 멘토링으로 해석하는 게 옳을 것이다. 사실 이 멘토링은 김제동 스스로 그간 간접적으로나마 여러 차례 밝힌 것이다. 앞서 보았듯이, 김제동은 기회만 있으면 자신의 위선 강박증을 털어놓곤 한다. 이와 관련된 발언 하나를 더 들어보자.

"거창한 투사가 되고 싶지도 않고 그럴 만한 능력도 없어요. 내가 이런 자격이 있나, 나는 좋은 차를 타고 좋은 집에 살면서 위선적이고 가식적이지 않은가, 스스로 그런 생각을 해요. 그럴 때 가장 괴롭죠. 그런데도 내 안의 51퍼센트가 이끌어서 그렇게 가는 것 같아요. 몇 날 며칠 후회하지만 결국 가죠. 그러나 연락은 그만해줬으면 좋겠어요. (웃음) 오면 또 가겠지만."[36]

웃으면서 한 말이지만, 이 말에 답이 있다. 연락은 그만해줬으면 좋겠다는 말을 새겨들어야 한다. 김제동은 연락이 오면 갈 수밖에 없는 숙명을 타고 난 사람이기 때문이다. 정치적 올바름, 즉 옳은 말만 해야 한다는 강박, 그건 그의 상식이 강제하는 것이며, 그 상식은 자신의 과거에 대한 초능력적 기억과 그에 따른 실천의 지배를 받는 것이다. 김제동에게 연락하더라도 정치적 당파성이 없는 자리에만 부르자. 아니. 모시자. 이유는 단 하나. 우리 사회가 김제동이라는 탁월한 재능을 오랫동안 향유해야 하기 때문이다.

한국의 국토를 넓힌
광개토여왕

철수 박원순 김난도 문재인
외수 김제동 공지영 박경철
김어준 한비야 김영희

자유 · 개척형 멘토
한비야

사해동포주의자와 민족주의자는 같다

  나는 2009년에 출간한 『행복코드』라는 책에 한비야에 관한 짧은 글을 쓴 적이 있다. 몇 년 전에 쓴 글을 다시 읽어보면 부끄러운 생각이 들기 마련인데, 이 글만큼은 참 잘 썼다는 생각이 든다. 나이가 먹으면서 뻔뻔해진 건지는 알 수 없지만, 그런 이유로 그 글을 여기에 되살려 좀 더 밀도 있고 확장된 글을 써보기로 했다.

  이 글의 제목만 미리 본 어떤 분이 "한국의 국토를 넓힌 광개토여왕" 이라는 말에 약간 저항감을 표했다. 촌스러운 한국형 제국주의 냄새를 맡은 것 같다. 한비야는 결코 그런 사람이 아니라는 반론이었다. 나는 그게 '역사 소급주의의 함정' 이라고 답했다. 21세기의 정의 · 윤리 · 상식을 광개토대왕이 활약하던 4~5세기로까지 소급해 적용할 필요는 없다는 논리다.

한비야 하면 떠오르는 단어는 '자유'와 '개척'이다. 그래서 나는 그를 자유·개척형 멘토라고 했는데, 그렇다고 해서 그가 많은 사람들에게 '자랑스러운 우리의 딸'로 각인돼 있는 것까지 부정할 이유는 없다고 생각한다. 먼 외국 땅에서 태극기를 보면 괜히 눈물이 나오려고 하는 것에서까지 촌스러운 한국형 제국주의의 냄새를 맡는 건 과잉일 뿐만 아니라 짜증난다. 한국의 국토를 넓혔다는 말은, 한비야의 평소 지론대로, 부지런하고 정 많은 한국인이 이 지구를 좀 더 아름다운 곳으로 만드는 데 기여할 일이 많다는 뜻으로 이해하면 좋겠다.

이와 관련, 한비야는 『바람의 딸 걸어서 지구 세 바퀴 반 4』에서 "여행을 통해서 얻은 최대의 수확은 다름 아닌 대자아大自我로서의 나와 우리의 위치를 깨달은 것이다. 나는 우리 가족의 딸이자 한국의 딸일 뿐 아니라 아시아의 딸, 더 나아가서는 세계의 딸이라는 그 놀라운 자각 말이다"라며 다음과 같이 말한다.

"우리는 저마다 세계라는 조각 그림의 한 조각으로서 세계인이 서로 합쳐 한 그림으로 연결되어야만 비로소 존재가 드러나는 지구촌의 일원이라는 것을 확실히 깨달았다. 전에는 무심히 보아 넘기던 국제 뉴스를 이제는 특별한 애정과 관심을 가지고 대하게 된다. 안타까운 뉴스를 접할 때면 내가 무슨 도움이 될 수는 없을까 하는 생각까지 하는 것을 보면 이제 나는 서서히 세계시민이 되어가는 것 같다. 이제 지구촌이라는 말도 너무 넓게 느껴지며 세계가 한 지붕 안에 있는 안방, 건넌방처럼 얽히고설켜 긴밀하게 연결된 것처럼 가깝게 여겨진다."[1]

한비야는 『지도 밖으로 행군하라』에선 이렇게 말한다. "나는 우리나라 사람들이 해외 원조 일을 하기에 좋은 조건을 가졌다고 생각한다. 고품질 인정과 뚝심은 물론 식민 지배, 전쟁 등 역사적 경험이 다양하다는 게 큰 장점이다. 게다가 가난했던 시절 도움을 받기도 했으니 이런 것들을 잘 살린다면 국제사회 일원으로서의 역할을 훌륭히 해낼 수 있다고 굳게 믿는다."[2]

그럼에도 또는 그렇기 때문에, 한비야가 한국인이라는 사실은 달라지지 않는다. 이에 대해 한비야는 『바람의 딸, 우리 땅에 서다』에서 "하지만 아무리 이런 코스모폴리탄적인 생각을 가졌다 하더라도 내가 다른 나라에 가려면 꼭 필요한 것이 한 가지 있다. 바로 내가 대한민국 국민이라는 것을 증명해주는 여권이다"라며 다음과 같이 말한다.

"국경을 넘을 때 나는 '세계시민'이 아니라 한 사람의 '한국인'이어야 한다. 다른 나라를 넘나들 때 여권이 있어야 하는 것처럼 세계를 무대로 일하기 위해서는 우리가 한국인이라는 것을 확실히 하지 않으면 안 된다. '사해동포주의자'와 '민족주의자'. 얼핏 들으면 대칭되는 말 같지만 조금만 자세히 보면 본질적으로 같은 말임을 알 수 있다. 전 세계가 인터넷으로 연결되어 국경이 없어 보여도 아직까지 세계를 구성하는 단위는 개인이 아니라 국가나 민족일 수밖에 없다."[3]

『한비야의 중국견문록』에선 한걸음 더 나아간다. "나도 국기 하면 '한 국기' 하는 사람이다. 여행 중에 늘 작은 태극기를 가지고 다니며 설명과 자랑을 한다. 아프리카, 중동 여행이 끝난 다음부터는 대형 국기도 한 장 넣어 다녔다. 여행하면서 갖가지 위험한 일을 겪고 나니 이런 생각이 들어서였다. '만에 하나, 내가 오지에서 불귀의 객이 되면 태극기로 나를 덮어야겠다.' 자칭 타칭 코스모폴리탄이라는 사람에 웬 감상적 민족주의냐고? 나도 예전에는 언제 어디서나 나 자신이 '한비야'라는 개인만으로도 충분할 줄 알았다. 그

런데 막상 다른 나라 사람들과 섞여 보니, 대부분의 경우 그들에게 나를 확인
시키는 첫 번째 창은 한비야가 아니라 '한국인'이었다. 내가 한국 사람임을
확실히 드러내는 것이 바로 세계시민의 일원이 되는 지름길이라는 걸 그때
깨달았다."[4]

한비야의 자유가 진화하는 과정

자유, 정말 좋은 거다. 원래 좋은 건 오염되기 마련이다. 노엄 촘스키는
"관용적 어법에서 '자유'라는 단어를 포함하는 말은 모두 그 실제 뜻과는 반
대되는 것을 의미한다고 보면 옳겠다"며 '자유 기업'이라는 말을 그 예로 들
었다. 이 단어는 "실제로는 부유층을 위한 복지국가를 유지하기 위해 정부가
경제에 대대적으로 개입하는 공공 보조금과 사적 이윤의 체제"에 지나지 않
는다는 것이다.[5]

2005년 1월 20일 미국 대통령 조지 W. 부시의 2기 취임사는 어떤가? 그는
20분 동안 계속된 연설에서 'free', 'freedom', 'liberty'를 49번이나 사용했다.[6]
부시는 과연 자유의 수호신인가? 인제대 교수 한기욱은 부시는 2기 취임사를
자유라는 말로 도배했지만 "부시의 시대에 이르러 미국의 자유에는 타자의
피 냄새가 가득하다. 자유의 참뜻을 망각하면서부터 시작된 미국의 도덕 불
감증이 중증에 도달한 것이다"라고 주장했다.[7]

이처럼 자유는 오·남용의 대상이 될 만큼 의외로 복잡한 개념이다.
freedom과 liberty의 의미도 다르다. freedom은 인간이 자연 상태로서 누리는
자유를 뜻하는 반면, liberty는 법적 권리로 보장된 상태를 뜻한다. 그래서

liberty는 '자유권'이라고 보는 게 정확하다. 시대의 변천에 따라 자유의 의미도 변해왔다. 우리 인간은 '~으로부터의 자유freedom from'에서 '~으로의 자유freedom to'를 거쳐 '~을 위한 자유freedom for'의 단계로 나아가고 있다.[8] 흥미롭게도 '바람의 딸' 한비야의 자유도 그런 진화 과정을 밟고 있다.

"여행은 없거나 매우 드물다. 한비야처럼 희귀하다. 배낭여행에 뛰어든 사람들도 배낭만 맨 관광객이더라는 게 많은 사람들의 증언이다. 어느 나라에 가서건 여러 사람들이 함께 움직이는 외국인들이 있다면 그건 한국인일 가능성이 매우 높다. 한국인은 개인은 강하지만 집단은 약하다는 말도 괜한 말이다."[9]

내가 언젠가 '여행'에 대해 쓴 글에서 '여행의 관광화'를 지적하면서 한 말이다. 순수한 여행가라 할지라도 여행은 '떠나는 것'이 아니라 '만나는 것'이라는 한비야의 법칙을 깨닫고 실천할 사람은 얼마나 되겠는가?[10] 물론 엄밀한 의미에서 한비야도 이젠 여행가는 아니다. 2005년 한비야는 『지도 밖으로 행군하라』에서 "오지 여행가 한비야는 잊어주기 바란다. 이제 나는 긴급구호 요원으로 완전히 변신했기 때문이다"라고 선언했다.[11] 그러나 나는 못 잊겠다. 나는 한비야를 여행을 하는 운동가로 생각하련다. 난민 구호 운동가다. 그의 현 직책도 국제 구호 단체 월드비전의 긴급구호 팀장이다.

한비야는 "웃음기 없는 얼굴, 잔뜩 긴장한 얼굴"[12]을 한 많은 한국인들에게 자유를 의미한다. 일상의 모든 굴레를 탈출한, 진정한 의미에서의 자유다. 자기 자신마저 버린 자유다. 물론 한비야는 자기 자신을 버린 게 아니라 자기 자신을 아끼는 자유라고 하겠지만, 보통 사람에겐 한비야식 '아낌'은 '버림'이다.

사람들은 한비야에게 묻는다. "왜 여행을 하는가?" 한비야는 "몸과 마음이 자유로워진다"는 답을 내놓는다. "몸과 마음이 자유로워지면 뭐가 좋으냐?" "자유라는 것이 바로 인간이 궁극적으로 추구하는 것이 아닌가?" "도대체 자유가 왜 그렇게 중요하나?" "그냥 좋으니까 좋아요."[13] 이 통하지 않는 문답 속엔 소유의 집착이 빠져 있다. 그 집착을 당연시하면서 한비야식 자유를 누리거나 이해하기는 어려울 것이다.

책으로 소통하는 한비야식 멘토링

한비야가 뛰어난 능력을 인정받던 좋은 직장도 그만두고 뛰어든 세계 여행은 1993년 7월에 시작해 1998년 6월에서야 끝이 났다. 비행기를 타지 않는다, 한 나라에서 적어도 한 달 이상 머문다, 오지 마을 중심으로 다니며 현지인과 똑같이 먹고 자고 생활한다 등 희한한 세 가지 원칙을 지키면서 세계 65개국을 돌았으니 6년의 세월인들 길었으랴.[14]

한비야의 오지 여행기는 1996년부터 1998년까지 『바람의 딸 걸어서 지구 세 바퀴 반』(전 4권)으로 출간되었다. 이어 그는 50일 동안 걸어서 국토를 종단했는데, 이 여행기는 『바람의 딸, 우리 땅에 서다』로 출간되었다. 그다음엔 『한비야의 중국견문록』을 거쳐, 세계 곳곳의 긴급구호 현장을 누비고 다니며 쓴 『지도 밖으로 행군하라』와 『그건, 사랑이었네』가 출간되었다.

한비야의 책은 모두 베스트셀러가 되었다. 2006년 7월 기준으로 『바람의 딸 걸어서 지구 세 바퀴 반』이 100만 부 이상, 『바람의 딸, 우리 땅에 서다』가 20만 부, 『한비야의 중국견문록』이 48만 부, 『지도 밖으로 행군하라』가 41만 부가 나갔다. 『한겨레』 기자 구본준은 이런 실적이 '경이적'이라며 "현재 대한민국에서 문학, 비문학을 통틀어 한 씨만큼 확실하게 독자를 거느린 글쟁이는 없다고 해도 과언이 아니다"고 했다. 그는 "독자들이 꼽는 한 씨의 최대 매력은 바로 '건강함'"이라며 다음과 같이 말했다.

"한 씨의 책을 읽으면 '씩씩바이러스'나 '행복바이러스' 그리고 '봉사바이러스'에 옮는 듯한 느낌을 받는다는 것이다. 이런 매력은 한 씨의 모든 책에서 공통적으로 나타난다. 하지만 저술가로서 한 씨는 세 번째 책 『한비야의 중국견문록』 이후 한 단계 변신했다고 볼 수 있다. 초기 두 책에서 한 씨는 '여행가'를 벗어나지 않았다. 대신 다른 사람들의 여행기와는 다른 생생한 표현 그리고 한 씨만의 독특한 유머가 묻어났다. 그런데 『한비야의 중국견문록』부터는 '사회적 역할 모델'로 거듭났다. '정력적이고 호기심 많은 드센 여성 여행가'가 긴급구호 활동가가 되면서 '닮고 싶은 사람'이 된 것이다. 그래서 팬층은 더 넓어졌다."[15]

한비야는 어떤 식으로 멘토링을 하는가? 2007년 그가 자신의 행복감을 나타낸 다음과 같은 말에 답이 다 들어 있다. "누가 뭐래도 지난 12년간 나는 세상에서 가장 행복한 작가였다고 생각한다. 얼떨결에 베스트셀러 작가가 되어서도, '바람의 딸'이라는 예쁜 별명을 얻어서만도 아니다. 바로 독자들 때문이다. 나처럼 많은 독자 편지를 받는 작가가 또 있을까? 그들이 내게 보내준 수천 통의 편지는 그저 책에 대한 감상이 아니었다. 내 책이 자신의 삶을 비추는 작은 등불이라고 했다. 하고 싶은 일을 찾았다고 했다. 용기가 없어 망설이던 여행을 드디어 떠난다고 했다."[16]

『지도 밖으로 행군하라』가 출간된 이후 4년간 이 책을 읽고 해외 아동 후원을 신청한 사람 수가 6만 명이 넘는다. "그들 가운데는 정기 후원을 하기 위해 아르바이트 시간을 늘린 대학생들, 한 학급이 매달 돈을 모아 한 아이를 돌보는 초등학생들, 쥐꼬리만 한 월급 7만여 원으로 매달 후원하는 이등병들, 심지어 정부 보조금으로 받는 생활비 17만 원 가운데 다달이 2만 원을 내놓는 생활 보호 대상자도 있었다."[17] 세상에 이 이상 가는 멘토가 또 있을까?

한비야의 글쓰기

한비야는 SK 나눔 광고 모델료 1억 원을 국내 중고등학생 등 청소년을 대상으로 하는 월드비전 세계시민학교 프로그램에 기부하는 등 기부를 버릇처럼 즐기는 기부 천사다. 월드비전이 운영하는 세계시민학교는 각 분야 최고의 전문가가 주제에 맞게 개발한 교육 자료를 가지고 강의와 워크숍 형태로 진행된다. 매년 심사를 거쳐 중고등학생 30~50명을 뽑아 교육하는데, 저개발국가 현장 방문도 계획하고 있다고 한다.

한비야는 "『지도 밖으로 행군하라』에 대한 청소년들의 반응을 보고 깜짝 놀랐다. 많은 학생들이 세계로 눈을 돌리게 해주어 고맙다고 표현하는 것을 보며 이들에게 세계시민 의식이 자라고 있음을 느꼈다"며 "프로그램을 이수하는 모든 학생들이 세상은 함께 살아가야 하는 이웃이기에, 세계 문제는 남의 얘기가 아니라 우리 얘기라는 생각을 갖고 적극적인 세계인으로 성장했으면 좋겠다"고 말했다.[18]

한비야의 매력은 첫눈에 반할 수도 있는 연예인 스타의 매력과는 다르다. 소통이 필요하다. 한비야의 소통 능력, 즉 글쓰기의 비결은 무엇인가? 그것 또한 자유다. 어깨 힘 빼고, 보고 느낀 것을 그대로 '친한 친구를 만나 신나게 이야기해주는 기분으로 솔직하게' 쓰는 것이다.[19]

김난도가 『아프니까 청춘이다』에서 청춘에게 글쓰기 실력을 키울 걸 주문하면서 한비야를 예로 든 게 흥미롭다. 그는 "우리가 한비야 씨를 알게 된 것은 책을 통해서다. 『바람의 딸 걸어서 지구 세 바퀴 반』이라는 책이 나오면서 비로소 이런 용기 있는 여성이 있다는 것을 알게 됐다. 이 책은 단지 베스트셀러가 되어 돈을 벌고 그를 유명하게 해준 데 그치지 않았다"며 다음과 같이 말한다.

"재해와 분쟁 지역에서 어려운 사람을 돕고 싶다는 그의 꿈을 훨씬 쉽게 가능하도록 해줬다. 월드비전 긴급구호 팀장을 맡게 됐고, 'YWCA 선정 지도자상'을 받았으며, 환경재단이 선정한 '세상을 밝게 만든 100인'에 뽑혔다. 물론 그가 현란한 글솜씨만으로 이런 업적을 이루어낸 것은 아니다. 진정성이 듬뿍 묻어나는 행적이 있었기에 그러한 성취가 가능했을 것이다. 하지만만약 그의 글솜씨가 아주 형편없어서 그런 책을 출간할 엄두를 내지 못했더라면, 그냥 이리저리 돌아다니는 한낱 여행객에 지나지 않았을지도 모른다. 진정한 봉사가 그를 만들었다면, 글쓰기는 그를 우리에게 알린 것이다."[20]

한비야는 처음부터 글쓰기에 뜻이 있었던 걸까? 그건 아니다. 그는 여행을 시작하고 2년이 지날 때까지는 글을 쓸 생각을 전혀 하지 않았다. 자신의 여행은 순전히 자신만의 것이며, 자신의 개인적인 꿈을 실현하는 것으로만 여겼기 때문이다. 그런데 어느 순간부터 이런 생각들이 들기 시작했다고 한다. "왜 나한테 이렇게 좋은 기회들이 주어지는 걸까? 내게 이런 특별한 경험을 하게 하는 데에는 다른 숨은 뜻이 있는 건 아닐까? 나 혼자만 누리라고 이런 기회들을 주는 건 아닐 테니 이걸 남들과 나누어야 하는 건 아닐까?"[21]

그러나 남들과 나누겠다는 마음을 먹었다고 해서 곧장 글쓰기로 돌입할 수 있는 건 아니다. 글쓰기에 자신이 없었기 때문이다. 그래서 한비야는 처음엔 글쓰기를 매우 망설였지만 자신에게 한 이 다짐 하나로 글을 쓸 수 있었다고 한다. "그래, 내 스타일로 쓰는 거야. 친한 친구를 만나 신나게 얘기해주는 기분으로 쓰면 돼. 내가 보고 느낀 그대로를 꾸밈없이, 무엇보다도 세계 방방곡곡에서 내가 직접 맡아본 사람들의 냄새를 고스란히 담도록 하자."[22]

바람wind의 딸이 아닌 바람hope의 딸

한비야의 글이 펄펄 뛰는 생선처럼 느껴지는 건 그가 '조증 환자躁症患者'이기 때문은 아닐까? "내 주위 사람들은 나를 '조증 환자!'라고 부른다. 사람이면 누구나 조躁와 울鬱, 즉 기분이 좋았다 가라앉았다 하기 마련인데 나는 언제나 조조조조, 기분이 업되어 보이기 때문이란다. 목소리 톤이 높고 빨라서일 거다. 전화로만 안부를 주고받는 사람들이 이런 소리를 더 자주 하는 걸 보면 말이다. 그런데 사실을 말해볼까? 난 진짜로 거의 언제나 기분이 좋다."[23]

한비야의 책들은 수많은 사람들에게 자유의 바람을 불어넣어주었다. 바람의 딸이라는 그의 별명은 많은 사람들에게 오래전에 죽은 걸로만 알았던 자신의 유목 본능을 일깨운다. 한비야 앞에선 웬만한 사람들은 다 '코쿤cocoon', 즉 세상과 무관하게 자기만의 공간에 갇혀서 사는 전자 시대의 개인주의자가 된다.

코쿤의 열정은 안을 향하지만, 한비야의 열정은 밖을 향한다. 그는 왜 힘든 긴급구호를 하느냐는 질문에 대해 "이 일이 내 가슴을 뛰게 하고, 내 피를 끓게 만들기 때문이죠"라고 답한다.[24] 가슴이 뛰고 피가 끓는 이유가 그렇게까지 다를 수 있다는 게 보통 사람에겐 신기하겠지만, 곧 자신의 내면에 잠들어 있던 건 유목 본능뿐만 아니라 이타적 사랑이라는 사실도 발견하게 될지 모른다. 그래서 『지도 밖으로 행군하라』가 독자들의 폭발적인 반응을 얻었던 걸까? 이는 출판계뿐만 아니라 한비야도 놀라게 만들었다.

"사실 이 책은 가난·내전·굶주림 등과 같은 구질구질한 이야기다. 많은 사람들이 피하고 싶어 하는 주제다. 그전에 썼던 여행이나 연수 체험기와는 질적으로 다른 책이다. 그런데 책 출간 이후 강연이나 이메일을 통해 독자들의 반응을 접하고서 나 자신이 여전히 오만했었구나 하는 생각을 하고 있다. 특히 중고등학생들의 열띤 반응이 놀랍다. '아, 우리 아이들이 사랑을 나눌 준비를 충분히 하고 있었는데 나만 몰랐구나'라고 반성하고 있다."[25]

한비야는 이제 자신은 '바람wind의 딸'이 아닌 '바람hope의 딸'이라고 말한다. 그는 나눔에 빠져 있다. "나누는 삶은 분명 버릇이자 습관입니다. 그 짜릿한 맛에 한번 길들면 벗어나기 어렵죠."[26] "사람 살리는 보람에 푹 빠져서 당분간 여행은 접었어요."[27]

한비야는 신자유주의 시대의 새로운 투사가 되기로 작정한 걸까? 그는 세상이 약육강식 무한 경쟁의 정글이라는 얘기는 "가진 자들이 기득권을 지키기 위해 꾸며낸 거짓"이라고 주장한다. 한비야는 이렇게 다짐한다. "달콤한 자연사보다는 맞서 싸우며 장렬히 전사하겠다."[28]

한비야의 자유는 변곡을 거듭하면서, 사람들에게 구조 타령에서 벗어나 사람이 희망이라는 걸 믿으라고 권하는 셈이다. 사람들의 버릇과 습관마저 불변의 구조로 간주하는 코쿤족들에게 일상을 낯설게 볼 걸 권유하는 메시지다.

한비야의 자유엔 치러야 할 희생도 있다. 그는 사랑도 있었지만 떠나보내야만 했다. "저는 유목 생활을 좋아하는데 상대방은 정착 생활을 원하죠. 그러면 별수 없죠. 결별해야지."[29] 사랑은 굴레라더니, 한비야는 그 어떤 굴레도 용인할 수 없었던 걸까? 아니, 왜 한비야를 닮은 남자는 없는 걸까? 그러나 안타깝게 생각할 필요는 없을 것 같다. 자유의 탄압은 비교에서 시작된다. 비교가 자유를 죽인다. 한비야가 "나는 남과 비교하지 않고 묵묵히 나의 길을 갈 것이다"라고 했을 때,[30] 그는 이미 자유의 본질을 꿰뚫고 있었던 셈이다.

한비야는 자유다. 자유의 여신은 아닐망정 자유의 상징이요, 자유의 전사다. 한비야는 동시에 개척이다. 그에게 자유와 개척은 사실상 같은 말이다. 스스로 "정말 못 말리는 에너지덩어리"인 한비야는 미지의 세계를 향해 뚜벅뚜벅 나아가면서 인류애를 공유하고 실천하는 개척자로 활약하고 있다.

매우 신중한 청춘 멘토링

한비야의 자유와 개척을 연결해주는 코드는 호기심이다. 오지 여행가 시절 그는 나라 안에서나 밖에서나 "왜 오지로만 여행을 다니나요?"라는 질문을 수없이 받곤 했는데, 대답은 늘 간단했다. "미지에 대한 호기심 때문이다. 미지에 대한 호기심이 나로 하여금 배낭을 꾸리게 한다."[31]

개척은 청춘의 특권인가? 청춘을 지난 사람들이 개척을 두려워하거나 망설이는 가장 큰 이유는 나이다. 나이를 극복하는 일에서는 한비야의 인생 자체가 소중한 멘토링이 된다. 삶 자체가 생생한 증언이기 때문이다.

1958년생인 한비야는 중2 때 아버지가 돌아가셔서 살림이 어려워졌다. 이후 모든 걸 혼자 해결해야 했고, 그래서 남들에 비해 대학은 6년, 직장 생활은 10년 늦게 시작했다. 그렇지만 그는 늘 씩씩했다. 회사에 입사하자마자 사장님께 점심을 사달라고 할 정도로 당돌했다.[32]

씩씩함과 함께 뒤처진 걸 따라잡아야 한다는 강박관념이 그의 말과 몸놀림을 빠르게 만들었다. 아직까지도 그런 흔적이 좀 남아 있긴 하지만, 한비야는 여행을 통해 자신의 '빨리빨리'가 부질없는 것임을 깨닫게 되었다. "예전에 나는 대단히 성공 지향적이고 속전속결형이었다. 남들에 비해 항상 늦었다고 생각했기 때문이다. 대학교도 남들보다 6년 늦게 들어가고 한국으로 돌아와 첫 직장도 10년이 늦었고, 당장 결혼을 한다고 해도 보통의 인생 설계에서 보면 15년쯤 늦은 것이다. 그래서 나는 늦은 시간을 벌충하기 위해 어디로 가는 줄도 모르면서 그저 바삐 움직였다. 산으로 가든 바다로 가든 일단 움직여야 마음이 놓였다. 그러나 이제는 알 것 같다. 객관적인 시기가 중요한 만큼 주관적인 때도 그에 못지않게 중요하다는 것을." [33]

한비야는 "국토 종단 이후 내 인생의 키워드가 '빨리빨리'에서 '꾸준히'로 변했다는 믿지 못할 사실도 함께 고백한다"고 했다. [34] '꾸준히'는 나이를 초월하게 해주는 마력을 발휘할 수 있다. "나이를 극복한 자유는 정말 대단한 자유예요. 나의 인생에서 보면 오늘이 가장 젊은 날이잖아요. 나이 핑계 대는 것은 진정 할 맘이 없기 때문이에요. …… 나는 내 묘비에 이렇게 쓰고 싶어요. '남김없이 쓰고 가다'" [35]

사실 나이 먹은 독자들이 그의 책에서 가장 감동을 받는 건 나이 극복이다. 『한비야의 중국견문록』에서 많은 독자들이 위안을 받았다는 대목도 나이에 관한 이야기였다. "이렇게 따지고 보면 늦깎이라는 말은 없다. 아무도 국화를 보고 늦깎이 꽃이라고 부르지 않는 것처럼 사람도 마찬가지다. 우리가 다른 사람들에 비해 뒤졌다고 생각되는 것은 우리의 속도와 시간표가 다른 사람들과 다르기 때문이고, 내공의 결과가 나타나지 않는 것은 아직 우리 차례가 오지 않았기 때문이다. 제철에 피는 꽃을 보라! 개나리는 봄에 피고 국화는 가을에 피지 않는가."[36]

　나이를 극복하는 데 위험이 따를 건 별로 없지만, 청춘의 경우엔 꼭 그렇지 않다. 그런 이유 때문인지 그의 청춘 멘토링은 매우 신중하다. "하고 싶은 일을 어떻게 찾아야 하는지 내게 물었으니 말해보겠다. 그러나 내 말은 세상의 많은 의견 중 하나일 뿐 누구에게나 적용되는 정답은 아니다. 그러니 이걸 고스란히 따라 하거나 유일한 방법이라고는 생각하지 말았으면 한다. 여러분이 혼자 힘으로 치열하게 고민해 마침내 자신의 선택을 내릴 때 내 말이 도움이 되었으면 할 뿐이다."

　한비야는 어떤 식으로 자신의 길을 찾으라고 말하지 않는다. 다만 자기 길을 찾을 때 반드시 고려해야 할 점을 말해주는 식인데, 그건 바로 자기 자신을 먼저 알라는 것이다. "자신이 어떤 종류의 사람인가를 파악하는 일이다. 나는 사람마다 타고난 기질이 있다고 생각한다. 예컨대 낙타로 태어난 사람과 호랑이로 태어난 사람이 따로 있다는 거다. 자기가 낙타로 태어났으면 사막에, 호랑이로 태어났다면 숲 속에 있어야만 자기 능력의 최대치를 쓰면서 살 수 있다. 숲에 사는 낙타, 사막에 사는 호랑이. 생각만 해도 끔찍하지 않은가?"[37]

　하고 싶은 일을 하다 보면 돈은 자연히 따라온다고 말하는 멘토들이 의외로 많다. 그러나 한비야는 그렇지 않다고 말한다. "솔직히 말해볼까? 그건 뻥이다. 정확히 말하면 그럴 수도 있고 아닐 수도 있다."[38]

　한비야의 자유와 개척, 그것은 코쿤형 일상 중독자에겐 늘 경외감을 불러일으키는 이상향이다. 한비야의, 자유와 개척을 기반으로 한 나눔의 세계를 코쿤의 쾌적한 공간에서 책으로 음미하고 소비하는 불순 독자들은 그의 새로운 보고서를 기다린다. 한국의 국토를 넓힌 광개토여왕의 너그러운 이해와 사랑이 있기를 바랄 뿐이다.

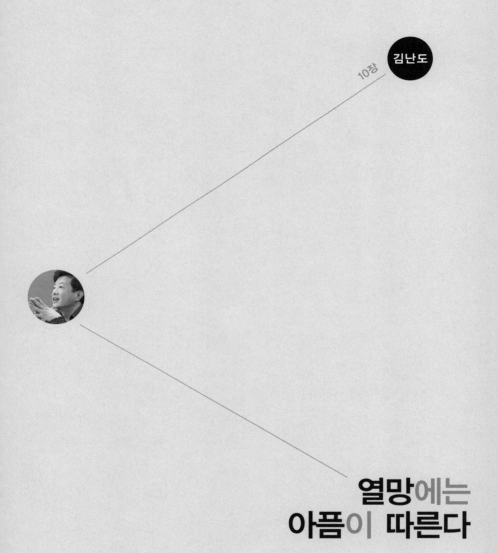

10장　김난도

열망에는
아픔이 **따른다**

안철수　박원순　김난도　문재인
1원숙　김제동　공지영　박경철
김어준　한비야김영희

진정으로 행복한 삶이 명품이다

　서울대 소비자학과 교수 김난도의 『아프니까 청춘이다: 인생 앞에 홀로 선 젊은 그대에게』는 2011년에 가장 많이 팔린 책이다. 내가 뒤늦게 산 책을 보니 2010년 12월 24일에 1쇄를 발행해 2012년 2월 23일에 632쇄를 발행한 것으로 돼 있다. 632쇄! 입이 딱 벌어지지 않을 수 없다. 이미 2011년 8월에 100만 부, 11월에 130만 부를 돌파했다는데, 그러면 대체 얼마가 나간 거야? 도대체 무슨 책이길래? 책의 앞뒤 표지에 박은 글들이 대표적 메시지일 게다.

　"흔들리니까 청춘이다 외로우니까 청춘이다 두근거리니까 청춘이다 함께하니까 청춘이다 눈부시니까 청춘이다 그러니까 청춘이다" "시작하는 모든 존재는 늘 아프고 불안하다. 하지만 기억하라, 그대는 눈부시게 아름답다!"

"서울대학교 학생들이 뽑은 최고의 강의, 최고의 멘토 김난도의 인생 강의실"
"젊은 지성들과 가장 많이 공감하고 아파하는 교수, 수많은 청춘의 마음을 울린 '란도샘'의 글들" "무작정 앞으로 달려나갈 수도, 가만히 앉아서 움츠러들수도 없는 불안. 그렇다. 20대는 인생에서 가장 고민이 많은, 가장 버거운 시기다." "아무리 독한 슬픔과 슬럼프 속에서라도, 여전히 너는 너야. 자학하지마, 그 어떤 경우에도, 절, 대, 로."

"나의 오랜 벗 '란도샘'은 자신의 실패와 방황을 솔직히 털어놓으며 젊은이에게 손을 내민다. 당장 대학생 내 딸에게 읽으라고 권하고 싶다"는 서울대교수 조국의 추천사를 비롯해 독자들의 한마디에도 눈길이 간다. "나는 이 글을 일주일 또는 한 달에 한 번씩 꼭 읽는다. 교수님 글을 읽다 보면 다시 뜨끔거리고, 시작하게 된다." "이런 이야기를 나눠줄 썩 괜찮은 선생님을 둔 서울대생들이 처음으로 부러웠다." "좋은 구절들을 일일이 메모하기도 벅찰 정도다. 위로받고 싶고, 치유받고 싶고, 누군가와 나의 현재 그리고 미래에 대해이야기 나누고 싶을 때마다 두고두고 읽을 책."

과연 그런가? 앞서 지적했듯이, 일부 지식인은 이 책을 폄하하거나 냉소적으로 보려는 경향이 있다. 그런데 과연 이 책을 읽어보긴 했을까? 나 역시 제목이 섹시한 것에 대한 '편견'을 갖고 비슷한 생각을 했기에 하는 말이다. 정호승 시인의 "외로우니까 사람이다"를 응용한, 감성적 위로일 것이라 지레 짐작했다. 그런데 막상 읽어보니 그게 아니었다. 내용이 재미있을뿐더러 알찼다. 늘 학생들의 말에 귀 기울여왔기에 실제로 도움이 될 멘토링을 많이 해준다는 판단이 서서 '경청·실무형 멘토'라는 이름을 붙여보았다.

사실 김난도가 『아프니까 청춘이다』를 쓴 건 필연이라는 생각이 든다. 그는 소비자학과 교수로서 "소비자의 비밀을 가장 많이 아는 남자"가 되는 것이 그의 꿈이기 때문이다. 트렌드를 추적해야 하는 직업의 특성상 이런 책을 쓸 적임자다. 어느 기자는 그를 가리켜 "소비자 권익 향상에 매진하는 '소비자학'의 '열혈 종교인'으로 보인다"라고 했다.[1] 그런 열정을 갖고 김난도는 2007년에 출간한 『사치의 나라 럭셔리 코리아』에서 이미 멘토 역할을 한 바 있다.

김난도는 그 책에서 "삶을 즐길 수 있는 방법이 다양할수록 행복한 사람"이라고 규정하면서 이런 멘토링을 남겼다. "물건을 사는買 열정을 삶을 사는生 열정으로 바꾸어야 합니다. 소비가 아니라 삶을 향해 뚜벅뚜벅 걸어가야 합니다. 진정으로 행복한 삶이 명품입니다."[2]

또 그는 '사치 욕망'에 도전하면서 쇼핑 외의 것으로 눈을 돌릴 수 있는 문화적 기반 시설을 조성하자는 대안을 제시했다. "월드컵이 열릴 때의 열광적인 붉은 악마 응원, 광화문을 순식간에 가득 메운 촛불집회 참가자들, 이런 쏠림 현상은 어딘가 '몰두'할 대상을 찾는다는 면에서는 앞뒤 가리지 않는 우리 소비문화의 단면과 일맥상통합니다. 사람들의 관심을 분산시키고, 적절한 여가 및 문화 활동을 즐길 수 있도록 해주는 사회적인 기반이 절실합니다."[3]

계획을 세우지 말라?

"어찌 보면 이 책의 내용들은 모두 '큰 지식을 얻고', '큰 책임을 느끼고', '큰 꿈을 꾸라'는 뻔한 이야기의 반복이다. 하지만 나는 뻔한 내용이더라도 책상머리에 앉아 손끝으로 쓰지 않으려 노력했다. 많은 청춘들을 직접 만났고, 미니홈피와 트위터, 블로그를 통해 소통했으며, 1,000명에 이르는 전국의 대학생을 대상으로 설문 조사를 하여 좀 더 객관적으로 그들의 문제를 보려 했다."[4]

김난도가 서문에서 밝힌 말이다. 저자 스스로 '뻔한 이야기의 반복'이라 곤 했지만, 겸양이다. 내가 신선하게 여긴 대목 중심으로 소개하면서 토를 좀 달아보고자 한다.

"열망을 뜻하는 영단어 'passion'은 아픔이라는 의미의 'passio'를 어원으로 한다고 한다. 그렇다. 열망에는 아픔이 따른다. 그 아픔이란 눈앞에 당장 보이는 달콤함을 미래의 꿈을 위해 포기해야 하는 데서 온다."[5]

아하, 그래서 passion은 열망, 열정이라는 뜻이지만, 대문자로 쓴 The Passion은 예수의 십자가 수난을 뜻하는 건가? 나도 하나 배웠다. 할리우드 스타 멜 깁슨이 『타임』(2002년 12월 11일자) 인터뷰에서 자신이 제작·감독 중이던 영화〈패션 오브 크라이스트The Passion of the Christ〉에 출연하지 않은 이유에 대해 한 말이 떠오른다. "시간이 지나면서 점점 더 영화 연기에 흥미를 잃게 되었지요. 취미 같아져버렸어요. 제가 전에 품고 있던 굶주림 같은 열망이 아닙니다."[6]

사실 말이야 바른 말이지만, 청춘의 고민 해결법은 간단하다. 열망만 버리면 된다. 굶어 죽지 않을 정도의 삶을 살아나갈 방도는 무궁무진하다. 그러나 이렇게 무식하게 이야기했다간 돌 맞기 십상이다. 김난도의 완곡하면서 우아한 표현을 대하면서 무언가를 느낀 청춘들이 많았을 게다.

"상황은 변한다. 그대가 고등학교 때 품었던 상상이 대학에 와서 크게 변한 것처럼, 그대의 지금 계획은 대학원이나 직장에서 경험하게 될 중요하고 소소한 여러 가지 정보와 사건을 만나 크게 바뀔 것이다. 그러므로 지금 계획이 과연 제대로 된 것인가 하는 조바심은 내려놓고 미래 설계의 문을 한 뼘쯤은 열어두어야 한다."[7]

어릴 때부터 목표가 확실한 게 좋을 수도 있지만, 그러다 성장하면서 수없이 만날 수 있는 가능성을 잃어버리지는 않을지 김난도는 이 점을 우려해서 한 말이다. 비유를 들어 다시 설명한 말이 더욱 가슴에 와 닿는다. "높은 계단을 오를 때는 저 끝이 아니라 '눈앞의 한 계단'에 초점을 맞추라는 것이다. 한 계단, 한 계단 오르듯 목표의 시점視點을 짧게 잡고 하나씩 실천해봤으면 좋겠다."[8]

2009년 미래학자 대니얼 핑크가 한국을 방문해서 "계획을 세우지 말라"고 도발적으로 말한 일을 소개한 것도 이 멘토링에 설득력을 더해준다. "스무 살에 이걸 하고 다음에는 저걸 하고, 하는 식의 계획은 내가 볼 때 난센스다. 완벽한 쓰레기다. 그대로 될 리가 없다. 세상은 복잡하고 너무 빨리 변해서 절대 예상대로 되지 않는다. 대신 뭔가 새로운 것을 배우고 뭔가 새로운 것을 시도해봐라. 그래서 멋진 실수를 해보라. 실수는 자산이다. 대신 어리석은 실수를 반복하지 말고, 멋진 실수를 통해 배워라."[9]

포기가 항상 비겁한 것은 아니다

데뷔하자마자 적금을 드는 개그맨이 왜 '뜨지' 못하는지 설명한 것도 흥미롭다. 미래에 대한 투자가 더 중요하다는 뜻으로 한 말이다. "적금을 부어본 사람들은 안다. 한 번이라도 납입을 거를 수밖에 없을 때의 안타까움을. 월 납입액을 만들지 못하는 달이 자꾸 많아지면, 그 신인 개그맨은 어떤 생각을 하게 될까? 일단 종잣돈을 마련할 때까지는 좀 더 안정적으로 고정소득을 마련할 수 있는 방법을 찾게 될 것이다. 예컨대 '행사'를 자주 뛴다든지, 부업에 관심을 가진다든지. …… 하지만 신인 개그맨 때는 종잣돈보다 연습과 아이디어가 더 중요하다. 그리고 아이디어를 짜고 연습을 하는 데에는 시간이 필요하다. 적금 부을 돈을 마련한다고 행사나 부업에 신경을 쏟는 신인 개그맨은 나중의 성공을 위한 자기 투자에 시간을 할애할 수 없게 된다."[10]

슬럼프라는 말을 버릇처럼 쓰는 사람들에게 슬럼프의 정체를 한번쯤 의심해보라고 권하는 것도 이채롭다. "나는 슬럼프란 말을 쓰지 않아. 대신 그냥 '게으름'이라고 하지. 슬럼프라고 하면 왠지 자신을 속이는 것 같아서." 슬럼프란 더 생산적인 내일을 위한 재충전의 기간, 그 이상도 그 이하도 아니어야 한다는 이야기다. "나태를 즐기지 마. 은근히 즐기고 있다면 대신 힘들다고 말하지 마. 몸을 움직여. 운동하고, 사람을 만나고, 할 일을 해. 술 먹지 말고, 일찍 자. 그것이 무엇이든 오늘 해. 지금 하지 않는다면, 그건 네가 아직도 나태를 즐기고 있다는 증거야. 그럴 거면 더 이상 칭얼대지 마. 아무리 독한 슬픔과 슬럼프 속에서라도, 여전히 너는 너야. 조금 구겨졌다고 만 원이 천 원 되겠어? 자학하지 마, 그 어떤 경우에도, 절, 대, 로."[11]

세 번 실패 후 고시를 포기한 김난도 자신의 경험을 소개하면서 그걸 멘토링의 소재로 삼은 것, 이게 『아프니까 청춘이다』의 백미가 아닐까 싶다. "나는 전형적인 '우뇌형 인간'이다. 꼼꼼한 암기가 필요한 고시에는 전혀 맞지 않은 사람이다. 노력이 부족한 게 아니었던 것이다. 그런데 그때는 그걸 잘 몰랐다. 교수가 되고 나서 다른 일들을 하면서야 비로소 내가 정말 고시 체질이 아니라는 것을 알게 됐다. 지금도 내 인생에서 가장 잘한 결정은 그때 고시라는 밧줄을 놓았던 것이라고 생각한다."

이어지는 멘토링. "포기가 항상 비겁한 것은 아니다. 실낱같이 부여잡은 목표가 너무 벅차거든, 자신 있게 줄을 놓아라. 대신 스스로에 대한 믿음의 날개를 펼쳐라."[12] 그래도 겁을 내는 청춘에게 던지는 추가 멘토링. "추락을 지나치게 두려워하지 마라. 바닥은 생각보다 깊지 않다. 더구나 그대는 젊지 않은가? 어떤 추락의 상처도 추스르고 다시 일어날 수 있다. 너무 무서워하지 마라. 추락하는 것에는 날개가 있다고 했다. 자신 있게 줄을 놓아라. 스스로에 대한 믿음의 날개를 펼치고."[13]

카르페 디엠 사용법

스펙 쌓기에 올인할 수밖에 없는 청춘에게 그 정체를 정확히 규명해준 것도 좋다. "청춘이 정녕 힘든 이유는 부단히 쌓아야 하는 스펙 때문이 아니라, 한 치 앞을 내다볼 수 없는 미래에 대한 불안 때문이다. 보이지 않는 것은 모두 무섭기 마련이니까."[14]

'죽도록 힘든 네 오늘도, 누군가에게는 염원이다'라고 제목을 단 글도 바로 눈앞의 것에만 집중하면서 고민하거나 좌절하는 청춘에게 적잖은 위로가 되었을 것 같다. "아직도 우리 사회에는 그대의 좌절조차 부러워하는 사람들이 많다. …… 일본의 대표적 경영자 마쓰시타 고노스케가 이렇게 말했다. '감옥과 수도원의 차이는 불평을 하느냐 감사를 하느냐에 달려 있다.' 그렇다. 감사에 행복의 길이 있다. 혹시라도 그대가 깊은 나락에서 좌절할 수밖에 없을 때가 오면, 이 한마디를 기억해줬으면 좋겠다. 죽고 싶도록 힘든 오늘의 그대 일상이, 그 어느 누군가에게는 간절히 염원한 하루라는 것을."[15]

자투리 시간 이용법도 꽤 쓸 만하다. 스마트폰이 그걸 허용하진 않겠지만

경청·실무형 멘토
김난도

말이다. "자투리 시간에 할 수 있는 가장 유용한 것 중 하나는 '자신을 만나는 것'이다. 자신과 대면하는 일은 자신의 역량을 어떤 방향으로 길러나가야 할지 결정을 내릴 수 있게 한다. 그래서 중요하다. 많은 청춘이 진정으로 원하는 것이 무엇인지 잘 모르겠다고 토로한다. 그러고는 다들 쇼핑하듯이 유행하는 스펙을 쌓느라 이리저리 몰려다니며 주워 담는다. 그래서 항상 바쁘게 열심히 생활하고, 스펙도 제법 쌓았다고 생각하지만, 경쟁자와 별로 차별화되지 못한다. 철저한 자기와의 대면이 없으면, 앞으로 어떤 사람이 될 것인가에 대한 목표 의식도, 지금 나는 어떻게 하고 있는가에 대한 현실 인식도 가능하지 않다. 그래서 하루에 단 10분만이라도 스스로를 돌아볼 수 있는 시간이 필요하다."[16]

「'카르페 디엠' 사용법」이란 글도 카르페 디엠의 오해와 그에 따른 오·남용을 주의하는 데에 도움이 된다. 카르페 디엠은 로마 시인 호라티우스가 『송가Odes』에서 처음 쓴 말이다. 영어로는 "Catch[Seize] the day!"란 의미고, 우리말로는 "지금, 여기의 순간을 소중히 하라"라는 뜻이다.[17]

그런데 카르페 디엠이 보통 "삶을 즐기라"라는 말로 번역돼 쓰이면서 그저 놀아젖히는 것에 대한 심리적 면죄부로 쓰이는 경우가 적지 않다. 김난도는 그게 아니라며 다음과 같이 타이른다.

"지나간 나날에 대한 후회로 현재를 채워서는 안 된다. 할 수 없는 일에 대한 필요 없는 의무감으로 현재가 비참해져서는 안 된다. 아직 오지도 않은 미래에 대한 불안으로 현재가 흔들거려서는 안 된다. 자신의 목표를 확고하게 하고, 그 목적지를 향해 순간순간의 발걸음을 뚜벅뚜벅 옮길 수 있을 때 현재를 즐길 수 있게 된다. 그러므로 진정 '카르페 디엠' 하려면 자신에 대한 믿음이 확고해야 한다. 비록 꿈의 내용이 구체적이지는 않더라도, 어떻게든 꿈을 이룰 수 있다는 자신감만큼은 구체적이어야 한다. 그때 비로소 현재를 즐길 수 있다."[18]

SKY 학생용 멘토링인가

김난도는 이 책을 쓰기 위해 많은 청춘들을 직접 만났을 뿐 아니라, 미니홈피와 트위터, 블로그를 이용해 소통했으며, 1,000명에 이르는 전국의 대학생을 대상으로 설문 조사를 했다고 했다. 그러나 그의 평소 멘토링은 늘 서울대 학생을 대상으로 한 것이다. 그 한계를 넘어서려고 애는 썼겠지만, 완전히 초월하기는 어려웠을 것이다. 그래서인지 일부 멘토링은 SKY 학생들에게만 해당되는 게 아닌가 하는 생각이 든다.

특히 소년등과少年登科에 관한 이야기가 그렇다. 소년등과는 어린 나이에 과거에 급제해 높은 자리에 오르는 것을 뜻하는데, 옛사람들은 인간의 세 가지 불행 중 첫째로 소년등과를 꼽았다고 한다. "왜 일찍 출세하면 불행해지는 걸까? 너무 일찍 출세하면 나태해지고 오만해지기 쉽다. 나태하므로 더 이상의 발전이 없고, 오만하므로 적이 많아진다. 그러니 더 이상 성공하기 어렵고, 종국에는 이른 출세가 불행의 근원이 되는 것이다. …… 그런데도 많은 청춘들이 소년등과를 부러워하고, 잠정적인 실패에 좌절하며, 잠깐의 뒤처짐에 열등감을 느낀다. 그러지 말라. 그대의 전성기는 아직 멀리 있다."[19]

이어 그는 "우리나라 영화제에는 있는데, 미국 아카데미 영화제에는 없는 수상 부문은?"이라는 퀴즈를 낸 뒤 '신인상'이라는 답을 내놓는다. 미국 영화계에는 신인이 드물기 때문에 그런 상이 있을 수 없다는 것이다. "신인상은 남보다 '빠른' 성취에 부여하는 상이다. …… 그런데 많은 청춘들이 인생의 '신인상'에만 연연한다. 친구들보다 '빨리' 좋은 회사에 취직하고, 친구들보다 '먼저' 전문직에 나가고, 친구들보다 '앞서' 부와 안정을 누리고 싶어 한다. 다들 신인상에만 안달 나 있을 뿐, 먼 훗날 주연상을 받을 수 있는 내공을 쌓아야겠다는 생각은 별로 하지 않는 것 같다. …… 기억하라. 그대가 노려야 할 것은 신인상이 아니라, 그대 삶의 주연상이다."[20]

김난도는 이 메시지를 다음과 같은 시어詩語로 반복해서 말한다. "인생에 관한 한, 우리는 지독한 근시다. 바로 코앞밖에 보지 못한다. 그래서 늦가을 고운 빛을 선사하는 국화는 되려 하지 않고, 다른 꽃들은 움도 틔우지 못한 초봄에 향기를 뿜어내는 매화가 되려고만 한다."[21]

김난도가 서울대학교 행정대학원에서 운영하는 국가정책 과정이라는 최고경영자 과정의 운영 조교를 하던 시절 이야기도 소년등과 이야기의 연장선상에 있다. 그가 직접 지원자 일람표를 만들면서 SKY 출신이 거의 없었다는 사실에 놀랐다는 이야기다. 그러면서 이런 멘토링을 해준다.

"사회와 조직을 끌고 가는 톱의 자리에는 비명문대, 심지어 대학을 졸업하지 않은 분들이 여전히 훨씬 많다." "우리나라 사람들이 인맥을 중요시하는 경향이 있어서 같은 학교 후배들을 끌어준다는 불평이 다소 들리지만, 요즘에는 좋은 회사일수록 인사에 그런 영향이 없도록 철저히 막고 있다." "결론적으로 학벌은 입사할 때는 중요할지 몰라도, 그 이후에 미치는 영향은 시간이 갈수록 줄어든다. 더구나 요즘에는 회사마다 심층 면접 등 다양한 전형 방법을 개발하고 있어 학벌이 입사하는 데 미치는 영향력이 줄어드는 경향을 보인다."[22]

물론 이 멘토링의 선의는 충분히 이해할 수 있다. SKY 이외 출신들에게는 희망과 용기를 줄 수도 있겠다. 그렇지만 아무리 뜻이 좋아도 사실은 사실대로, 진실은 진실대로 밝히는 게 옳다고 본다. 앞서 지적했듯이, 한국은 패자부활전이 없는 나라다. 그래서 한 번 실패는 치명적이다. 물론 예외는 있다. 지금 나는 전반적인 상황을 말하는 것이다.

좀 점잖게 말하자면, 한국은 경로의존經路依存: path dependency 효과가 매우 큰 나라다. 미국 컬럼비아대 역사사회학자 찰스 틸리는 어떤 시점에서의 결과가 나중 시점에서의 가능한 결과들을 제약한다는 의미로 '경로의존' 개념을 사용했다. 언제 어디에서 사건이 일어나는가 하는 것이 어떻게 그것이 발생하는가에 영향을 미친다는 점에서 기본적으로 모든 사회적 과정에서 시간과 공간이 중요하며, 이것이 바로 경로의존성의 의미라는 것이다.

쉽게 말하자면, 경로의존은 한번 경로가 결정되면 그 관성과 경로의 기득권 파워 때문에 경로를 바꾸기 어렵거나 불가능해지는 현상을 말한다. 부유한 사람은 더욱 부유해지기 쉽고, 가난한 사람은 더욱 가난해지기 쉽다는 것도 바로 경로의존 현상을 방증한다. 왜 그럴까? 한번 길이 나기 시작하면 사람들은 그 길로만 다닌다. 그 길을 따라 수많은 건물이 선다. 그 후에 아무리 더 빠르고 좋은 길을 찾아낸다 해도 이미 엄청난 '기득권'을 생산한 길을 포기하는 건 불가능하다. 이미 난 길로 사람들이 몰리는 건 자연스럽고 합리적인 현상이다. 그걸 도덕적으로 판단하는 건 어리석다. 서울과 지방의 격차, 학벌주의와 대학 입시 전쟁, 부동산 투기 등 한국 사회를 끊임없이 괴롭히는 문제는 모두 경로의존 현상과 관련된 것이다.[23]

서울대 국가정책 과정에 SKY 출신이 없는 이유

김난도는 서울대학교 행정대학원에서 운영하는 국가정책 과정 지원자 중에 SKY 출신이 거의 없었다는 것에 놀랐다고 했지만, 전혀 놀랄 일이 아니다. SKY 출신은 그런 과정을 아예 다니지 않는다. 굳이 그런 과정을 다니지 않더라도 대학 4년간을 통해 이미 탄탄한 인맥을 구축했고, 이후에도 다른 기회들이 많이 있기 때문이다.

내가 『서울대의 나라』에서 지적한 이야기를 다시 해야 할 것 같다. 제15대 국회의원 총 의석수는 299석이었지만, SKY 출신은 서울대 165명, 고려대 76명, 연세대 53명 등으로 모두 294명이었다. 재밌는 건 중앙대 20명, 한양대 19명, 동국대 15명, 성균관대 13명, 경희대 12명을 비롯해 서강대, 부산대, 경북대, 전남대, 충북대 등 소수 당선자를 낸 전국 대학의 발표를 모두 합하면 400석에 육박했다는 것이다.

왜 이런 일이 벌어졌을까? 서울대 총동창회가 '세 불리기'를 위해 최고경영자 과정, 국가정책 과정 등 비정규 과정 출신 당선자 37명을 준회원으로 영입하는 등 각 대학이 정규 학부 출신이 아닌 당선자를 경쟁적으로 동문 당선자 명단에 끼워 넣었기 때문이다. 서울대는 준회원 영입을 위해 동문회칙을 고치기까지 했다. 이런 '특전' 때문인지는 몰라도 비SKY 출신이 그런 과정의 단골 고객이다. 따라서 "사회와 조직을 끌고 가는 톱의 자리에는 비명문대, 심지어 대학을 졸업하지 않은 분들이 여전히 훨씬 많다"는 말씀도 사실과 거리가 멀다. 다음 통계를 보자.

1995년 외무부 외시 출신 외교직 730여 명 가운데 80퍼센트.[24]

1960년대 이후 1990년대까지 중앙지 편집국장 184명 중 77퍼센트.[25]

2001년 한 해 동안 일곱 개 중앙일간지에 칼럼을 실은 외부 기고자의 73퍼센트.[26]

김영삼 정부 각료의 68.1퍼센트.[27]

2004년 전국 고등법원 부장판사 이상 127명 가운데 87.4퍼센트.[28]

2005년 청와대 중앙 행정부처의 1급 이상 302명의 66.9퍼센트.[29]

2005년 전체 장차관급 공무원의 62.2퍼센트.[30]

2002년부터 2005년 사이에 입소한 사법연수원의 63.1퍼센트.[31]

2006년 국내 4대 그룹의 사장급 이상 주요 경영자의 65.8퍼센트.[32]

2007년 국내 100대 기업 최고경영자의 68.8퍼센트.[33]

무슨 통계인가? SKY 출신 비중이다(김영삼 정부 각료와 2004년 전국 고등법원 부장판사 비율은 서울대 출신만의 비율이다). 사회 전 분야에 걸쳐 SKY 출신은 상층부의 50~90퍼센트를 점하고 있다. 사정이 이와 같으니, 한국의 학부모가 목숨 걸다시피 하면서 자식을 SKY에 보내려고 하는 건 매우 합리적인 현상이다.

조직에서 위로 올라갈수록 SKY 편중은 더욱 심해진다. 2003년에서 2008년까지 6년간 차관급인 고등법원 부장판사로 승진한 판사 100명 가운데 서울대가 86명으로 압도적인 비율을 차지한 것이나, 같은 기간 역시 차관급인 검찰의 검사장 승진자(73명) 중 서울대 비율이 65.7퍼센트(48명)로 나타난 것도 바로 그런 이유 때문이다.[34] 서울대 출신 검사장 비율은 1994년 85퍼센트, 1995년 87.1퍼센트, 1996년 87.2퍼센트, 1997년 90퍼센트, 1998년 85.4퍼센트, 1999년 75퍼센트, 2000년 70퍼센트, 2001년 73.2퍼센트, 2002년 72.5퍼센트로 늘 70~90퍼센트를 차지했다.[35]

김난도의 글쓰기 공부법

물론 위와 같은 사실을 강조하는 건 문제 해결에 아무 도움이 안 될 뿐만 아니라 오히려 비SKY 학생들에게 더 큰 고민과 좌절을 안겨준다. 단기적으론 오히려 김난도의 멘토링이 훨씬 생산적인 것일 수 있다는 데 흔쾌히 동의한다. 그러나 이런 편중 구조를 제도적으로 바꿔야 한다고 주장하는 나로서는 그냥 침묵할 수만은 없다. 이게 본론은 아니기에 여기선 그냥 넘어가겠지만, 날이 갈수록 악화되는 학벌주의 문제에 대해 우리 모두 사실과 진실에 기반을 둔 대안을 모색하는 일에 동참하면 좋겠다는 말씀을 드리고 싶다.

어쩌면 김난도도 내가 지적한 문제를 모르지 않을 거라는 생각이 든다. 다음과 같은 대목 때문이다. "내용적으로 아쉬운 것은, 초고에는 사회구조적인 문제를 다룬 글이 서너 개쯤 있었어요. 그런데 편집을 하다가, '위로로 가자' 그래서 다 뺐습니다. 뺄 때는 되게 아쉬웠어요. 그런 비판받을 것 같은 생각이 나도 뻔히 들었죠. 그런데 출판사 생각이 맞았어요. (만약 구조적인 문제에 관한 글도 몇 편 실었다면) 아마 죽도 밥도 안 됐을 거예요."[36]

그래서 이 문제는 '옥에 티' 일 뿐 『아프니까 청춘이다』는 전반적으로 훌륭한 책이라는 게 내 생각이다. 김난도가 다른 글에서도 강조했지만, "대학에 와서도 버리지 못한 고3 마인드"를 지적한 것이나 "정말 필요한 것은 단점을 보완하는 것이 아니라 장점을 키우는 일"이라고 조언한 것은 탁견이 아닐 수 없다.[37]

『아프니까 청춘이다』는 내용과 더불어 글이 명문이란 것도 강점이다. 김난도가 평소에 글공부를 많이 한다고 밝힌 대목을 읽고서야 고개가 끄덕여졌다. 이게 글쓰기를 잘하고 싶어 하는 청춘에게 좋은 멘토링이 될 수 있겠다.

김난도는 "나는 또 유명한 작가의 글을 끊임없이 옮겨 적었다. 그때의 버릇이 남아 지금도 문체가 좋은 글을 보면 이면지에 그대로 옮겨 적어본다"며 다음과 같이 말한다.

"컴퓨터로 치면 안 된다. 문장의 호흡을 길게 외워서 종이에다 펜으로 꾹꾹 눌러서 베껴 적으면, 그 작가의 스타일이 내 가슴속에 그렇게 꾹꾹 흔적으로 남을 것만 같아서, 그렇게 한다. …… 요즘 가장 흉내 내고 싶은 작가는 김훈이다. 간결하면서도 명징하고 힘 있는 그의 문장을 닮고 싶다. 마음 같아서는 『칼의 노래』 같은 책을 통째로 다 옮겨 적어보고 싶은데, 시간이 없어서 그렇게 하지는 못해도 그의 문투를 흉내 내려는 시도는 자주 한다. 쉽지 않다. 내공이 보통이 아닌 작가라는 생각을 새삼 한다."[38]

김난도 또한 내공이 보통이 아닌 교수다. 한국의 청춘, 도대체 왜 이렇게 힘들까? 여러 이유가 있겠지만, 그의 다음과 같은 탁견에 주목해보는 것도 좋겠다. "과거, 현재, 미래의 문제가 한꺼번에 몰려 소용돌이치면서 터져 나오기 때문이다. 다른 나라 같았으면 10대 중반에 겪었어야 할 사춘기적 문제들이 우리나라에서는 '대입을 위한 무한 경쟁' 때문에 유예됐다가 성년이 되면서 폭발한다."[39]

변화 속도가 세계에서 가장 빠른 나라인 데다, 남이 하면 나도 따라서 한다는 이른바 '이웃 효과'가 세계에서 가장 큰 나라라는 점도 사태가 악화하는 데 일조한다. 오랜 세월 누적된 구조를 바꾸긴 쉽지 않다. 우선 당장 열망엔 아픔이 따른다는 말을 되새겨보는 것만으로도 위로가 되지 않을까?

11장

정치적 올바름을
위한 투쟁

안철수 박원순 김난도 문재인
유시민 김제동 공지영 박경철
김어준 한비야 김영희 문성근

열정형 멘토
공지영

공지영의 상처

소설가 공지영이 재테크·처세술을 다룬 책이 베스트셀러를 독식하다시피
하는 출판계에서 고군분투하며 한국 문학의 자존심을 세우고 있다. 상처가
오히려 약이 된 걸까? 공지영은 한동안 자신에게 쏟아진 '운동권 상품화'라
는 독한 비난에 충격을 받아 신경정신과까지 다녀야 했다고 털어놓았다.

그의 상처에 가슴 아파하면서 최근 한 언론학자가 출간한 책을 떠올렸다.
그 학자는 머리말에서 '좌파 10년, 우파10년'으로 보낸 자전적 이야기를 소개
했다. 과거 진보적 언론운동 단체에서 일했던 그는 자신이 변한 이유와 관련,
'사람이 살 만한 세상을 만들기 위해 개혁하자는 사람들 간의 갈등'에 환멸
을 느꼈다고 토로하면서 '사람을 소중히 여기지 않는 메마른 좌파의 문제'를

지적했다. 그는 같이 운동을 한 대학교수들의 처신은 어쩌면 개인적 '입신양
명'을 위한 것인지도 모르겠다는 생각을 하게 되었다고도 했다.

평소 어떤 분들에 대해 "개혁·진보를 열심히 외치지만 '인간이 없다'" 생
각해온 나는 그의 고백에 공감했다. '인간'이 없는 메마른 개혁·진보 담론
은 자신의 출세나 인정 욕구 충족을 위한 도구일지 모른다. 스티븐 룩스는
『마르크스주의와 도덕』에서 마르크스주의를 망친 건 도덕의 부재라는 걸 시
사했다. 마르크스주의든 개혁주의든 세상을 바꾸고 싶은 열망이 강하거나 그
런 열망으로 포장한 권력욕이 강한 사람일수록 '인간적 도덕'이 결핍되기 쉽
다. 나도 그런 혐의에서 자유로울 수 없는 사람이기에 자기비판을 하는 심정
으로 말씀드려보겠다.

인간적 도덕이라 함은 정실주의를 말하는 게 아니다. 최소한의 자기 성찰
이다. 역지사지 능력이라 해도 좋겠다. 물리적 폭력에 분노하는 사람들이 자
신의 언어폭력엔 믿기지 않을 정도로 둔감하기에 하는 말이다. 과거의 동지
를 비난하고 상처를 주더라도 지켜야 할 최소한의 원칙은 있는 법이다. 가학
의 쾌감을 느끼려는 게 아니라면, 무엇보다도 상대편의 말과 글을 악의적으
로 해석하고 왜곡까지 하는 것은 해선 안 될 일이다.

"자신 있는 자만 돌을 들어라"라는 말은 보수 이데올로기로 악용될 수도
있지만, 참뜻은 자신을 먼저 돌아보라는 뜻이다. 자신의 흠과 추태에 대해선
무한대로 관대할 뿐만 아니라 모두 좋은 뜻이었다고 미화하고, 자신의 마음
에 들지 않는 남의 행태에 대해선 성난 얼굴로 비난만 해서야 쓰겠는가? 남들
도 자신만큼 지능과 선의가 있을 수 있다는 점을 인정하는 자세가 아쉽다 하
겠다.

공지영의 상처 이야기를 하다가 멀리 나갔지만, 그에겐 장경동 목사의 말

씀을 들려주고 싶다. 매우 어려웠던 시절 아내가 이웃집에 김장을 도와주러
갔다고 한다. 아내는 김장을 할 수 있는 처지가 아니어서 일을 끝내고 내버려
질 푸성귀나 가져가려고 했더니, 주인장이 하는 말이 "돼지 갖다주려고 그래
요?"였다나. 아내는 이 사건을 먼 훗날에야 털어놓았다고 한다.

그는 세 가지 교훈을 말했다. 첫째, 말을 조심하자. 둘째, 별생각 없이 상투
적으로 한 남의 말에 상처받지 말자. 셋째, 말의 때를 알자. 공지영이 껴안을
교훈은 둘째 것이다. 남의 비판에 개의치 말고 무소의 뿔처럼 혼자서 담대하
게 자신의 길을 갈 일이다(그러나 권력자는 그러면 안 된다).

비판을 많이 하는 나 같은 사람들이 명심해야 할 건 첫째와 셋째 교훈일 게
다. 장 목사는 아내가 그 일을 즉시 말했더라면, 자신은 돈 버는 길로 나섰을
것이라고 말했다. 말의 때가 중요하다는 뜻이리라. 비판도 마찬가지다. 심사
숙고와 공부가 필요하다. 생각을 익힌 다음에 발설해야 한다. 나도 그간 개
혁·진보 담론을 이기적으로 사용해온 건 아닌지 새삼 두렵기도 하다.

'다름'을 포용하면 안 되나

윗글은 내가 2006년 11월 29일자 『한국일보』에 쓴 「공지영의 상처」라는
칼럼이다. 어느 신문에 실린 공지영 인터뷰 기사를 읽고 가슴이 아파서 쓴 글
이었다. 그의 발언을 소개하면 다음과 같다.

"우파들은 내가 좌파 성향인 거 같아 싫어하고, 좌파들은 나보고 운동 팔
아먹는다고 싫어했지요. 남자들하고 우파들, 이제는 권력을 얻은 좌파들 심
기를 모두 건드린 거지요. 그러고도 사랑받기를 바라면 너무한 거 아닌가?"

"아직도 못 잊어요. 한 평론가가 『고등어』를 두고 '운동을 핫도그처럼 팔아먹는다' 고 했지요. '햄버거' 라고만 했어도 그렇게 충격받지는 않았을 거예요."

"그 소설(『무소의 뿔처럼 혼자서 가라』)에 대한 어느 신인 여성 평론가의 글 제목이 '대중 추수주의의 파멸' 이었어요. 이런 종류의 충격을 겪으며 신경정신과까지 다녔어요. 너무 힘들었어요. 그때 내 나이 서른하나였는데……."

"난 길들여지고 싶지 않아요. 어느 날 어떤 자리에서 언제나 내게 호의적인 한 남성 평론가가 말하길 '공지영 씨는 너무 평가절하된 대표 작가' 라고 말하더군요. 내가 대답했어요. 나도 처음엔 몹시 서운했는데 앞으로도 당신들 평론가는 날 절대로 칭찬하고 부추기지 말아요. 난 마음이 약해서 당신들이 자꾸 잘해주면 하라는 대로 춤추니까. 당신들이 칭찬해주지 않아서 나는 대신 너무도 자유롭게 바다를 헤엄치고 다녔어요."[1]

문학평론가이자 인하대 교수인 김명인은 문단이 공지영을 평가절하한 이유 중 하나로 거론하는 "문학적 혹은 예술적 자의식의 부족이나 이른바 '문제성' 의 부족"에 대해 "다르게 생각하면 그것은 그가 문학을 하고자 삶을 들여다본 것이 아니라, 삶을 치열하게 살고자 문학을 수단으로 동원한 데서 오는 스타일의 차이라고 할 수 있다" 며 다음과 같이 말했다.

"공지영을 두고 문장이 거칠거나 예술적 자의식이 부족하다고 비판하는 것에는 어느 정도 수긍할 수 있지만 1980년대 변혁 운동이나 1990년대 페미니즘을 상품화했다는 비판에는 동의할 수 없다. 그는 변혁 운동이나 페미니즘을 팔아먹은 게 아니라 자신의 삶 앞에 문제로서 가로막혀 있는 변혁 운동에서 받은 상처라든가 가부장적 현실의 질곡을 자신의 방식으로 (물론 그 방식의 평면성은 문제 삼을 만하지만) 글을 써냄으로써 이겨나가려 했던 것이라고 보아야 한다. 굳이 그가 무엇인가를 팔았다면 그는 자신의 힘겨운 삶을 글로 가공하여 판 것이리라."[2]

　김명인의 평가가 중요한 건 그가 '다름의 가치'를 인정했기 때문이다. 즉, 공지영 소설을 달리 볼 수 있는 길이 있는데도 평론가들이 그걸 거부하고 자신의 길만을 평가의 잣대로 삼아 "나는 다르게 생각한다"가 아니라 "너는 틀렸다"는 식으로, 그것도 가능한 한 최대한 상처를 주는 언어로 비판을 가했던 것이다. 공지영이 '인간에 대한 예의'라는 말을 가장 좋아하게 된 것도[3] 그런 배경과 무관치 않을 것이다.

나를 키운 건 8할이 상처

　공지영이 "자신과 다른 사람을 포용할 줄 아는 사회가 절실할 때가 됐어요"라고 말하는 건 세 번 결혼하고 세 번 이혼해 성姓이 다른 세 아이를 키우는 자신의 처지에 근거해 국제결혼 가족의 자녀들에 대한 염려에서 비롯됐지만,[4] '다름'을 인정하지 않는 문단의 경직된 풍토에 맺힌 한을 토로한 것이기도 하리라.

　공지영의 주된 화두는 상처다. 냉정하게 보이는 겉모습과는 달리, "난 왜 이렇게 정이 많게 태어난 걸까? 하늘이 원망스럽다" 하는 편이 자신의 본모습이라고 하니,[5] 아무래도 정이 많은 탓인 것 같다. 여성학자 정희진의 말마따나, "사랑하는 것은 상처받기 쉬운 상태가 되는 것이다"라고 하니 말이다.[6]

　예쁜 얼굴로 운동권에 뛰어든 것도 그에겐 사회생활에서 겪은 상처의 출발이었다. 노동운동 조직에 들어가 6개월간 교육을 받은 후 선배들의 지시로 위장 취업을 위해 현장 분위기 파악에 나선다. 공지영은 여공들 머리가 다 빠글빠글하기에 여공답게 보이려고 파마를 하고 갔다가 당장 여자 선배에게 싸늘한 경고를 받았다나. "너, 외모에 신경 좀 그만 쓸래?"[7] 그것 참 죽을 맛이겠다. 이렇게 해도 예쁘고 저렇게 해도 예쁘니, 예쁜 걸 어쩌란 말인가?

소설가가 되고 나선 책만 팔리면 "미모 내세워 책 팔아먹는다"는 소리를 듣게 되었으니, 상처의 근원은 외모인지도 모르겠다. 그 수많은 문학상들도 일부러 그를 피해갔다. 1988년에 데뷔한 공지영은 2001년에서야 처음으로 21세기문학상 대상을 수상했다. 지금은 상에 대한 미련이나 욕심을 극복했다지만, 그는 한때 상에 포한抱恨이 졌다고 고백한 적도 있다.[8]

종합해보면, 공지영은 "얼굴로 책을 판다, 운동과 페미니즘을 팔아서 책을 판다, 대중에게 영합해서 책을 판다"는 비난을 받았는데,[9] 사실 뒤집어 생각하면 이건 공지영이 소통의 천재라는 찬사나 다름없다. 책이 많이 안 팔렸더라면 그런 말이 안 나왔을 게 아닌가? 아무나 마음만 먹는다고, 즉 그걸 이용해보겠다고 나선다고 해서 팔 수 있는가? 어림도 없는 이야기다. 공지영에 대한 비난이 타당하다면, 그가 왜 다음과 같이 불만을 토로했을까?

"옛날에 저는 제가 사모하는 작가에게 편지 쓸 꿈도 못 꾸었는데 요즘은 작가들을 '최진실'로 아는 것 같아요. 만나자, 못 만나겠다는 이유가 뭐냐, 우리 모임에 와서 얼굴 한번 보여달라는데 웬 건방이냐, 우리들이 공지영 씨 책을 얼마나 팔아줬는지 아느냐 모르느냐, 그 신문에는 인터뷰하면서 우리 잡지에는 왜 못 하느냐, 우리를 무시하는 거냐 하는 전화까지…… 그러나 그보다 더 고통스러운 것은 그것을 거절하는 일입니다. 이제 제가 예전에 꿈꾸었던 작가는 더 이상 존재하지 않습니다. 시쳇말로 '떴다' 하면 진을 빼기 전까지는 절대 놓아주지 않습니다. 그리고 나서 작가가 휘청거리면 '이제 맛이 갔다'라고 흉을 보겠지요. 그래서 이제 작가들에게는 자신을 지키는 싸움이 가장 절실해진 것 같습니다. 얼마 전에 만난 한 소설가 선배는 자신도 이런 상황에서 시달리고 있다고 하면서 차라리 매니저라도 있으면 좋겠다는 말을 하더군요."[10]

어디 그뿐인가. 공지영은 문인이 대부분 벌벌 떨거나 좋은 게 좋은 거라며 영합하는 유력 일간지 문학 담당 기자들 중 오만하고 무례한 자에 대해선 일전도 불사할 만큼 전투적이었다.

결혼과 이혼 또한 비난에 이용됐다. 이문열은 다음과 같은 독설을 퍼부었다. "진실로 걱정스러운 일은 요즘 들어 부쩍 높아진 목소리로 너희를 충동하고 유혹하는 수상스러운 외침들이다. 그들은 이혼의 경력을 무슨 훈장처럼 가슴에 걸고 남성들의 위선과 이기와 폭력성과 권위주의를 폭로하고 그들과 싸운 자신의 무용담을 늘어놓는다. 이혼은 '절반의 성공' 쯤으로 정의되고 간음은 '황홀한 반란'으로 미화된다. 그리고 자못 비장하게 '무소의 뿔처럼 혼자서 가라'고 외친다."[11]

이문열, 정말이지 해도 너무했다. 공지영은 언젠가 "성性이 다른 내 두 아이 상처 감싸준다면 감옥에라도 가겠다"고 했다.[12] 그러나 그 상처를 치유할 겨를도 없이 성이 다른 아이는 셋이 되었다. 그래서인지 그의 인터뷰 기사에선 좀처럼 '상처'라는 말이 빠지지 않는다. "상처받은 삶, 삶의 상처들을 서로 보듬어 안을 수 있는 여유와 온기를 나누고 싶었어요."[13]

문학이 상처를 치유했다. 그는 "나를 키운 건 8할이 '상처'라고 생각하는데, 글을 쓰면서 상처가 치유되는 걸 느꼈다"라고 했다.[14] 그의 책들이 모두 베스트셀러가 되는 건 그만큼 상처받은 사람이 많다는 걸 의미하는 건 아닐까? 글을 쓰면서 상처가 치유될 수 있다면, 그런 글을 읽는 것도 그런 효과를 낼 수 있으리라.

사실 공지영이 세 번 결혼하고 이혼한 것은 그가 갖고 있는 '무소의 뿔' 역량을 말해주는 것인 동시에 공지영이 평단의 낡은 틀과 법칙을 깰 수 있었던 이유이기도 했다. 공지영은 다름을 포용하고 실천했기에 수난을 겪은 셈이다. 이제 상처마저 껴안는 새로운 포용을 실천할 일이 그를 기다리고 있는 셈인데, 그는 그 일을 너무도 훌륭하게 해냈다. "세상에서 가장 어려운 일이 뭔 줄 아니? 자기 자신을 용서하는 거야." 공지영은 자기 자신을 용서했을 뿐만 아니라 사랑하게 된 것 같다.[15]

열정형 멘토로 거듭난 공지영

공지영은 2010년에 출간한 『공지영의 지리산 행복학교』에서 이렇게 담담하게 과거를 회고한다. "한 2년 정신분석을 받은 일이 있었다. 내가 사람으로 인해 병들고 상처 입었다고 생각해서 시작한 일이었다. 그때 나는 배웠다. 사람에게 입은 상처는 그 사람에게 다시 상처를 되돌려줌으로써가 아니라, 다른 사람을 사랑하는 일로만 치유된다는 것을 말이다. 아니, 꼭 사람이 아니라 해도 생명을 기르고 사랑하는 일이 치유의 길이라는 것을 말이다. 바둑에 골몰하거나 개를 기르거나 축구 혹은 나무 키우기에 미쳐버린 사람에게 중독이라는 말을 쓰지 않는 이유도 같을 것이다."[16]

어디 그뿐인가? 공지영은 멘토, 그것도 열정형 멘토로 거듭났다. 물론 멘토라는 말은 최근 들어 유행한 것일 뿐, 그는 사실상 오래전부터 멘토였다. 그것도 혁명적 멘토였다. 공지영이 멘티에게 가장 많이 듣는 말이 "선생님 때문에 내 인생이 변했어요"다. 한 여성 판사는 "저, 대학교 졸업한 무렵에 선생님 글 읽고 고시 2년이나 늦게 보고 방황했어요"라고 말했다. 강연회에서 많은 학생들이 "저, 선생님 때문에 용기를 얻어서 새로운 도전을 하기로 했어요"라고 말하고, 기성세대도 "공지영 작가 때문에 새 인생을 살 용기를 얻었어요"라고 말한다.[17]

이게 개인 차원에선 혁명이 아니면 무엇이랴. 특히 『무소의 뿔처럼 혼자서 가라』는 혁명 교본으로 쓰인 무서운 책이었다. "기자들 책상에 가장 많이 꽂혀 있던 책이 『무소의 뿔처럼 혼자서 가라』래요. 신문사 문화부 서가에 가면 『무소의 뿔처럼 혼자서 가라』가 쫙 꽂혀 있었다고 하더라고요. 왜냐하면 한 사람에 한 권씩 책을 돌렸는데, '절대 집으로 가져가지 말아야 할 책'이라고 해서 안 가져갔다는 거예요. 그중 어떤 선배 하나도 '이것은 절대 우리 마누라에게 보여주면 안 될 책'이라고 생각했대요. 그런데 어느 날 부인이 부들부들 떠는 눈빛으로 쳐다보더래요. 그래서 선배가 '당신, 공지영 책 읽었지?' 그랬다고 하더라고요. (웃음) 그 당시에 그런 에피소드가 많았어요."[18]

공지영이 늘 혁명만 하는 건 아니고 혁명의 동력은 열정이니, 그를 무난하게 '열정형 멘토'로 부르기로 하자. 그에게 멘토링이 따로 존재하는 건 아니다. 삶 자체가 멘토링이다. 아버지가 각기 다른 세 아이에 관한 이야기도 훌륭한 멘토링이 된다. 2008년에 출간된 『네가 어떤 삶을 살든 나는 너를 응원할 것이다』도 폭발적 반응을 얻었다. "제목만 보고도 눈물이 핑 돌았다"는 반응이 많았다. 이에 대해 공지영은 이렇게 말한다. "젊은 사람들은 물론이고 한국 사회에서 살아가는 사람들이 얼마나 경쟁에 내몰렸으면, 박수 소리 하나 들리지 않을 정도로 외롭다고 느꼈으면 제목만 듣고도 눈물이 핑 돌까, 그런 생각이 들었어요. 그것도 내 딸한테 주는 글인데 말이에요. (웃음)"[19]

제목만 듣고도 눈물이 핑 돈 사람은 공지영과 딸 위녕의 다음과 같은 말엔 펑펑 울었을지도 모르겠다.

공지영 위녕, 너는 아직 젊고 많은 날들이 남아 있단다. 그것을 믿어라. 거기에 스며 있는 천사들의 속삭임과 세상 모든 엄마 아빠의 응원 소리와 절대자의 따뜻한 시선을 잊지 말아라. 네가 달리고 있을 때에도, 설사 네가 멈추어 울고 서 있을 때에도 나는 너를 응원할 거야.[20]

위녕 수없이 상처 입고 방황하고 실패한 저를 당신이 언제나 응원할 것을 알고 있어서 저는 별로 두렵지 않습니다.[21]

공지영 열정의 본질은 '정치적 올바름'

공지영이 온몸으로 체현하는 열정의 본질은 '정치적 올바름political correctness'이다. 미국에서 유행한 개념이지만, 미국과는 별도로 한국에서 독보적으로 실천하는 사람이 바로 공지영이다. 『88만원세대』의 저자 우석훈은 자신의 블로그에 이런 말을 남겼다. "그녀는 마초 세계에서 꿋꿋하게 피어 있는 들꽃 같은 존재다. 그리고 그녀가 제시했던 'politically correct(정치적으로 올바른)'에서, '유연성'이란 개념을 내가 배운 것도 사실이다. 그러니까 한마디로 말하면, 나는 공지영을 좋아하고 존경한다. 그 뚝심을 좋아하고, 그 강직함을 존경하고, 그 솔직함을 사랑한다."[22]

정치적 올바름은 미국에서 차별이나 편견에 바탕을 둔 언어적 표현이나 '마이너리티'에게 불쾌감을 주는 표현을 시정케 하는 운동으로, 1980년대에 미국 각지의 대학을 중심으로 전개됨으로써 성차별적, 인종차별적 표현을 시정하는 데 큰 성과를 거두었다. 또한 이 운동은 나이에 대한 차별ageism, 동성애자에 대한 차별heterosexism, 외모에 대한 차별lookism, 신체 능력에 대한 차별ableism 등 모든 종류의 차별에 반대했다.

'정치적'이라는 말에 오해가 있을 수 있겠다. 서울대 교수 김성곤은 Political Correctness에서 political은 '정치적'이라는 뜻이 아니고, '법률적으로는 문제가 되지 않지만, 도의적으로는 문제가 된다'라는 의미에 가깝다며, '도의적 공정성'이라는 번역어를 택했다. 그러나 '인간은 정치적 동물'이라는 식으로 정치적의 의미를 넓게 보면 '정치적 공정성'이라는 번역어를 써도 무방할 것 같다. 바로잡는다는 의미를 부각시키려면, '정치적 광정匡正'도 좋을 것 같다.[23]

지승호가 『괜찮다, 다 괜찮다: 공지영이 당신께 보내는 위로와 응원』이라는 인터뷰집에서 "정치적으로 올바르다는 게 너무 힘든 것 같아요. 무심코 한 표현이 어떤 사람들한테는 상처를 줄 수 있으니까요"라고 묻자 공지영은 이렇게 답한다. "그러니까 항상 배려하고, 힘이 센 사람들이 많이 조심해야 돼요. 저도 모르게, 저도 말하자면 글 쓰는 권력, 전파되는 권력을 가지고 있는데, 그걸 자꾸 잊어버리거든요. 친한 줄 알고 막 얘기하다가 나중에 보면 엄청나게 상처 줬다는 걸 알게 되는 경우도 있어요."[24]

그렇다. 정치적으로 올바르긴 정말 쉽지 않은 일이다. 또한 정치적 올바름은 좌우左右라는 기존의 이념 이분법으로 설명하기도 어렵다. 물론 미국에선 우파가 정치적 올바름을 맹비난하기 때문에 자연스럽게 좌파로 분류되는 경향이 있지만, 정치적 올바름을 비판하는 좌파도 있는 만큼 그렇게 이분법으로 볼 일은 아니다. 정치적 올바름을 이론으로 받아들여 실천하려고 애쓰는 사람들도 있지만, 아예 그 기질을 타고나는 사람들도 있다. 공지영은 후자에 속한다. 이는 공지영이 이론으로 좌파가 된 사람들과 갈등을 빚었던 이유이기도 하다.

"아주 어릴 때부터 그랬던 것 같아요. 초등학교 다닐 때 수재 나면 동네 문다 두들겨서 옷이랑 성금 거둬서 신문사 갖다주고 그랬어요. 참 나, 왜 그랬는지 몰라.(웃음) 그것도 일종의 타고난 것이 아닌가 싶어요. 가엾은 사람들 보면 못 지나치고. 어떻게든 뭐라도 주고 가야 되고, 이런 것이 내가 피눈물 나게 노력해서 그런 것이 아니라 그냥 어린 시절 성격이 그렇게 형성된 것 같아요. 대학 와서는 그것의 구조적 모순을 알게 되니까, 우리 아버지는 빼앗는 위치에 있는 사람은 아니었지만 내가 거저 너무 많은 것을 받았다는 미안함 같은 것이 있었어요. 고아원에서 혼자만 뽑혀 나가 진수성찬 먹고 들어온 것 같은 기분 있잖아요."[25]

공지영이 '인간에 대한 예의' 라는 말을 좋아하는 것도 바로 그런 이유 때문이다. 지승호는 "인터뷰와 몇 번의 술자리를 가지면서 그녀의 목소리가 높아지는 경우는 딱 그때였다"며 이렇게 말한다.

"누군가 강한 사람이 약한 사람의 입장을 배려하지 않았거나 강자와 약자에 대한 태도가 판이하게 다르다는 얘기를 듣는 경우였다. 그걸 딱히 정의감이라고 표현하기도 어려운데, 동병상련이거나 약자에게 정서적 이입이 더 잘되는 경우라고 봐야 할 것 같기도 하다. 그녀는 강하면서 약한 존재다. 사람들은 가끔 '공지영은 아픔을 과장한다'고 말한다. 하지만 사소한 것에서도 예민한 부분을 받아들여야 작가인 것이지, 남들 다 느끼는 고통에 대해서 그제야 얘기하는 것이 작가란 말인가?"[26]

타고난 '정치적 올바름' 기질

공지영에겐 페미니즘 교육도 필요 없었다. 이미 초등학교 4학년 때부터 남녀 차별을 문제 삼는 자의식 페미니즘이 강했기 때문이다. 이는 공지영이 결혼과 이혼을 세 번 할 수 있었던 이유이기도 하다. 이론으로만 중무장한 페미니스트들은 그렇게 못한다. 이들은 이론으로만 과격할 뿐 실제 삶에선 보통 여자와 다르지 않기 때문이다.

철없는 사람들은 공지영에게 "나도 당신만큼 능력이 있으면 당장 이혼했어"라고 말하기도 한다. 뭘 알고선 그런 말을 하는 걸까? "솔직히 그때 화가 많이 나서 조금만 어렸으면, '저, 있잖아요. 제가 이혼했을 때 1000만 원에 10만 원 하는 지하 방에 살았거든요. 난 그때 소설 수입도 하나도 없었거든요' 그랬을 텐데 지금은 죽음의 시간 같은 것들을 넘어왔기 때문에 이제는 생각해요. 각자의 길이 있고 자기 몫의 짐을 지고 걸어가는데, 어떤 사람에게는 다른 사람의 짐이 가벼워 보이는 것이고. 내가 보기에는 그 여자들 팔자가 더 좋아 보이기도 하고, 가끔 나도 그 사람들이 부럽기도 하고. 그럼에도 불구하고 이게 내 길이니까, 내 운명이고 내 짐이니까 걸어간다 생각하면 너무 평안하고 감사해요."[27]

공지영은 타고난 정치적 올바름 기질로 페미니스트가 된 인물이기에 이론 중심 페미니스트의 도식을 따르지 않는다. 그가 낙태에 반대하는 이유도 그 때문이다. "전 제가 좌파라고 생각하며 살아왔는데, 어느 날 토론에 나갔다가 충격을 받았어요. 저는 낙태에 관해 기본적으로 반대 입장 취하거든요. 그런데 '넌 좌파가 어떻게 낙태를 반대하느냐, 더군다나 페미니스트인데' 하면서 굉장히 공격을 받았어요. 나중에 생각해보니 내가 정치적인 면에서만 좌파고 나머진 굉장히 보수적이더라구요."[28]

게다가 그에겐 특유한 열정이 있다. 열정 있는 사람이야 많지 않냐고 할지도 모르겠지만, 여기서 말하는 열정은 보통 열정이 아니다. 그는 눈물이 많다. 그것도 까닭 없는 눈물이 많다. 이외수와의 첫 대면에 아무 까닭 없이 그냥 펑펑 울고, 봉은사에 가서 추사의 마지막 글씨를 보고 펑펑 울고, 『무소의 뿔처럼 혼자서 가라』 원고를 정리하다가 펑펑 울고, 고흐 화집을 보다가 펑펑 울고, 오슬로 뭉크 미술관에 가선 우는 걸로도 모자라 토하기까지 했다.[29] 한마디로 못 말린다. 텔레비전 드라마를 보다가도 우는 나로선 울음에 대해 매우 호의적이지만, 공지영에 대해선 두 손 들었다. 예술적 감수성의 폭발로 인한 눈물이 열정의 샘일 것이라는 생각만 할 뿐이다.

영화로도 만들어져 엄청난 반향을 불러일으킨 『도가니』도 그의 정치적 올바름 의식이 발동해 쓰인 것이다. "이 소설을 처음 구상하게 된 것은 어떤 신문 기사 한 줄 때문이었다. 그것은 마지막 선고 공판이 있던 날의 법정 풍경을 그린 젊은 인턴 기자의 스케치 기사였다. 그 마지막 구절은 아마도 '집행유예로 석방되는 그들의 가벼운 형량이 수화로 통역되는 순간 법정은 청각장애인들이 내는 알 수 없는 울부짖음으로 가득 찼다'였던 것 같다. 그 순간 나는 한 번도 경험해보지 못한 그들의 비명 소리를 들은 듯했고 가시에 찔린 듯 아파오기 시작했다. 나는 그동안 준비해오던 다른 소설을 더 써나갈 수가 없었다. 그 한 줄의 글이 내 생의 1년 혹은 그 이상을 그때 이미 점령했던 것이다."[30]

공지영은 소설을 쓰기 위한 취재 과정에서 겪은 일에 대해 이렇게 말했다. "이 세상에 그렇게 천사들이 많은지 모르고 지낼 뻔했다는 걸 생각하면 아직도 아찔하다. 이 글을 쓰는 동안 나답지 않게 자주 아팠고, 초교, 재교를 보고 나서 한 번씩 그리고 이 글을 쓰는 마지막 순간까지도 신열에 들떠 며칠씩 누워 있어야 했지만, 그런 의미에서 나는 이 글을 쓰며 행복했다."[31]

공지영의 트위터 활동

공지영이 파워 트위터리안으로 정치적 발언을 맹렬하게 하는 것도 그의 정치적 올바름 의식에서 비롯된 것임은 두말할 나위가 없다. 그러나 정치는 열정을 통제하기가 가장 어려운 분야다. 구체적이고 생생한 적이 바로 눈앞에 존재하기 때문이다. 진부하지만, 과유불급이 꼭 필요한 분야가 정치다. 그는 19대 총선에서도 맹활약을 했는데, 나는 그의 발언이 매번 불편했다. 매사에 꼭 그렇게까지 공격적으로 나서야만 하는가 하는 생각 때문이었다.

우석훈은 공지영의 솔직함을 사랑한다고 했지만, 그의 솔직함은 때로 위악僞惡에 가깝다. 그는 "왜 소설을 써요?"라는 질문에 이렇게 답한다. "얼마 전에 문학 캠프를 갔는데, 김훈 선생님과 함께 독자와의 대화를 했어요. 왜 소설을 쓰느냐는 질문이 있었어요. 선배가 '난 밥을 벌기 위해 쓴다. 이게 밥이 안 되는 순간 미련 없이 떠날 거다' 그러더라고요. 깜짝 놀란 게 문단에 나와서 밥 때문에 소설을 쓴다고 했던 게 저였는데 김훈 선생님도 그렇더라고요. '저도 그렇다. 난 가장이기 때문에 노동의 대가가 충분치 않을 경우 국수집이라도 할 태도가 돼 있다' 그랬죠. 근데 문단에서 우리 둘만 그런 것 같아."[32]

맞다. 내가 봐도 김훈과 공지영 둘만 그런 것 같다. 위악은 투철한 자기 성찰 능력과 더불어 과도한 자기 확신에서 비롯된다. 공지영의 경우엔 후자가 전자보다 더 강한 건 아닐까? 물론 자기 확신이 없었더라면 그가 여태까지 세워온 공지영 문학이란 금자탑도 없었을 것이기에, 그의 문학을 위해선 자기 확신은 다다익선이라고 말할 수 있다. 다만 내가 말하고자 하는 건 문학의 문법과 정치의 문법이 좀 다르다는 것이다. 또한 문학은 퇴고가 가능하지만, 정치적 발언엔 그게 없다. 특히 트위터의 경우엔 더 말해 무엇하랴.

2011년 11월 23일 공지영은 "손학규 민주당 대표와 김진표 민주당 원내대표가 FTA 비준안 날치기 계획을 미리 알고 있었다", "대한민국 건국 이래 가장 무능하고 썩어빠진 제1 야당, 손학규 민주당"이라는 말을 자신의 트위터에 인용하고, "저도 전두환 전 대통령 때 고 유치송 민주한국당 전 의원 이후 손학규 대표 같은 야당 처음 본다"며 "잘 몰라서 묻는 건데 한나라당서 파견되신 분, 맞죠?"라고 썼다.[33]

2011년 12월 1일에는 그의 트위터에 한 트위터리안이 "텔레비전 채널 돌리다 보니 종편 개국 축하 쇼에 인순이가 나와 노래를 부른다"라고 올린 글에 대해 "인순이 님 그냥 개념 없는 거죠, 뭐"라는 발언을 남겼다. 이어 또 다른 트위터리안이 "뭐지. 김연아 씨, 인터뷰가 아니라 TV조선 프로그램 하나 소개하는데요"라는 글에는 "(김)연아. 아줌마가 너 참 예뻐했는데 네가 성년이니 네 의견을 표현하는 게 맞다. 연아 근데 안녕!"이라고 했다. 이에 또 다른 트위터리안이 "연아 선수 한 번만 이해해주세요. 나가기 싫은 대회도 나가야할 만큼 어린 선수 어깨에 짊어진 부담이 너무 많아요"라고 두둔하는 글을 올리자, 공지영은 "왜? 그럼 배고프고 어머니 아프고 아버지 입원한 선수는?"이라며 반박했다. 이 같은 글에 한 트위터리안이 "『중앙일보』에 소설 '즐거운 나의 집'을 연재하지 않으셨나요? TV조선이나 JTBC에 출연한다고 비난하실 입장은 아닌 거 같네요"라고 지적했고, 그는 이 글에 "2006년은 지금과 아주 달랐다"고 항변하며, "나 욕 참고 말할게. 비슷 알바 다 꺼져라 응? 노무현 때였다"고 반박했다.[34]

2011년 12월 2일 밤 공지영은 일부 트위터리안이 공지영도 종편 언론과 인터뷰한 사실 등을 들어 공격을 계속하자, "마지막으로 상황 설명합니다"라며 길게 글을 게재했다. 공지영은 이 글에서 "내가 내 사설 의견 공간인 SNS에 내 후배와 인순이를 이야기하면서 '그녀가 그렇게 노래하는 건 개념 없는 거니 너무 슬퍼 마' 한 취지였고, '연아는 아줌마와 의견이 다르니 내가 슬프다' 하는 거였다. 나는 오늘 반성을 깊이 했다. 내가 당신들의 공격성을 이토록 이끌어낸 것을. 그리고 하루 종일 힘들었다. 두려워서는 아니다. 슬퍼서였다. 내가 사랑한 연아와 인순 그리고 나"라고 썼다.[35]

공지영은 2011년 12월 29일자 『한국일보』 인터뷰에서 이 논란에 대해 이렇게 말했다.

"그게 작정하고 쓴 게 아니라 대화하면서 나온 말이거든요. 한 후배가 '누나, 인순이가 종편까지 나오네?' 라고 해서 '아, 개념 없는 거지, 뭐. 뭘 신경 써' 그렇게 가볍게 얘기한 거죠. 김연아의 경우 '연아야, 내가 너를 예뻐했는데 너도 이제 성년이니까 네 의견을 표명하는 게 맞겠지. 그런데 아줌마랑은 이제 안녕' 이라고 했는데, 이런 의견 표명이 왜 나쁜 거죠? 이해할 수 없어요. 이게 전부예요. 근데 악플러들이 벌떼같이 달려들길래 '욕 나오기 전에 당신들은 꺼져라' 고 했는데 그걸 교묘하게 섞어서 김연아 꺼지고 인순이 꺼지라는 식으로 욕설을 한 것처럼 언론들이 써놨어요. 제가 그 트윗을 지웠다고 했는데, 그거 안 지웠거든요. 얼마 전에 미장원에 갔다가 『여성조선』을 주길래 봤는데, 공지영 인터뷰가 있는 거예요. 깜짝 놀랐어요. 내가 어디 행사장에서 한 말을 가지고 문답 문답 형태로 바꿔 마치 인터뷰한 것처럼 써놓은 거예요. 어떻게 이럴 수가 있어요? 사실을 왜곡하고, 그 왜곡된 사실을 근거로 또 비판하고. 이걸 일일이 대응할 수도 없고. 1970년대 동아일보 사태 등 별의별 것을 다 보고 자랐지만 솔직히 요즘처럼 언론에 절망적인 건 처음인 것 같아요."

그의 트위터 논란은 2012년 들어서도 계속되었다. '타워팰리스 사건' 하나만 보기로 하자. 이 사건의 요지는 이렇다. 4·11총선이 있는 4월 11일 "타워팰리스는 진짜 우리가 넘보기 힘든 곳이구나. 투표율이 78퍼센트라니 벌써. 100퍼센트가 되려나 보다. 북한처럼. 제발 투표해주세요"라는 글을 리트윗했다. 그러면서 "그분들 잘 뭉치시는군요. 자신들 이익에 투표가 얼마나 중요한지 확실히 아는군요"라고 적었다. 하지만 네티즌들이 강남구 선거관리위원회의 자료 등을 근거로 해당 글이 사실이 아님을 지적하자 공지영은 트위터에 "오후 4시 현재 강남구 타워팰리스 투표소 투표율은 54퍼센트"라고 정정했다.

이어 12일에는 "잘못된 정보를 믿고 트윗했던 건 제 잘못이다"라는 글을 트위터에 게재했다. 또한 공지영은 "트위터의 생명인 빠른 속보의 특성상 앞으로도 이런 오보가 일어날 가능성은 누구에게든 늘 존재한다. 악의로 지어낸 의견도 아니고 믿었던 것이 잘못이다. 어쨌든 앞으로 조심하겠다"는 입장을 전했다. 또한 그는 "제가 광고를 받았나? 내 말은 진리이니 무조건 믿으라고 선언을 했나? 즐거이 시작한 트위터에서 내 맘대로 말도 못하나? 내가 언제 파워 트위터리안 만들어달라 애걸했나?"라는 글을 게재하기도 했다.[36]

공지영의 트위터 인터뷰

타워팰리스 사건은 사소한 실수였겠지만, 사소하지 않게 볼 수도 있다. 공지영에겐 아니었을망정, 일부 진보·좌파에겐 타워팰리스가 적대감 표출의 상징적 표적이기 때문이다. 혹 트위터의 즐거움이 문제일까? 1장에서 소개한 SNS의 함정일까? 공지영은 앞서 소개한 『한국일보』 인터뷰에서 트위터 논란에 대해 상세히 털어놓았다. 그의 트위터 철학과 배경에 대해 최초로 밝힌 인터뷰 기사이기에 자세히 살펴보는 게 좋겠다.

한국일보 요즘 트위터를 통해 쏟아놓는 정치적 발언이 아슬아슬합니다. 폭주한다는 느낌까지 주는데.

공지영 요새 진짜 저 내놨어요. 왜냐면, 이 정권하에서 정말 글을 쓸 수가 없어요. 박정희, 전두환, 노태우 때는 군사정권이고 우리 자체도 힘이 없었고, 또 그러려니 하는 것도 있었잖아요. 근데 민주화 10년을 거친 지금에 이런 행태니 너무 스트레스를 받아요. 제가 사랑 이야기를 준비하고 있는데, 추리소설이나 복수 소설이라도 쓸까 싶어요.

한국일보 마치 1980년대처럼 운동을 하는 듯한 느낌도 듭니다.

공지영 1980년대에는 과격했었죠. 아니, 근데 너무 당연한 말을 하는 거 아니에요? 2010년대에 시민들이 아닌 걸 아니라고 왜 말 못해요? 전 더군다나 작가인데. 제 의견을 왜 표명 못해요?

한국일보 유명인들은 괜히 트집 잡힐까 봐 논란이 될 만한 말을 삼가고 자기 검열도 하는데.

공지영 그걸 노린 것 같아요. 주변에서 트윗을 한 달 동안 하지 마라, 그래요. 너무 공격당하고 테러까지 당할 수준이니까. 근데 생각해보면 그게 저 사람들이 원하는 거잖아요. 내가 트윗을 닫고 자기 검열하는 걸. 하지만, 우린 절대로 원하는 대로 안 해주죠. (웃음) 누구를 괴롭히거나 특별히 피해 주는 것도 아니고 내 의견을 말하는 건데. (저에 대한) 비난은 괜찮아요. 비판당할 수 있죠. 얼마든지 수용할 수 있어요. 근데 말하지 말라는 거는 도저히 받아들일 수 없어요.

한국일보 종편 출연에 대한 입장은 확실히 있는 건가요?

공지영 미디어법이 날치기 통과된 것부터 기분이 안 좋았고, 저 사람들이 신문으로 하는 걸로도 모자라서 방송까지 하면 어떡할까, 세상이 얼마나 끔찍할까 그런 생각을 해요.

한국일보 하지만 본인도 예전에 그 신문들에 연재나 기고를 하지 않았나요?

공지영 트위터에 '그땐 노무현 때였잖아요'라고 올렸다가 논란이 됐는데, 이건 설명이 필요해요. 사실 『봉순이 언니』는 『동아일보』에 연재를 했고, 『즐거운 나의 집』은 『중앙일보』에 연재를 했죠. 근데 당시 저는 한 번도 민주주의가 후퇴할 거라는 생각을 못했어요. 이런 곳에도 진출해서 바꿔나갈 수 있을 거라고 여겼는데, 그런 꿈이 MB 정권 때문에 다 무너진 거죠. 민주주의가 이렇게 후퇴할 줄이야. 제가 정말 반성했던 게, 지난 10년 동안 정치에 관심이 없었어요. 제 소설 보면 알겠지만 제가 엄청 명랑하고 밝아지고 있었어요. 민주주의가 됐으니까 정치에 별 관심 두지 않고 적당히 냉소하기도 했죠. DJ와 노무현 정부 때는 인권위원회에 가끔 관여하는 정도였는데, 인권위가 참 잘한다 생각했고 이게 계속될 줄 알았죠. 근데 지금은 뭐예요. 인권위 망했어요. 민주주의라는 게 선거 한 번으로 끝나는 게 아니라 끊임없이 감시하지 않으면 안 된다는 걸 절실하게 느꼈어요. 어렸을 때는 솔직히 명분 때문에 운동했던 게 강했는데, 지금은 이게 어떻게 만든 나라인데, 어떻게 만든 민주주의인데 훼손당하나 싶어 너무 분해요. 1980년대를 거친 사람들이 다들 인생이 송두리째 바뀌었잖아요. 그렇게 힘들게 이룩한 건데 한순간에 뒤집어놓고……. 이제는 1980년대식 명분이 아니라 우리 삶을 훼손한 것에 대해 너무

화가 나는 거죠. 우리 아이들 세대를 위해서라도 싸워야 한다는 생각이 들었어요.

한국일보 언제부터 그렇게 현 정부에 반감을 갖게 됐나요?

공지영 (2008년 촛불시위 당시 경찰이 시위대가 청와대로 향하는 걸 막기 위해 컨테이너로 쌓은) '명박산성' 처음 봤을 때. 끔찍했어요. 이 사람이 소통을 완전 거부하는구나. 용산 참사 때는 정말 이건 아니다 싶었죠. 느닷없이 낯선 사람에게 따귀를 맞는 느낌이었어요. 생각할 겨를도 없고, 리액션을 취할 새도 없이 계속 따귀를 맞는 기분 있잖아요. 한 3년 반 동안 그랬어요. 그때 나꼼수 들으며 이거다! 했죠. 지금 정신 놓고 있을 때가 아니라 뭔가 해야 돼 하던 차에 희망 같은 걸 찾은 거죠. 그리고 21세기에는 운동을 자학하는 방식으로는 안 했으면 좋겠다고 생각했어요. 단식도 하지 말고, 추운 데서 떠는 삼보일배도 하지 말고…… . 삼겹살구이 투쟁으로 연기를 막 내서 괴롭히는, 그런 식으로 즐겁게 하자고. 나꼼수를 들었을 때 그 유쾌함에 바로 이거야 싶었죠.

한국일보 트위터 활동을 하며 정치에 더욱 관심을 갖게 된 건가요?

공지영 이명박 정부 때문에 속이 엄청 상해서 어떻게 하면 좋을까 하던 때에 트위터를 만난 거죠.

한국일보 하루에 트위터를 얼마나 하나요?

공지영 서울시장 선거 때부터는 쉬는 시간엔 주로 트위터를 보는 것 같아요. 미국 가서도 (트위터 하느라 인터넷 접속료로) 얼마나 돈이 나갔는지. (웃음)

한국일보 트위터를 그렇게 열심히 하는 이유가 뭔가요?

공지영 제가 사실 사람들하고 소통하는 거 별로 안 좋아하거든요. 독자 대상으로 활동을 안 하니까 출판사에서 트위터를 하래요. 싫다고 했더니 스마트폰을 사준다고. (웃음) 고민하다 막상 뚜껑을 여니까 너무 재밌는 거예요. 사

람을 안 만나도 되면서 소통은 가능하니까. 트위터를 시작하고 두 달쯤 지난
여름이었는데, 시골집에서 맥주 사진을 올리고 '여긴 너무 추워요'라고 했더
니, 갑자기 '같이 맥주 먹고 싶어요'라는 글이 막 올라왔어요. 그래서 농담으
로 '몇 시 몇 분 몇 초에 우리 다 같이 건배하자'고 했는데, 놀랍게도 '여기 은
평구요', '여기 필리핀이에요', '여기 뉴욕이에요' 이러면서 100명 정도가 전
세계에서 동시에 건배를 하는 거예요. 굉장히 놀랐어요. 이게 트위터의 세계
구나. 작가로서 사람들의 삶을 계속 관찰할 필요가 있는데 많은 사람들의 속
내를 읽을 수 있고 필요하면 만날 수 있다는 게 큰 이득이죠. 제 세계가 엄청
넓어지는 거고. 근데 오늘 완전 트위터 인터뷰네. (웃음)

한국일보 트위터 활동이 작가 인생의 전환점이 되고 있나요?

공지영 작가 인생은 아니고, 제 인생에선 그런 거 같아요. 이번 서울시장 선거
때 박원순 시장을 지지한 것이 제 정치 성향을 공개적으로 처음 드러낸 거예
요. 제 인생에선 굉장히 큰일이었어요. 1980년대에도 한 번도 그러지 않았거
든요. (당시 운동권의 대세였던) 김대중 비판적 지지에도 서명하지 않았고.[37]

SNS 테크놀로지의 마력인가

이 인터뷰 기사는 내게도 큰 공부가 되었다. 나 자신을 돌아볼 기회가 되
었기 때문이다. 나는 김대중과 관련해선 '호남 차별적 시각'을 갖고 있던 진
보주의자에 대해 독설도 불사해가며 비난을 퍼부을 정도로 정열적이었다. 반
면 4장에서 말한 바와 같이 박원순의 서울시장 출마에 대해선 비판적이었다.
그런데 공지영의 경우엔 나와 정반대니, 이게 어찌 흥미롭지 않으랴.

나는 김대중의 집권을 대한민국 최초의 수평적·평화적 정권 교체였다는 데 역사적 의미를 두었다. 그래서 이 책에서 비판하고 있는 이분법이 그때엔 불가피했다고 보았다. 그러나 김대중·노무현 정권을 10년간 거친 이상 이분법의 시효는 종료되었다고 보기 때문에, 이명박 정권에 대한 분노와 적대에 대해선 기본적으론 공감하면서도 매우 과장된 것이라고 생각하는 쪽이다. 나는 무엇보다도 그것이 김대중·노무현 정권 10년에 대한 아무런 성찰 없이 이루어지고 있다는 점을 개탄했다. 그런데 공지영의 말을 들으면서 달리 생각할 수도 있겠다는 생각을 했다. 김대중·노무현 정권 10년에 대한 성찰보다는 그 기간 동안 누린 민주화의 과실이 이명박 정권에 대한 분노와 적대를 증폭시킨 토대가 되었다면, 이건 이론적으로만 따질 문제가 아니지 않겠는가 하는 생각이다.

그렇게 이해를 하면서도, 공지영이 마치 1980년대처럼 운동을 하듯 자기 자신을 내놓는 것에 대해선 계속 안타깝다는 생각이 꿈틀거리는 건 어쩔 수 없다. 트위터라는 새로운 테크놀로지의 마력에 잡혀 있는 건 아닐까? SNS가 공사公私 경계를 허물고 있는 것에 대한 부적응 현상도 가세한 건 아닐까? 그게 아니라면 정치적 올바름 의식이 과도하게 발휘될 때에 빠질 수 있는 함정은 아닐까?

미국에서 시작된 정치적 올바름 운동은 우파의 표적이 되었을 뿐만 아니라 진보 진영 일각에서도 비판받았다. 무슨 일에서든 끝장을 보려는 지나침이 보수파가 아닌 사람들의 반감마저 불러일으킨 것이다. 물론 도대체 무엇이 과도하고 무엇이 지나친 것이며, 그 기준은 무엇인가 하는 의문이 제기될 수 있다. 하지만 사회적 힘을 발휘할 수 없을 정도로 역풍을 맞는다면, 정치적 올바름 운동의 성공을 위해서도 그런 반감에 대해 성실하고 진지하게 역지사지를 해보는 성찰이 필요한 건 아닐까? SNS가 성찰엔 독이 되는 매체이기에 그럴 필요성은 더욱 큰 게 아닐까?

공지영은 "용기란 두려움이 없는 것이 아니라, 두렵지만 그보다 더 소중한 것이 있음을 아는 것"이라고 했는데,[38] 그에겐 지금 활동보다 더 소중한 것이 있을 거라는 생각을 떨치기 어렵기 때문이다. 공지영은 『한겨레』에 에세이를 연재할 때 "하고 싶은 무거운 말을 꾹 참고 가벼운 이야기를 하느라 자신과 싸우는 것이 정말 힘들었다"고 했다. 중간에 어떤 선배가 전화를 해서 "네가 언제까지 가볍게 쓰나 보자 했는데 장하다"는 말을 해주었다고 한다. 그래서 그도 "그때 내가 나 자신과 싸운 것이 헛되지 않구나 생각했다"는데,[39] 독자의 한 사람으로서 그 장한 모습을 다시 보고 싶다.

상처를 받은 사람이 늘 상처만 받는 것도 아니고, 약자가 늘 약자인 것만도 아니다. 공지영의 다음 말을 음미해보면서 나도 자기 성찰을 해보는 동시에 이 글을 끝맺고자 한다.

"그러니까 항상 배려하고, 힘이 센 사람들이 많이 조심해야 돼요. 저도 모르게, 저도 말하자면 글 쓰는 권력, 전파되는 권력을 가지고 있는데, 그걸 자꾸 잊어버리거든요."

청춘불패와
절대강자를 위하여

안철수 박원순 김난도 문재인
이외수 김제동 공지영 박경철
김어준 한비야 김영희 문성근

자유 · 도인형 멘토
이외수

세속을 저버리지 않는 세속 도인

"내가 지금까지 살아오는 동안에 가장 울화통이 치밀었을 때는 어느 무식하기 짝이 없는 평론가 한 분이 칼보다 무섭다는 펜을 휘둘러 내 글에다 외모와 사생활까지를 싸잡아 난도질을 해놓았을 때였다. 글만 가지고 평론을 했다면 그런대로 보아 넘기겠는데 외모와 사생활까지를 조목조목 들추어 평론질을 해놓았다는 사실에는 도저히 참을 수가 없었다."[1]

그것 참 묘한 일이다. 한땐 이외수의 외모를 매우 마땅치 않게 본 인간들이 많았던 것 같은데, 오늘날엔 그의 도인 풍모를 보여주는 데 제격일 뿐만 아니라 매력을 넘어 마력까지 풍기는 듯하니 말이다. 13년 전에 한 말이긴 하지만, 도인, 그것도 존경받는 도인에게 '울화통'을 터뜨리는 인간적 면모가 있었다는 것도 흥미롭다.

이외수는 자유·도인형 멘토다. 그의 소설에 조금이라도 빠져본 독자라면 그가 자유로운 도인이라는 데 흔쾌히 동의할 것이다. 정혜신은 일찍이 "이외수를 보고 있으면 들끓는 성욕을 끊으려고 돌로 자신의 성기를 짓이기는 수도자의 처절한 모습이 떠오르곤 한다"고 했다.[2] 구름에 달 가듯이, 긴 머리 펄펄 휘날리며, 초연超然의 흔적을 곳곳에 남기면서, 먼 곳을 향해 축지법을 써가면서 걷는 도인, 그것이 바로 이외수의 이미지다. '봉두난발蓬頭亂髮의 작가'라는 별명마저 얻었다.

그러나 우리의 도인은 그런 이미지를 보여주면서도 결코 세속을 저버리지 않았기에 범인들의 더욱 큰 사랑을 받는 건지도 모르겠다. 이외수도 자신을 가리켜 선계仙界와 속계俗界의 중간자인 '반속반선'이라 하지 않았던가.

그는 젊은 시절 젓가락을 표창처럼 던져서 건달들이 형님이라고 부른 인물이다. 술집에서 건달들과 시비가 붙자 "오늘 7일이지" 하면서 벽에 걸린 달력을 향해 젓가락을 던졌는데 정확하게 그 자리에 꽂혔단다. 세 개를 더 던지고 "난 눈 하면 눈이야!"라고 말했다 하니 건달들이 어찌 얼어붙지 않을 수 있었으랴.[3]

세속 도인임을 드러내는 또 다른 상징은 감옥 문이다. 『벽오금학도』와 『황금비늘』 등 장편 두 권을 쓰는 8년 동안 그는 방문을 뜯어내고 특별 주문한 교도소 철문을 달아놓고는 밖에서 걸어 잠그게 한 후 그 안에서 글을 썼다. 속칭 '식구통'이라 불리는 구멍으로 밥을 받아먹고 용변도 안에서 해결했다.[4] 기행奇行이라 볼 수 있지만, 글을 쓰는 일을 늘 도 닦듯이 하는 이외수의 특유한 면모를 잘 말해주는 일화라 하겠다.

2001년에 그가 사재를 털어 강원도 춘천시 교동 자택에 독자 사랑방을 마련했는데, 그 방의 이름도 '격외선당格外仙堂'이었다. '격식 밖에서 노니는 신선의 집'이란 뜻이다. 이 또한 도인다운 면모가 아니고 무엇이랴. "독자에게 사랑을 돌려드리고 싶어서 가진 돈을 다 털었습니다. 지방에서 글을 써서 먹고살도록 해주신 게 다 독자들이거든요. 멋과 예술을 사랑하는 독자라면 누구나 와서 편하게 놀다 가시면 됩니다. …… 전 원고지에 흙을 쌈 싸먹으며 살지언정 소설은 철저하게 써야 된다고 스스로 세뇌해왔습니다. 그래야만 중앙 문단에 아무런 끈이 없는 저 같은 작자가 제 입지를 지킬 수 있거든요. 어쩌면 평단에서 소외돼서 독자와 직접 소통한 것이 오히려 개성적인 작품을 쓰는 데 도움이 됐는지 모르겠습니다. 하하."[5]

평단에서 소외된 탓인지, 이외수는 자신이 달의 지성체들과 교감한다고 해서 사람들을 놀라게 (또는 즐겁게) 만들었다. 그는 2005년 8월 『괴물』 이후 3년 만에 장편소설 『장외인간』을 내고 연 기자간담회에서 그 사실을 밝혔다. 기자는 "외계인과 텔레파시를 주고받았다는 얘기다. 여기저기서 쿡쿡 하는 웃음소리가 들렸다. 그러거나 말거나 그는 꿈쩍도 하지 않았다. 그 진지함에 모두 기가 눌렸다"고 현장 분위기를 전했다. 이외수의 주장을 직접 들어보자.

"증명할 길은 없지만 저는 그들의 존재를 믿고 있어요. 달의 지성체들과는 2년 전부터 채널링을 했으며 평소 1주일에 한 번 정도 시도하는 편입니다. 처음에는 눈을 감아야만 가능했지만 지금은 눈을 뜨고도 해요. 채널링할 때는 5명의 전문가들이 동참하는 편이죠. 사실 스티븐 스필버그도 영화 만들기 전에 외계의 생명체와 채널링을 합니다."[6]

농담이 아니라 진담이다. 몇 년 후에도 "달을 없앨 만한 타당한 복선을 만들기 위해 내가 달의 지성체들을 불러서 채널링을 해가면서, 점검을 해가면서 문의를 하고 썼다고요. 난 실제로 했으니까 했다고 말했는데 졸지에 또 이상한 놈 취급받고"라면서 불만을 토로했다.[7] 도인이라는 타이틀에 잘 어울리는 말씀이라 하겠다.

'트위터 대통령'이 된 디지털 도인

이외수는 2008년엔 '격외옹格外翁'이란 호도 얻었다. 세상 격식을 벗어나 자유롭게 사는 늙은이란 뜻이다. 대중은 그처럼 자유로운 도인을 사랑했다. 2009년 7월 여론조사 기관인 한국 갤럽이 창립 35주년을 맞아 전국의 만 13세 이상 남녀 1,704명을 대상으로 가장 좋아하는 소설가를 조사한 결과 이외수가 지지율 13.5퍼센트를 얻어 가장 좋아하는 소설가로 뽑혔다. 대하소설 『토지』의 작가 고 박경리, 『즐거운 나의 집』, 『도가니』 등 잇달아 히트작을 낸 공지영이 각각 5.5퍼센트, 3.8퍼센트로 2, 3위에 올랐다.[8]

이외수는 2010년 8월 인터넷서점 예스24가 실시한 제7회 '네티즌 추천 한국의 대표 작가' 온라인 투표에서도 투표 참가자 4만 3,360명(복수 투표 가능) 중 총투표수의 15.7퍼센트인 1만 3,041표를 얻어 1위에 올랐다. 2위는 소설가 신경숙(14.6퍼센트), 3위는 시인 고은(9.8퍼센트)이 선정됐고, 소설가 김훈(9.5퍼센트), 이문열(9.4퍼센트)이 뒤를 이었다(이 투표에서는 박경리, 조정래, 박완서, 황석영, 조세희, 공지영 등 역대 선정 작가와 작고한 작가는 제외했다).[9]

그는 세속 도인일 뿐만 아니라 디지털 문화에 발맞춰 가는 디지털 도인이다. 그래서 배신감을 느끼는 멘티들도 있다. 2004년 "집이 선방禪房 같을 줄 알았는데, 세속적인 느낌이다"라는 기자의 질문에 이외수는 이렇게 답했다. "어떤 독자는 내가 산사山寺에서 원고지에 각혈로 피를 적시며 쓰는 줄 알았다고 한다. 컴퓨터 자판 두드리는 걸 보고는 '배신감 느낀다'고 말하기도 했다. 명상도 중요하지만 나와 세상의 조화가 더 소중하다는 생각이다."[10]

이외수는 1946년생이니 올해 나이 66세가 아닌가? 그런데도 트위터 문학 교실까지 개설해 6만 7,000명 중에서 네 명을 뽑는 등 나이를 거꾸로 먹는 디지털 행보를 보이고 있다. "한글판 트위터를 만든 이찬진 대표한테 문학 교실, 미술 교실 이런 것을 할 수 있도록 부가 기능을 개발해달라고 건의하고 싶어."[11] 이외수가 2011년 3월 기준으로 국내 트위터 사용자 가운데 가장 많은 팔로어(68만 명)를 보유한 '트위터계의 아이돌'로 인정받은 건 결코 우연이 아닌 셈이다.[12]

선진적인 소통의 노력 덕분이었을까? 2011년 5월 온·오프라인 홍보 전문 매체인 『The PR』이 창간 1주년을 맞아 홍보 관련 학자와 기업 대표, 홍보인, 언론사 기자 등 153명을 대상으로 'PR 및 소통을 잘하는 오피니언 리더'를 조사한 결과, 가장 높은 득표를 기록한 사람이 바로 이외수였다. 그는 특히 전체 응답의 7.3퍼센트, 문화·예술인 중에서는 90.5퍼센트라는 몰표를 받으며 압도적인 1위에 올랐다. 이어 박용만 두산 회장, 정용진 신세계 부회장, 박근혜 한나라당 전 대표 등이 2~4위를 차지했다.[13]

이외수의 팔로어는 2011년 7월엔 84만 명이 넘어 '트위터 대통령'이라는 타이틀까지 얻었다.[14] 2011년 11월 4일 이외수는 자신의 트위터를 통해 "2011년 11월 3일 오후 3시 42분을 기점으로 마침내 팔로어 100만 명을 넘어섰다"라며 "소외된 분들과 약자의 편이 되겠다"고 말했다. 그는 또 "날마다 100만 팔로어들의 기쁨과 행복의 징검다리가 되도록 노력하겠다"며 소감과 함께 캡처 사진도 올렸다. '트위터 황제'라고 해야 할까?

2012년 4·11총선은 젊은 유권자들의 투표율을 올리기 위해 야권 성향인 유명 인사들이 '투표율 70퍼센트'를 걸고 각종 기행을 선보이겠다고 공언해 이채로운 선거였는데, 그 시작이 바로 이외수였다. 이외수가 장발을 버리고 스포츠머리를 하겠다는 약속을 한 이후 유명 인사들이 줄줄이 그 대열에 뛰어들었다. 아래 열거한 공약은 모두 사실상 이외수가 일으킨 바람이었다. 'PR 및 소통을 잘하는 오피니언 리더' 1위답다.

안철수는 투표 참여를 독려하는 영상에서 투표율이 70퍼센트를 넘을 경우 미니스커트를 입고 춤추고 노래하겠다는 약속을 내놓았다. 공지영은 아이유 코스프레를 약속했고, 전 법무부 장관 강금실도 트위터에 "이효리 〈텐 미닛〉 춤을 출 테야, 박선숙과 함께"라고 공약했고, 조국은 "총선에서 진보 개혁 진영이 의회 다수파가 되면 망사스타킹을 신겠다"고 공언했다.

민주통합당 대표 한명숙은 "투표율이 70퍼센트를 넘으면 광화문광장에서 후드티를 입고 티아라의 〈롤리폴리〉 춤을 추겠다"고 했고, 민주통합당 서울 강남을 후보 정동영은 꽁지머리에 빨간 염색을 하겠다고 했고, 서울 종로 후보 정세균은 투표율이 60퍼센트를 달성하면 노란색 염색을 약속했다. 경남도지사 김두관은 자신의 트위터에 "남해대교에서 번지점프를 한 번 더 할까요? 투표율 70퍼센트 쭈~욱 갑니다"라고 밝혔고, 전 강원도지사 이광재는 "투표율 65퍼센트를 넘으면 태백산 정상에서 팬티만 입고 인증샷을 날릴 것"이라고 했다.

고양시장 최성은 자택 인근 투표소에서 투표를 마친 뒤 트위터에 인증샷을 올리며 "투표율 60퍼센트를 넘으면 호수공원에서 4월 중 꽃누드쇼(?)를 보여드리겠다"고 밝혔다. 동양대 교수 진중권은 통합진보당 서울 노원을 후보 노회찬과 함께 엘비스 프레슬리 복장을 하고 광화문광장에 나가겠다고 했고, 노회찬은 "투표율이 70퍼센트를 넘으면 얼굴에 망사스타킹을 뒤집어쓰겠다"

고 추가로 공약했다.[15]

멘토링의 주요 방법론은 아포리즘

이외수는 자유·도인형 멘토지만, 멘토링의 주요 방법론은 아포리즘
aphorism이다. 그는 아포리즘의 대가다. 보통 아포리즘의 대가들은 무겁거나
가볍거나 그 어느 한쪽을 택하는 데 비해 이외수는 늘 그 경계를 넘나든다. 하
기야 도인이 가는 길에 경계가 어디 있으랴.

이외수가 2008년에 출간한 『하악하악: 이외수의 생존법』을 보자. "때로는
날 보고 이외수 닮았다고 말하는 사람들이 있다. 쩐다."[16] 사실 '쩐다'라는 말
을 알아듣는 기성세대라도 이 말을 구사하기는 매우 힘들다. 10대들의 느낌
을 그대로 포착해내기가 영 쉽지 않기 때문이다. 이외수의 젊은 감각이 놀랍
다. 이 책의 목차는 더욱 놀랍다. "1장 털썩, 2장 쩐다, 3장 대략난감, 4장 캐안
습, 5장 즐!"이다.

이에 대해 이외수는 언론 인터뷰에서 이렇게 말했다. "내가 『하악하악』을
통해서 인터넷 용어를 썼습니다. 새로 태어난 말 중에서 나름 생명력이 있고
전달력, 그 특유의 맛이 있으면 난 씁니다. 쓰는 사람에 따라 언어가 독이 되
기도 하고 약이 되기도 하죠. 단, 애정을 가지고 잘 써야 되겠지."[17]

이외수는 독이 되는 언어라 할 악플에 대해선 단호하다. "악플-자신이 천
박하면서도 단세포적인 두뇌를 가졌다는 사실을 발악적으로 과시함으로써
치 떨리는 소외감과 패배감을 졸렬한 우월감과 정의감으로 환치하고 싶어 하
는 인터넷 찌질이들의 유독성 토사물."[18]

이외수는 다음과 같은 묵직한 말로 '욕망'과 '소망'의 차이에 대해 다시 생각해볼 걸 권한다. "젊은이여, 인생이라는 여행길은 멀고도 험난하니, 그대 배낭 속을 한번 들여다보라. 욕망은 그대 발걸음을 무겁게 만들고 소망은 그대 발걸음을 가볍게 만드는 법. 젊었을 때부터 배낭 속에 들어 있는 잡다한 욕망들을 모조리 내던져버리고 오로지 소망을 담은 큰 그릇 하나만을 간직하지 않으면 그대는 한 고개를 넘기도 전에 주저앉고 말리라." [19]

긴 호흡과 꾸준함을 행동 강령으로 삼을 걸 권하는 말씀도 우아하다. "한 가지 일에 평생을 건 사람에게는 오늘의 일을 내일로 미루지 말라는 격언이 무의미하다. 그에게는 오늘이나 내일이 따로 없고 다만 '언제나'가 있을 뿐이기 때문이다." [20]

어느 기자가 『하악하악』에 대해 "솔직히 그거 너무 쉽게 쓰인 책 아닌가요? 댓글 모아놓은 책인데"라고 묻자, 이렇게 반박한다. "아니야. 그것도 노심초사, 매일매일 갈고 닦은 거예요. 문하생들이 알아요. 그거 거저 나온 거 하나도 없어. 한 줄짜릴 쓰더라도 몇 번을 고쳐 쓴 거예요." [21]

이외수가 2009년에 출간한 『청춘불패: 이외수의 소생법』은 본격적인 멘토집이다. "자신을 무가치하다고 생각하는 그대에게, 부모를 증오하는 그대에게, 왕따로 고민하는 그대에게, 썩어 문드러진 세상을 용서하지 못하는 그대에게, 희망이 없다고 생각하는 그대에게, 열등감에 사로잡힌 그대에게, 시대에 뒤떨어진 그대에게, 돈을 못 버는 그대에게, 종교 때문에 싸우고 있는 그대에게, 장애로 고통받는 그대에게, 자살을 꿈꾸는 그대에게, 시험으로 시달리는 그대에게" 등 고민하고 방황하는 그대들을 위한 인생 선배의 조언이 가득하다.

그는 도인이지만, 결코 허황된 도인이 아니다. 차라리 실용적 도인이라고 해야 어울릴 성싶다. 백수에게 보내는 멘토링을 보자.

"잔인하다 세월이여. 동서남북 분주하게 이력서를 던졌건만 종무소식. 쥐 구멍에도 볕 들 날이 있다는 속담도 이제는 단물이 다 빠져버린 츄잉껌이 되 었다. 하지만 그대여, 서두르지 말라. 멀고도 험난한 인생길, 엎어진 김에 쉬 어갈 수도 있지 않은가? 백수는 젊은 날 한 번쯤은 겪어야 할 황금의 터널. 백 수를 경험하지 않은 젊음을 어찌 진정한 젊음이라 일컬을 수 있으랴. 차라리 나는 그대가 자랑스럽다. …… 그대가 비록 나이가 많은 백수라 하더라도 포 기하지 말고 정진하라. 지금부터라도 단 하나의 꿈을 선택하고 잠을 줄이면 서 의지력과 집중력을 고양해 꾸준히 실력을 연마하라. 현대사회는 실력이 절대적인 성공의 조건이다."[22]

열등감에 사로잡힌 그대에게 주는 멘토링도 마찬가지다.

"모든 성공한 사람들의 배후에는 언제나 열등감이라는 후원자가 있었다. 그러므로 열등감이 희박한 인간은 성공할 가능성도 희박한 인간이다. 그대가 지독한 열등감을 가지고 있다는 사실은, 그대가 타인의 우월성을 인정하고 있다는 증거이며 더불어 자만심을 멀리하는 미덕도 가지고 있다는 증거이니, 그대는 성공의 가장 기본적인 요소들을 충분히 갖추고 있는 인물이다. …… 아무리 지독한 열등감에 시달리는 인간이라도 한 가지 장점은 간직하고 있나 니 그 장점을 최대한 키우는 방법을 모색하라."[23]

이외수 아포리즘의 서술 구조

이외수가 2010년에 출간한 『아불류 시불류: 이외수의 비상법』은 미소 짓는 도인의 모습을 보여준다. 아불류 시불류我不流 時不流? 내가 흐르지 않으면 시간도 흐르지 않는다? "그대가 그대 시간의 주인이다. 무엇이 푸르냐고 나에게 묻지 말라. 그대가 푸른 것이 곧 진실이다." 도무지 이해할 수 없는 도인들의 선문답 같지만, 생각할 거리를 일상의 낮은 곳에서 찾게끔 한 도인의 자상함이 느껴지는 책이다. 내가 뽑은 베스트 10 아포리즘을 소개한다.

①태양은 대기업의 빌딩 위에만 떠오르지 않습니다.[24]

②따귀를 맞더라도 명품 시계 찬 손으로 맞고 싶어요—된장녀.[25]

③촌에 산다고 촌놈이라고 불러도 무방하다면 개포동에 산다고 개놈이라고 불러도 무방한가요.[26]

④옷걸이에 축 늘어진 채 걸려 있는 옷을 보면서 문득 '나는 어디로 갔지' 라고 생각해보신 적이 있으신가요.[27]

⑤조금 전 집필실에서 휴식을 취하고 있는데 관광객 하나가 불쑥 창문으로 머리를 디밀었다. 나는 불현듯 두더지게임을 하고 싶은 충동에 사로잡혔다.[28]

⑥행복해지고 싶으신가요. 계절이 변하면 입을 옷이 있고 허기가 지면 먹을 음식이 있고 잠자기 위해 돌아갈 집이 있다면, 마음 하나 잘 다스리는 일만 남았습니다.[29]

⑦대한민국 정부가 진실로 녹색성장을 꿈꾼다면 먼저 갈색으로 변해 있는 대한민국의 젊은이들로부터 녹색으로 바꾸는 일에 주력해야 한다. 자연은 가만히 내버려두어도 녹색으로 성장한다.[30]

⑧떡밥도 없는 빈 낚시를 일상의 강물에 드리우고 성공이라는 이름의 대어가 걸려들기를 바라는 조사들이여. 자신이 욕망과 나태의 바늘에 걸린 줄도

모르고 찌가 움직이기만 기다리고 있는 모습, 이 노인의 눈에는 참으로 가련해 보이네.[31]

⑨인간은 딱 두 가지 유형밖에 없다고 단정하는 사람들이 있다. 한 유형은 자기와 생각이 같은 사람, 한 유형은 자기와 생각이 다른 사람이다. 그리고 자기와 생각이 같은 사람은 좋은 놈, 자기와 생각이 다른 사람은 나쁜 놈이다. 이상한 놈? 그런 건 없다.[32]

⑩어떤 내방객이 내게 물었다. 왜 선생이 사는 감성마을은 내비게이션에 안 나옵니까. 내가 물었다. 선생은 주민등록을 가지고 다니는 신선을 본 적이 있소. 내방객이 물었다. 무슨 뜻입니까. 내가 대답했다. 선계가 내비게이션에 나올 리가 없다는 얘깁니다.[33]

이외수가 2011년에 출간한 『절대강자: 이외수의 인생 정면 대결법』은 "지금 살아 있다는 사실만으로도 그대는 절대 강자다"라는 선언으로 시작한다. "절망아, 내가 죽기 전에는 절대로 너한테 진 거 아니거든"이라는 어법이 친근하게 다가온다.

이 책의 멘토링에선 점층법 또는 점강법이 인상적이다. 선계의 대원칙을 갈파한 뒤, 위로를 하고 그다음엔 구체적인 행동 지침으로 이어진다. 예컨대, 다음 세 가지 멘토링을 보면 서술 구조가 눈에 잘 들어온다.

①젊었을 때는 가급적이면 실패와 절망을 피해 다니지 말라. 그것들은 그대에게 투지와 인내를 가르치는 스승들이다. 그것들을 피해 다니면 결국 나이 들어 비굴과 아부만이 그대의 재산으로 남아 있게 된다. 얼마나 가련한 인생인가.[34]

②젊은이여. 실력이 모자란다고 투덜거리지 말라. 아주 어릴 때부터 연마하지 않았다면 젊었을 때는 누구나 실력이 모자라기 마련이다. 그러나 앞으로 10년 후에 똑같이 투덜거린다면, 특별한 사연이 없는 한, 그대는 몇 대 얻어터져도 할 말이 없어야 한다. 젊은이여. 불안해하지 말라. 어차피 모든 인간의 미래는 불투명한 법이다. 다만 그대의 노력에 따라 후회할 일들이 그만큼 줄어든다는 사실만은 분명하다. 젊은이여. 그대가 평생을 막장으로 살 거라는 생각은 하지 마시라. 세상의 그 어떤 길도 오르막만 있는 경우는 존재하지 않는다. 인생도 마찬가지다. 언젠가는 그대에게도 평탄한 길이 펼쳐질 것이다. 지금은 단지 때가 아닐 뿐.[35]

③젊은이여. 그대가 실력 연마를 소홀히 했느냐 중요시했느냐에 따라, 자기가 시간의 주인이 되어 인생을 살아가느냐 시간이 자기의 주인이 되어 살아가느냐가 결정된다는 사실을 명심하소서. 실력 없는 인생이 곧 밑천 없는 인생이라는 사실 또한 명심하소서.[36]

이외수 정도의 도인이라면 허세를 부릴 법도 한데, 그에겐 도무지 그런 게 없다. 매우 정직하다. 「대한민국은 학연공화국」이라는 글은 그가 자신의 '도인 포스'를 멘티들에게 도인을 추구하지 말라는 멘토링을 위해 활용한 대표적인 사례라 할 수 있겠다.

"예술에 전념하기 위해서 학업을 중단하겠다는 각오로 저를 찾아오는 고등학생들이 적지 않습니다. 하지만 예술에도 엄연한 갈등과 고통이 따르기 마련입니다. 학교가 주는 현실적 고통이나 갈등도 못 견디면서 예술이 주는 현실적 고통이나 갈등은 견딜 수가 있을까요? 학교를 중퇴하고 싶다는 젊은 이들께 드리고 싶은 이외수의 충언. 대한민국은 예나 지금이나 학연공화국입니다. 저는 대학을 중퇴하는 바람에 3년이면 이룰 수 있었던 꿈을 30년이 지나서야 이룰 수 있었습니다."[37]

'꽃노털 옵하'의 활약

"텔레비전에 붙어 있는 동안 자신의 금쪽같은 시간이 엄청난 양으로 폐기처분되고 있음을 허망해하는 시청자는 별로 없는 것 같다."[38] 이외수가 『감성사전』에서 텔레비전에 대해 정의를 내리면서 한 말이다. 그러나 그는 그렇게 몹쓸 텔레비전에 자주 출연했고, 급기야 연예인이라는 쓸쓸한 말까지 듣게 되었다. "오늘 외출했다가 여고생 두 명을 만났습니다. 그중 한 명이 저를 보고 내뱉은 탄성. 어머, 나 연예인 직접 보는 거 첨이야. 저로서는 '이거 왠지 쓸쓸하구만' 이었습니다."[39]

이외수는 『하악하악』이 40만 부가 넘게 팔리는 성공을 거둔 것을 계기로 2008년 5월 MBC 〈무릎팍도사〉에 출연한 이후 시트콤에 진출하고 CF까지 찍었으니, 연예인이라는 말을 듣는 것도 무리는 아니다. 이외수는 쓸쓸해할망정, 나는 그가 철없는 소녀에게 연예인이라는 말을 들을 정도로 텔레비전을 대중과의 소통 창구로 택한 것을 적극 지지한다. 그의 '도인 포스' 에 기댄 정직한 멘토링의 가치와 힘을 믿기 때문이다. 그런데 이외수가 정말 쓸쓸해할 일은 지난 4 · 11총선 과정 그리고 총선이 끝난 후에 일어났다. 이에 대해선 생각해볼 점이 있는 것 같다. 우선 그의 '정치 참여' 약사略史를 살펴보기로 하자.

이외수는 2007년 대선 때부터 이명박을 비판함으로써 뜨거운 논란을 불러일으켰다. '성조기를 두른 개', '심각한 집단 난독증', '거짓말에 의한 정치가', '세상이 개판이다' 등의 독설을 구사했다. 대선이 이명박의 승리로 끝나자, 그는 자신의 홈페이지를 통해 "나는 쓸쓸히 원고지 속으로 들어간다"는 말로 대선 결과에 대한 소회를 밝혔다. '세속으로부터의 은퇴'라는 제목의 이 글은 "잘 있거라"로 시작해 "잘 있거라"로 끝났다. 이외수가 이별을 고한 대상은 '어두워지는 세속'을 시작으로 찢어져 펄럭이는 이념, 녹슨 양심, 위선의 빵덩어리에 버터처럼 번들거리는 지성, 벙어리 목탁, 타락한 십자가 등으로 이어졌다. 이는 BBK사건 등 각종 의혹에도 유권자들이 압도적으로 이명박 후보를 지지한 것에 대한 '한탄'으로 읽혔다.[40]

그러나 이외수는 원고지 속에 오래 머물지 않았다. 2008년 6월 『경향신문』은 이렇게 말했다. "이 문명과는 거리가 있어 보이는, 특히 정치와는 담을 쌓을 것 같은 이외수가 지금 정치 토론장에서 뜨고 있다. 그것도 인터넷을 통해서다. 지난해 대선 이후 그는 이명박 대통령에게 독설 어린 비판을 가하고 있다. 이명박 정부의 정책에 대해 '수치감에 모골이 송연해진다', '무식을 갑옷처럼 착용하고 계시는데 무슨 걱정이 있겠나' 등으로 표현한 그의 어록이 네티즌들 사이에 널리 퍼졌다. 인터넷상에서 '꽃노털 옵하'('꽃미남처럼 아름답게 늙은 오빠'란 뜻)로 불린다."

이외수는 "차분히 본업에만 몰두하고 싶지만 한심한 정치가 자꾸 원고지 밖으로 나를 끌어낸다"고 한숨을 내쉬었다지만, 그의 지독한 국어 사랑과 글 사랑이 주요 이유는 아니었을까? 기자 유인경이 "전부터 이명박 대통령이 '비호감'이었습니까? 어떤 계기가 있었나요?"라고 묻자, 이외수는 다음과 같이 답했다.

"아닙니다. 정치와 무관했고 누가 대통령이 되어도 상관없다고 생각했습니다. 처음엔 정치 비판이 아니라 한글 비하에만 화가 났습니다. 그런데 갈수록 실망입니다. 어떻게 대통령이 영어는 그렇게 강조하고 자주 쓰면서 매번 맞춤법을 틀립니까? 물론 그 연세면 틀릴 수도 있죠. 글밥 먹고사는 문인들도 틀릴 때가 있습니다. 하지만 일국의 대통령이 상습적으로 맞춤법과 띄어쓰기를 틀리면 국가나 국민의 격이 떨어집니다. 어느 정도 지나면 고쳐야 하는데 시종일관 틀리는 게 문제입니다. 방명록에 쓰기 전에 미리 물어보든지, 주위에서도 조언해주는 것이 옳죠. 또 주위에서 잘못을 지적해주면 즐거운 마음으로 받아들일 포용력이 있어야 합니다. 충고와 조언을 하는 분들이 없으면 배가 산으로 가도 모릅니다. 쓴소리하고 합리적 방안을 제시하는 것을 귀담아 들어야죠. 대통령 본인뿐 아니라 주변이 더 문제더군요. 국민들이 이렇게 화가 나 있고 실망하는데 그걸 수용할 생각도 않을 뿐 아니라 의지조차 보여주지 않아요. 자기들 방식대로 밀고 나가겠다는 불도저식이라는 것입니다. 가끔은 부드럽게 빗자루를 들고 때론 먼지떨이로 털기도 해야 하는데 유리창 닦을 때도 불도저를 쓰면 어떡합니까? 그런데 관료들은 대통령 앞에선 고개만 숙이고 있으니…… 작가의 양심을 갖고 불의나 한심한 정책에 질타를 할 뿐이죠."[41]

저 빌어먹을 놈의 정치적 냄비에다 처넣고 버무리기

사실 이외수가 이른바 진영 논리에 함몰되지 않았다는 건 2010년 11월 "노구 이끌고 전장 간다"라는 발언이 잘 드러낸 바 있다. 11월 23일 오후 북한군이 연평도에 난데없이 포탄을 100여 발을 발사해 우리 해병대 병사 두 명이

전사했다는 소식이 전해지자, 이외수는 자신의 트위터에 "나는 비록 늙었으
나 아직도 총을 들고 방아쇠를 당길 힘은 남아 있다. 위기 상황이 오면 나라를
지키기 위해 기꺼이 전장으로 달려가겠다"는 글을 남겼다. 이 발언이 삽시간
에 인터넷 이곳저곳으로 퍼지자, 상당수 누리꾼은 그에게 "전쟁을 부추긴다"
며 거칠게 항의했다.

　　그러자 그는 "국민들도 나라를 사랑하는 마음으로 단결해야 한다. 겁을
내시는 것도 당연하다. 하지만 이런 상황에서는 자신의 결의부터 다지는 것
이 중요하다"며 "남의 탓이나 하는 습성은 아무짝에도 쓸모가 없다. 겁이 나
면 도망쳐라"고 다시 글을 올렸다. 그래도 비난이 계속되자 그는 "색깔 나누
기, 편 가르기, 지역감정, 진보와 보수, 친북과 친일, 노빠와 명빠, 구역질 나는
단어들"이라며 "어떤 언행도 다 저 빌어먹을 놈의 정치적 냄비에다 처넣고
버무려서 비난하거나 칭송한다. 날 보고 닥치고 글이나 쓰라고 한다"며 분노
했다.[42]

　　맞다. 바로 그것이다. 그는 "저 빌어먹을 놈의 정치적 냄비에다 처넣고 버
무려서 비난하거나 칭송"하는 작태를 혐오했다. 이외수는 "좌파냐 우파냐 굳
이 묻는다면, 난 '내 멋대로 살고파'다"라고 했다.[43] 김제동이 '기분파'라면,
이외수는 '내 멋대로 살고파'인 것이다. 그가 최근 들어 이명박 대통령에 대
한 비판은 물론 한미FTA 반대, 제주 해군기지 반대 등을 트위터에 많이 올린
건 야권을 지지하기 위해서가 아니었다. 그래서 그가 2012년 4월 9일 새벽 자
신의 트위터에 다음과 같은 글을 남긴 것도 하등 이상할 게 없는 일이었다.
"제가 살고 있는 강원도 중에서도 낙후된 접경 지역, 철원, 인제, 양구, 화천을
이끌어갈 새누리당 정치인 한기호 후보를 응원한다. 한 후보는 추진력과 결
단력이 있고 호탕한 성품의 소유자다."

그러나 트위터에는 이외수를 비난하는 야권 지지자의 글이 이어졌다. 논란이 일자 이외수는 "제가 새누리당 한기호 후보를 응원했다고 의아해하시는 분들이 많다"며 "개인적으로 몇 번 만난 적이 있는데, 유명인을 등에 업고 인지도를 높이는 정치가로 인식되고 싶지 않다는 이유로 저를 멀리하고 있어 괜찮다 싶어 추천한다"고 적었다.[44]

그냥 그렇게 가볍게 넘어갈 수도 있는 일이었는데, 4 · 11총선 결과 강원도 아홉 개 선거구에서 새누리당이 전승을 거두자 일부 야권 지지자들이 이외수의 트위터에 "붉은 강원도(선거 결과 지도에 새누리당 승리 지역이 붉게 표현된 것에 비유)는 모두 이외수 탓"이라는 글로 분풀이 공격을 퍼부었고 인터넷에도 비난과 더불어 온갖 욕설이 난무했다.

이외수는 4월 12일 오전 4시께 트위터에 "망연자실해 있다가 가까스로 힘을 내어 사죄의 말씀드립니다"며 "모든 원망을 이해합니다. 할 말이 없습니다"라는 글을 올렸지만 비난은 계속됐다. 이에 낮 12시께는 "제 얼굴에 침을 뱉으시는 분들의 분노는 충분히 이해합니다"라며 "강원도를 온통 붉은색으로 물들인 것이 이외수라면 다른 지역을 온통 붉은색으로 물들인 것은 누구입니까"라는 글을 올려 '억울한 심경'을 드러내기도 했다.[45] 이게 이른바 '강원도 붉은색' 사건의 전말이다.

이와 관련, 시민운동가이자 트위터에서 집단 계정 폭파를 막는 '트윗119'를 운영 중인 참개인가치연대 대표 박경귀는 "SNS의 내용이 정치 일변도에다 그 기저에 진영 논리가 강하게 깔려 있다"며 이렇게 말했다.

"평소 진보 진영의 목소리를 대변해온 소설가 이외수 씨가 이번 총선에서 새누리당 후보 지지 발언을 한 것은 더할 수 없이 건강한 발언이었지만 무수한 지지자들에게 총공세를 받은 것을 볼 때 결국 스타 트위터리안을 만들어내는 힘은 '사람'이 아니라 '가치'였다는 결론을 내릴 수 있다. 이런 진영 논리는 각박해서 자신들의 논리에 안 맞으면 즉각 비난하고 심지어 집단 블럭으로 상대방의 트윗 활동을 멈추게 한다. 이런 점에서 우리 사회의 진영 논리가 더욱 획일화되고 고착화될 수밖에 없고, 사회를 양분화한다."[46]

스타 트위터리안을 만들어내는 힘은 사람이 아니라 가치라는 말에 주목할 필요가 있겠다. 사실 가치라고 말하기에도 민망하다. 진영 논리에 가치가 없는 건 아니지만, 특정 트위터리안은 물론 논객을 따르는 사람들의 주요 동기는 카타르시스와 같은 감정적인 것이기 때문이다. 진영 논리에서 벗어나면 그 누구라도 하루아침에 원수처럼 여기며 물어뜯는 게 진영에 죽고 진영에 사는 사람들의 생리요, 본능이다.

"저 빌어먹을 놈의 정치적 냄비에다 처넣고 버무려서 비난하거나 칭송"하는 걸 혐오한 이외수는 그간 진영 논리로 정치적 발언을 해온 게 아니었지만, 그의 정치적 발언에 열광한 많은 이들은 진영 논리의 연장선상에서 그의 발언을 받아들여왔다는 게 이번 사태로 드러난 셈이다. 나는 공지영의 경우도 같다고 본다. 공지영이 진영 논리에서 벗어난 정치적 발언을 할 경우 그도 하루아침에 적이 될 수 있는 게 그 바닥 생리다.

나는 이외수와 공지영 같은 우리 사회의 소중한 문인들이 본의 아니게 진영 논리의 멘토로 이용당하기보다는 차라리 늘 진영 논리를 의심하는 발언을 하는 멘토가 되어주면 좋겠다. 물론 그건 외롭고 고달픈 길이지만, 그들이 무슨 영광을 바라고 그간 그 험난한 길을 걸어온 건 아니잖은가?

재미와 휴머니티의 결합을 위하여

철수 박원순 김난도 문재인
외숙 김제동 공지영 박경철
김어준한비야김영희 문성근

재미계몽형 멘토
김영희

예능이 방송을 석권할 것이다

    1960년에 부산에서 태어난 김영희는 1986년 MBC에 입사해 1991년 〈일요일 일요일 밤에〉(이하 〈일밤〉)에서 〈이경규의 몰래카메라〉를 통해 연출로 데뷔했다. 1996년 교통법규를 준수한 시민에게 양심냉장고를 선물하는 〈이경규가 간다〉, 1998년 선행을 실천하는 시민들을 찾아가는 〈칭찬합시다〉 등을 연이어 히트시키며 MBC의 스타 피디로 부상했다. 2001년 〈책책책 책을 읽읍시다〉는 독서 열풍과 함께 '기적의 도서관' 짓기라는 성과를 냈고 〈아침밥을 먹자〉는 0교시 폐지를 이끌어냈다. 〈칭찬합시다〉 프로그램의 인기를 통해 '쌀집 아저씨'라는 애칭을 얻은 그는 숱한 히트작과 함께 공익 버라이어티라는 장르의 창조자이자 개척자가 되었고, 그 덕에 50개가 넘는 상을 받았다.[1]

김영희에겐 쌀집 아저씨다운 뚝심이 있다. 아니, 뚝심이라기보다는 광기
에 가까운 소신과 집착이라고 해야 하는 건 아닌가? 우리는 이경규의 〈양심
냉장고〉가 성공했기 때문에 그런가 보다 하지만 이게 세상에 선을 보이기까
진 김영희의 광기가 있었다. 처음엔 이 아이디어 자체를 제작진이 모두 다 반
대하고 나섰기 때문이다. 이경규도 "나 못한다"라고 나자빠졌다. 김영희는
밤새도록 술 마시면서 이경규를 설득해 방송을 하게 됐지만, 이게 대박이 날
줄 누가 알았으랴.[2] 김영희만 미리 내다 본 비전이었다.

김영희의 비전은 이미 입사 때부터 드러났다. "1986년에 피디로 입사하면
서 예능이냐 교양이냐 드라마냐 선택을 하는데, 그때 나는 뭔지는 모르지만
예능이 방송을 석권할 거라는 생각이 확 들더라고. 사실 그때는 예능 피디는
약간 천시받았죠. 드라마는 예술이고 시사 · 다큐는 고고한데, 예능은 딴따라
날라리 취급을 받았지. 그런데 내가 참 잘 선택했다고 처음부터 느낀 게 뭐냐
면 마음대로 할 수 있더라고. 마음대로. 주제 선택부터 어떻게 만들거냐까지
다. 진짜 할 맛이 나지. '아, 진짜 최고다 이게' 그랬어요."[3]

"〈느낌표〉연출 4년째. 전국에 도서관을 짓고, 청소년들 0교시를 폐지하
고, 외국인 이주노동자 관련법도 개정했습니다. 이 프로그램이 막대한 권력
으로 부상할 즈음, 몸과 마음이 바닥을 쳤습니다. 나 자신에게 물었습니다.
'얘야, 너는 인생이 뭐라고 생각하느냐?'"

일본의 도요토미 히데요시가 말년에 어린 시종에게 던졌다는 이 질문을
스스로에게 던지며, 2004년 그는 짐을 꾸려 70여 일간 아프리카로 배낭여행
을 떠났다. 5년 후인 2009년 6월 그는 이 아프리카 여행기를 기록한 책 『헉!아
프리카』를 펴냈는데,[4] 이런 사연이 있었다. "원래는 책으로 낼 생각이 없었는
데 올해 초 한 출판사에서 '책을 만들고 인세는 아프리카 어린이들 돕는 데

쓰면 어떻겠느냐'라고 제안이 들어왔어요. 저자 인세와 출판사 수익금을 아프리카 어린이들이 마실 우물을 파는 데 쓰자는 겁니다. 단순히 책을 팔아 돈을 벌자는 제안이었다면 동의하기 힘든데 뜻이 좋아서 내게 됐습니다."[5]

김영희는 2005년 MBC 최연소 예능국장에 임명되면서 현장 일선을 떠났다가, 2008년 9월부터 한국피디연합회장으로 일했다. 당시 그는 "언론 운동도 웃음을 줄 수 있는 싸움을 했으면 좋겠다"고 했고, 인기를 끌고 있던 예능 프로에 대해선 비판적 평가를 내렸다. "재미의 수위가 너무 높아져서 이젠 웬만한 재미는 못 느끼게 된 것이 문제다. 또 사람의 향기가 나는 프로그램을 만들어야 한다."[6]

공익 피디의 대부가 된 김영희

김영희는 현업 복귀를 앞두고 2009년 7월 8일 〈무릎팍도사〉에 출연했는데, 자사 예능 프로그램에 나갈 생각은 어떻게 하게 된 걸까? "여운혁 책임프로듀서CP의 힘입니다. 지난해 7월부터 '한번 나오라'고 여러 차례 저를 꾀었어요. 안 한다고 계속 거절해왔는데 이번에 여 CP가 '현업 복귀를 앞두고 있으니 시청자들의 관심을 끌어보라'고 또 설득하더군요. 그래서 '에잇, 그럼 한번 해보자'하는 마음으로 출연한 겁니다."[7]

김영희는 2009년 8월 19일자 『경향신문』 인터뷰에서 "평피디로 복귀한다는 것에 대해 주변의 반응은 어떻습니까? 불편하게 여기는 후배들도 있을 것 같은데요"라는 질문에 이렇게 답했다. "'이건 아니다'라고 생각하는 후배들도 일부 있어요. '현업으로 돌아가지 않으면 전설로 남을 텐데 괜히 모험했다가 실패하면 어떻게 하느냐 는 얘기도 많이 하고요. 하지만 대부분의 후배들은, 심지어는 다른 방송사의 예능 피디들도 '간부가 현업으로 돌아가는 선례를 남겨달라' 고 하더군요. 사실 그게 맞는 거예요. 국장을 했어도 현업 피디를 할 수 있어야 합니다. 많은 간부급 피디들이 바라는 일이기도 하고요."

그는 또 "김 피디가 현장을 떠나 있는 동안 예능의 판도가 많이 바뀌었습니다. 지금 예능의 트렌드는 무엇이라고 정의할 수 있을까요"라는 질문엔 이렇게 답했다. "'사적인 가벼움' 이죠. 물론 이게 꼭 나쁘다고 할 수는 없어요. 그것도 하나의 트렌드라고 할 수 있고, 스타들이 나와서 사적인 이야기를 용기 있게 밝히잖아요. 스타들이 그렇게 한다는 게 굉장히 힘든 일이거든요. 하지만 연예·오락 프로그램이 이런 프로그램들 일색이라는 것은 문제입니다. 이런 프로그램도 있고 다른 프로그램도 있어야 훌륭한 방송이죠."[8]

김영희는 2009년 12월 〈일밤〉 총괄피디로 현업에 복귀했다. 시청률 한 자릿수에 머물며 맥을 못 추는 〈일밤〉의 재건이 그의 목표였다. 그는 '차별화 전략' 을 쓰기로 했다. "지금 주말 시간대에 채널 선택의 다양성이 없어요. 〈1박2일〉이나 〈패밀리가 떴다〉 등 연예인이 나와서 야생을 체험하는 똑같은 내용으로 채워져 있어요. 그간 〈일밤〉은 똑같이 하려다가 실패했어요. 요즘 텔레비전에는 사람들 이야기가 없잖아요. 서민들 이야기로 채워야 살 수 있다고 생각했어요."

2009년 12월 17일 『국민일보』는 "〈일밤〉은 따뜻한 눈물로 이변을 만들고 있다. 1년째 4퍼센트대의 저조한 시청률과 잦은 폐지로 수렁에 빠졌으나 그(김영희)가 제작한 6일 1,045회 방송부터 단숨에 8퍼센트대의 시청률로 뛰어오른 것이다"라며 다음과 같이 말했다.

"예상은 적중했다. 〈우리 아버지〉의 반응은 폭발적이다. 병든 아내와 혼자 자라는 아들 생각에 포장마차에서 소주를 기울이는 아버지, 자식에게 환경미화원이라는 사실을 숨긴 아버지 등 힘겹게 살아가는 가장의 이야기에 마음이 뭉클해진다. 또한 김흥국을 닮은 축구 동호회원, 팔이 안 접히는 근육질 소방대원 등 재치가 넘치는 시민을 보면 입가에 웃음이 번진다. …… 나눔이라는 사회적 메시지를 전하는 〈단비〉도 킬러 콘텐츠다. 1~2회는 일당 3,000원에 흙을 종일 파야 하고 식수를 얻는 데 3시간 걸어야 하는 아프리카 잠비아를 찾은 MC 군단이 우물을 만드는 과정을 담았다. 마침내 솟은 우물은 시청자의 눈물샘을 터뜨렸다."⁹

2010년 2월 7일 〈일밤〉의 전국 시청률은 9.6퍼센트를 기록했으며, 이날 〈단비〉 코너는 시청률 16퍼센트로 동시간대 1위를 차지했다. 〈일밤〉의 주도 하에 공익 코드는 전 예능 프로그램으로 확산되었다. 『한국일보』는 「"재미와 감동 동시에" 공익 예능이 뜬다」는 기사에서 "예능 프로그램들이 직접 혹은 간접적으로 공익을 접목하며 새 바람을 일으키고 있다"고 했다.¹⁰

김영희는 '공익 피디의 대부'처럼 여겨졌는데, 그는 그런 시각이 불편하다고 했다. "사람들이 자꾸 저를 공익 피디로 몰아가려는 경향이 있는데 사실은 그렇지 않아요. 저는 별로 공익적이지 못합니다. 막 무단 횡단하고 술 먹고 집에 가면서 소리도 지르고 하지요. 프로그램이 착하다고 해서 제가 착하지는 않는 거죠. 사실 저는 굉장히 오락적이고 재미있는 사람이거든요. 재밌는 걸 너무 좋아하고, 장난하는 걸 너무너무 재밌어하죠. 어렸을 때부터 천성인 것 같아요. 중학교 담임선생님한테 오랜만에 전화해서 '저, 김영희요' 하면 '아, 장난꾸러기'라고 그래요. 제가 만든 프로그램을 봐도 지금 공익적인 것 때문에 빛이 바래서 그렇지 〈몰래카메라〉가 얼마나 재미있어요. 제가 연출한 거잖아요. 〈신新웃으면 복이 와요〉, 〈양심냉장고〉도 굉장히 재미있는 프로거든요."

이에 대해 기자가 "공익 피디로 부르는 데 대해 오히려 거부감이 있다니 뜻밖이네요"라고 묻자, 김영희는 이렇게 답한다. "저는 공익적인 프로그램을 해도 예능적 범주를 벗어나면 실패한다고 봐요. 예능 프로그램에서 조금 공익적인 것을 다루니까 사람들이 좋아하는 거지, 공익 프로그램을 하면 아마 좋아하지 않을 거예요. 공익 피디로 몰리는 것에 대해 저는 불만이 좀 있습니다."[11]

〈나가수〉를 만든 김영희의 뚝심

공익 피디로 몰리는 것에 대한 불만 때문이었을까? 김영희는 2011년 3월 매우 색다른 모습으로 나타났다. 3월 6일 첫 방송된 〈나가수〉의 연출을 맡은 것이다. 솔직히 이건 말이 안 되는 프로그램이었다. 마니아를 몰고 다니는 가창력 톱클래스인 가수들이 대중이 매긴 점수에 따라 한 명씩 탈락하는 서바이벌 게임을 벌인다니, 이게 말이 되는가? 더욱 말이 안 되는 건 그런데도 가수들이 이 서바이벌 게임에 응했다는 사실이다. 그걸 가능케 한 게 바로 김영희의 뚝심이다. 『미디어오늘』기자 김상만도 말이 안 되는 프로그램이라고 생각했던 것 같다. 그는 계속해서 이 점에 대해 질문을 던진다.

김상만 섭외가 쉽지 않았을 것 같다. 어떻게 섭외했나?

김영희 기획을 하면서 머릿속에 가수 열 명을 떠올렸다. 처음부터 이들이 아니면 안 된다고 생각했고, 섭외가 안 되면 프로그램을 접자고 마음먹었다. 거짓말 안 하고 설득에만 3개월이 걸렸다. 가수들을 접촉하면서 놓지 않았던 믿음은 '진심을 갖고 설득하면 될 것'이라는 생각이었다. 먼저 기획사 대표와 매니저들을 만나 설득하기 시작했다. '사람들에게 평가받는 게 어차피 대중가수의 숙명 아니냐, 아이돌과 댄스 가요가 대중음악의 전부인 것처럼 편향된 방향으로 흘러가고 있는데 그렇지 않다는 걸 보여주고 싶다'고 말했다. '진짜 노래 잘하는 가수가 세상에 많고, 좋은 노래 역시 많다는 걸 보여주고 싶다'는 말도 전했다. 이런 진심이 통한다면 서바이벌이라는 장치를 가수들도 감내할 것이라고 생각했다.

김상만 제안을 받은 가수들의 반응은 어땠나? 생각처럼 진심이 쉽게 통했나?

김영희 열 명이 전부 거절했다. 처음엔 생각해보겠다고 하던 가수들도 며칠 뒤에는 못 하겠다고 퇴짜를 놨다. 윤도현 씨의 경우에도 밤늦게 연습실까지 찾아가 읍소한 끝에 출연 허락을 받아냈다. 아마도 한 가수당 다들 서너 번씩은 만난 것 같다. 한 번 만날 때마다 3~4시간씩 설득하고 또 설득했다. 시간이 지나면서 조금씩 변화가 생기기 시작했고, 처음 계획했던 열 명 가운데 일곱 명의 출연이 확정됐다. 아마도 제가 음악 쪽엔 비전문가였기 때문에 무모하게 덤벼들 수 있었던 것 같다.

김상만 그렇다고 해도 가수들이 일반인의 평가에 따라 탈락이 결정되는 역서바이벌 프로그램 섭외에 응한 것이 납득되지 않는다.

김영희 가수들이 출연을 결정하면서 공통적으로 했던 말이 있었다. 공중파에서 이런 무대에 설 기회가 없었는데, 프라임 시간대에 이런 가수들과 한 무대에 서게 돼 행복하다는 말이었다. 윤도현 씨는 록 음악에 대한 사회적인 푸대접에 불만이 많았는데, 이번 기회를 통해 대중들이 록 음악을 친근하게 느끼는 계기가 된다면 만족한다고 말했다. 김범수 씨도 가창력으로 승부할 수 있는 무대라면 아무리 부담되더라도 한 번 서보고 싶다고 말했다. 다른 가수들도 마찬가지였다.

김상만 얘기를 들으니 가수들이 출연에 응한 것은 두 가지 이유 때문인 것 같다. 공중파조차 댄스 가요와 아이돌에 치우치면서 다양한 음악 장르와 가수들이 소외받고 있다는 불만과, 자신의 음악으로 실력을 인정받고 싶다는 프로 뮤지션으로서의 자존심 말이다.

김영희 나도 그렇다고 생각한다. 첫 녹화가 있던 날 그동안 머릿속에서 상상만 했던 광경이 내 눈앞에서 벌어지고 있었다. 그날은 탈락하는 자리도 아니었는데 일곱 명이 정말 혼신을 다해 열창했다. 그 모습에 가슴이 뛰었고, 그날 그 자리에 있었던 관객들도 똑같은 감동을 느꼈을 거라고 생각한다. 그 순간만큼은 정말 시청률 같은 건 아무래도 상관없다고 생각했던 것 같다. 이런 광경을 텔레비전으로 사람들에게 전해줄 수 있다는 것만으로 행복했고, 공중파 예능 피디로서 할 일을 다했다고 느꼈다. 방송 끝나고 같이 식사를 했는데, 다들 어떻게 노래 불렀는지 기억나지 않는다고 하더라. (웃음) 단언컨대, 그날 그 장소는 대한민국에서 가장 아름다운 무대였다.[12]

〈나가수〉는 '신자유주의'가 아니라 '공정'이다

대한민국에서 가장 아름다운 무대였을망정, 누군가는 탈락해야 한다는 것에 대한 비판이 적잖이 쏟아져 나왔다. 대중이 〈나가수〉에서 느낀 폭발적 감동은 그런 우려나 비판을 압도했지만, 3월 20일 방송에서 첫 탈락자 김건모를 떨어뜨리지 않고 재도전할 기회를 준 이른바 '김건모 사건'은 엄청난 후폭풍을 몰고 왔다. 8장에서 보았듯이, 이 바람에 개그맨 김제동이 집중적인 비난을 받았고, 결국엔 담당 피디인 김영희가 다른 사람으로 교체되는 상황에까지 이르고 말았다.

〈나가수〉에서 신자유주의 시대 자기 계발 이데올로기를 읽은 문화평론가 문강형준은 서바이벌 프로그램에 대해 이렇게 말한다. "삶 자체가 생존을 위한 전쟁이 된 상황에서 대중문화는 그 처절한 상황을 감동과 재미로 재再서사화함으로써 사람들에게 '세상의 질서'를 보여준다. 이 모든 프로그램에 투표 등 민주주의 제도가 접목된 것이 흥미롭다. 서바이벌의 상황이 민주주의의 '재가'를 통해 '정당한 것'으로 인정받는 것이다."[13]

날카로운 지적이지만, 민주주의 제도의 접목, 즉 공정이라고 하는 가치는 흥미로운 수준을 넘어 그것이 본질적인 것이고 신자유주의 시대 자기 계발 이데올로기가 부차적인 게 아닌가 하는 해석도 가능할 것 같다. '김건모 사건'에 대한 대중의 대대적인 반발이 그걸 잘 말해준다. 20대가 유난히 이 사건에 부정적인 감정을 드러냈다는 사실도 눈여겨볼 대목이다. 온라인 리서치 업체 마크로밀 코리아가 〈나가수〉 논란에 대한 의견을 물은 결과, 전체 응답자의 47.2퍼센트가 '재도전 결정은 원칙을 어겼기 때문에 문제가 된다'고 답했다. 그런데 20대는 66.9퍼센트가 이같이 응답했다. 이는 평균보다 거의 20퍼센트포인트 높은 수치였다.

20대가 유난히 분노한 것에 대해, 현재 20대가 다른 세대보다 훨씬 치열한 생존경쟁에 몰렸기 때문이라는 분석이 지배적이었다. 이화여대 사회학과 교수 이주희는 "20대가 처한 상황이 서바이벌 프로그램과 무척 비슷하지 않은가"라고 반문하면서 "20대가 서바이벌 프로그램에 더 감정적으로 투사하고 민감하게 반응한다"고 강조했다. 서강대 사회학과 교수 전상진은 "지금의 20

대가 처한 상황은 사회 진출 통로가 막혀 있고 경쟁도 거센 편"이라며 "이런 사회구조가 20대를 예민하고 까칠하게 만들었다"고 분석했다.[14]

〈나가수〉는 '김건모 사건'을 겪은 후에도 계속 흥행에 성공했다. 고려대 교수 마동훈은 「'나가수'와 돌아온 386」이라는 칼럼에서 "2011년 한 해의 대중음악 판도를 이야기하면서 〈나가수〉를 빼고 넘어갈 수 없다. 〈나가수〉의 가장 큰 성공 요인은 잊혀가던 라이브 대중음악의 화려한 부활이었다. 비주얼이 아닌 가창력을 무기로 하는 최고 가수들의 진검 승부를 몰입과 긴장의 내러티브로 구성해 시청자들의 눈과 귀를 사로잡았다. 〈나가수〉에서 임재범이 열창한 '너를 위해'는 국민 가요의 반열에 오를 정도다. '나는 가수다'를 모방한 상표 출원이 지난 6개월간 무려 93건에 이르렀다. 이런 의미에서 〈나가수〉는 대중음악 지형을 넘어선 하나의 사회 현상이었다"며 다음과 같이 말했다.

"〈나가수〉에 등장한 대중가요들의 면면을 살펴보면 1990년대 중반 이래 소위 '386세대'라고 불린 지금의 40대 중심 대중문화 취향의 부활을 조심스레 감지할 수 있다. …… 돌아온 386세대의 〈나가수〉에 대한 몰입과 환호는 최고 가수와 최고 음악이 전달하는 '진정성'에 대한 반응이었다. 그만그만한 아류 음악들에 식상하고 만들어진 스타들의 립싱크를 혐오한다. 최고의 가수들이 눈물과 땀을 보이며 최고의 공연을 위해 노력하는 모습에 가슴속으로부터 큰 성원의 박수를 몰아줬다. 정권 교체가 반복되어도 여전히 계속되는 아류 정치인들의 진부한 정쟁政爭에 지쳐 시민 후보의 손을 들어줬다. 일단은 그쪽에서 더 큰 진정성의 희망을 봤기 때문이다. 2012년 총선과 대선 정국에도 이들의 선택은 같을 것으로 전망된다. 〈나가수〉를 보지 않는 정치인들을 빼고는 누구나 알고 있는 예견된 선택이다."[15]

마동훈의 비평은 〈나가수〉 현상과 안철수 현상이 실은 같은 궤도를 달리는 열차일 수 있다는 것을 시사하고 있어 흥미롭다. 진정성에 대한 열망이 모든 것은 아닐망정, 두 현상을 촉발시킨 한 가지 이유였다고 말해도 무방할 것 같다. 그래서 김영희는 〈나가수〉도 공익적 예능의 연장선상에 있다고 주장한 걸까? "굉장히 공익적이죠. 사람들이 보면서 감동을 느끼잖아요. 감성적으로 순화가 되니까. 정지선을 지켜야 한다, 뭘 해야 한다 하는 것보다 이게 훨씬 더 포괄적으로 공익적인 것 같아요. 사람들이 착해지니까."[16]

아니, 자신을 공익 피디로 보는 게 불만이라던 사람이 이게 웬 말인가? 그런 식으로 따지자만 공익 아닌 드라마가 어디에 있을까? 웃자고 한 말로 이해하면 될 것 같다. 오히려 〈나가수〉의 진정한 공익성은 모든 이들이 "아니, 그런 프로그램이 가능해?"라고 코웃음을 친 일을 뚝심 하나로 밀어붙인 김영희의 광기는 아니었을까? 대중을 감동시킬 만한 일을 해내려면 그 정도 광기는 꼭 필요하다는 걸 온몸으로 보여주었다는 의미에서 말이다.

사실 〈양심냉장고〉에서 〈나가수〉에 이르기까지 아무도 시도할 생각조차 하지 않았던 프로젝트를 선보이기 위해 김영희가 보인 집요한 설득, 세상에 어떤 피디가 그런 광기를 보일 수 있겠는가? 김영희가 스태프와 출연 연예인들에게 절대적 카리스마를 행사하며 '긍정 바이러스'를 유포시키는 것도 광기 이외엔 달리 설명할 길이 없다.

"주위에서 같이 일하는 사람들이 '아, 저 사람 얘기를 따르면 대부분 성공하는구나. 싫어도 따라주자'는 생각을 갖게 하는 게 중요해요. 저도 〈나가수〉할 때 사실은 '이게 성공하느냐, 실패하느냐'는 모르잖아요. 그런데 첫 녹화하기 두 달 전부터 저하고 같이 일하는 스태프, 가수들, 매니저들에게 '이건 반드시 성공한다, 내가 성공시킬 수 있다, 그러니까 너희들은 최선을 다해 나

**재미계몽형 멘토
김영희**

를 도와라, 너희 도전이 헛되지 않게 반드시 해줄 거야, 걱정하지 마' 이랬어
요. 두 달 동안 세뇌를 다 시켜놨어요."[17]

재미 가치의 확산을 위한 멘토링

"방송은 깊이가 없어요. 그게 단점이지만, 장점일 수도 있거든요."[18]

한국피디연합회장 시절 김영희가 『월간 인물과사상』 2008년 11월호 인터
뷰에서 한 말이다. 그의 인터뷰 기사를 읽다가 여러 곳에 밑줄을 그었다. 지방
에 사는 사람으로서 "지역 방송이 나름대로 색깔을 가지고 활성화되는 게 진
정한 방송의 선진화라고 할 수 있죠"라는 말이 가장 마음에 들었지만, 그의
말 하나 하나는 그 어떤 철학자의 발언보다 더 깊은 울림으로 다가왔기 때문
이다.

"〈책책책 책을 읽읍시다〉를 하면서 제가 방송에 대한 생각이랄지 철학이
정리가 됐어요. '너무 깊이 들어가지 말라. 들어갈 시간도 없고, 들어갈 방법
도 없다'는 겁니다. 좀 깊이 들어가기 위해서는 다른 매체를 이용해야 된다는
거죠. 방송은 60분, 120분이면 끝나는데, 거기서 무슨 깊이 있는 이야기를 하
겠습니까? 방송은 굉장히 즉흥적입니다. 그것도 장단점이 있는데, 방송제작
자들은 그 즉흥성과 매체의 깊이가 없다는 것을 인식하고, 염두에 두고 제작
해야 합니다. 혼자 논문 쓰면 안 되는 거죠. (웃음)"[19]

이 대목을 읽는 순간 떠오른 생각은 지방에서 벌어지고 있는 처절한 '주목
투쟁'이었다. 각 지방자치단체별로 대중의 주목을 쟁취하기 위해 눈물겨울
정도로 애를 쓰고 있기는 한데, 그 방식은 문자 그대로 천편일률 그 자체다.

그저 만만한 게 촌스러운 광고와 손님 없는 축제를 벌이는 것이다. 오죽 답답하면 그럴까 하는 생각에 그걸 탓하고 싶은 마음은 없지만, 가끔은 시청률에 안달하는 방송 피디의 마음과 자세를 지역 공무원들이 배우면 안 될까 하는 생각을 해보곤 한다. 한국방송협회가 전국의 지자체들에게 신청을 받아 '피디 순회 특강'을 하면 좋겠다는 제안을 하고 싶다.

지자체뿐만이 아니다. 시민단체들도 피디에게 '주목 투쟁 기법' 또는 '소통의 경제학'을 배워야 한다. 김영희는 이미 그런 강연을 몇 차례 했나 보다. 그는 "가끔 시민단체나 NGO들의 강의 요청을 받아서 얘기를 하면 사람들이 너무 좋아합니다. 재미라는 것에 대한 가치, 그것을 확실히 심어주고 오거든요"라면서 다음과 같이 말했다.

" '재미라는 것은 무시되어야 할 가치가 아니다, 내가 생각하기에는 휴머니티와 거의 동등한 가치가 재미다, 인간은 재미라는 가치가 없으면 행동하지 않는다'는 식으로 재미의 중요성에 대해서 얘기해줍니다. 우리나라 사람들은 감동을 받고 울었는데도 재미있다고 하고, 깔깔거리고 웃어도 재미있다고 합니다. 재미는 한국 사람에게는 정말 없어서는 안 되는 가치거든요. 그러니까 재미에 대해서 함부로 생각하지 말고, 재미와 휴머니티를 어떻게 배합하는가가 모든 프로젝트의 관건이라고 얘기합니다."[20]

'호모 루덴스(Homo Ludens: 놀이하는 인간)'라는 말이 괜히 나왔겠는가? 요한 하위징아는 『호모 루덴스』에서 놀이는 문화의 한 요소가 아니라 문화 그 자체가 놀이의 성격을 가지고 있다고 역설했지만, 한국에선 오래전부터 굳이 언급할 가치조차 없는 자명한 진리가 아니었던가?

재미계몽형 멘토
김영희

왜 재미가 소통인가

가끔 음식점에서 재미있는 텔레비전 프로그램이 나오면 음식을 먹다 말고 텔레비전을 넋 빠진 얼굴로 응시하는 이들을 보게 된다. 좀 모자란 듯 보이긴 하지만, 하나같이 착한 얼굴들이다. 분노도 없고 좌절도 없다. 그때마다 '재미'의 위대함을 절감하면서, 내심 저게 왜 정치나 시민운동과 따로 놀아야만 하는가 하는 의문을 품곤 한다.

텔레비전이라는 막강한 유통 채널의 존재 탓으로 돌리면 마음은 편해질지 모른다. 그런 '권력 마당'이 없는 정치나 시민운동이 무슨 수로 텔레비전과 경쟁할 수 있단 말인가? 하긴 이런 항변은 오랜 역사를 자랑한다. 1950년에 나온 데이비드 리스먼의 『고독한 군중』엔 이런 이야기가 나온다.

"매스미디어 비판자들은 일반적으로 미디어가 정치적 무관심을 조장한다고 생각하고 있는 것 같다. 어떻게 워싱턴이 할리우드나 브로드웨이와 경쟁할 수 있겠느냐는 질문이 제기되곤 한다."[21]

타당한 의문이긴 하지만, 정치나 시민운동이 미디어에 비해 크게 뒤처져 있을망정 재미를 주기는 주는 거냐고 다시 물어보는 건 어떨까? 오히려 정반대 방향으로 나아가면서 미디어 탓만 하는 건 아닌가?

더럽고 썩고 냄새나는 곳에 재미가 있을 리 없다. 고함지르고 핏대 세우고 화내는 곳에 재미가 있을 리 없다. 재미를 준다는 건 희화화나 사소화가 아니다. 그것보다는 훨씬 더 어려운 일이다. 재미는 소통이다. 소통 없이 재미없다. 재미 삼아 하던 촛불집회도 재미를 죽일 정도로 근엄하고 심각하고 성난 얼굴들이 접수하면서 재미가 사라졌다. 내부 소통이 먼저 죽은 것이다.

어떤 이들은 계몽이 죽은 시대라고 개탄한다. 그러나 천만의 말씀이다. 계몽은 죽은 적도 없고 죽을 수도 없다. 계몽의 포장술이 달라졌을 뿐이다. 사람들은 재미없는 계몽에 저항하는 것뿐이다. 위에서 아래로 퍼붓기만 하는 일방적인 계몽에 등을 돌린 것뿐이다. 쌍방향 계몽, 그게 바로 재미의 정체가 아닐까? 한국 철학자들의 철학 수준은 세계적이라는 데 '재미의 철학'이 눈에 띄지 않는 건 아쉬운 일이다. 피디들이 나름 확고한 '재미의 철학'을 정립해 시청률 경쟁에 대한 비판에 정면 대응하면 좋겠다. 그게 시청률의 노예가 아니라 시청률의 주인이 되는 길은 아닐까?

김제동을 비롯한 소셜테이너들도 사회적 메시지를 표현하고 전달할 때 김영희의 방식을 벤치마킹하면 좋겠다. 김영희는 "자칫 교만해질 수도 있겠죠"라는 기자의 질문에 이렇게 답한다. "맞아요. 동창 중에 '너는 권력이다. 너, 정신 차려야 된다' 이런 말을 가끔 해주는 친구가 있어요. 그런데 저 스스로 제어 장치가 없어요. 그러니 정신 차리는 수밖에 없어요. 저는 감성적인 사람이에요. 정치인들처럼 사회가 이래야 한다, 재분배가 어떻게 돼야 한다는 식으로 표현을 못해요. 대신 저는 학생들은 아침밥을 먹어야 한다, 눈 못 뜨는 사람이 각막만 있으면 눈을 뜰 수 있다고 한다 이런 얘기를 해요. 저는 우리 사회가 남들에 대한 배려, 남을 돌아보는 마음들이 있으면 굉장히 좋고 성숙한 사회가 될 수 있다고 생각해요."[22]

나는 김영희를 재미와 휴머니티의 결합을 위해 애쓰는 재미계몽형 멘토라고 생각한다. 공공적인 일에 재미를 주지 않으면 성공하기 어렵다는 법칙, 나는 이걸 '김영희의 법칙'으로 부르고 싶다. 나중에 맺는말에서 이야기하겠지만, 나는 한국 정치 개혁의 비법도 바로 이 법칙에 있다고 생각한다. 우리가 어떻게 이용하느냐에 따라, 김영희의 법칙은 세상을 바꿀 수 있는 주요 코드인지도 모른다.

김영희는 참 독특한 캐릭터다. 방송쟁이들은 보통 방송에 깊이가 없다고 하면 적어도 공개적으론 꼭 그렇진 않다고 반박하는 게 보통인데 스스로 방송엔 깊이가 없다고 그리고 또 그게 장점이라고 역설해대니, 이게 참 묘하지 않은가 말이다. 그러니 초기에 이런 철학을 공유해줄 사람이 얼마나 있었겠는가? 〈책책책 책을 읽읍시다〉만 해도 나중엔 출판계 사람들이 고마워했지만, 처음엔 출판계의 특유한 활자 매체 중심적 보수성으로 김영희는 엄청난 비난과 고통에 시달려야 했다. 그가 오죽하면 "다시는 출판계하고 거래 안 해"라는 말까지 내뱉었겠는가.[23]

사실 김영희는 진보 정당이 사부로 모셔야 할 멘토다. 진보 정당의 치명적인 약점이 재미가 없다는 것이기 때문이다. 도덕적 우월감만 하늘을 찌를 뿐, 여전히 눈에 핏발 선 이미지다. 그를 멘토로 모셔가는 단체가 제법 있는 걸 보니 시민단체들은 이미 김영희의 가치를 조금이나마 눈치 챈 것 같다.

그러나 김영희에게도 멘토링의 딜레마는 있다. 지상파 방송사의 피디는 비교적 잘 먹고 잘사는 집단이 아닌가? 그러니 피디가 조금이라도 진보적 성향을 갖게 되면 자신이 강남 좌파적 입장에 선 건 아닌가 하고 불편함을 느끼기 마련이다. 김영희는 그런 불편함을 다음과 같이 토로한다.

"저도 몇 개 시민단체에서 활동을 하고 있는데요. 사실은 시민운동가, 활동가들은 굉장히 열악한 환경에서 일하지 않습니까? 그런데 피디들이나 언론인들은 상대적으로 굉장히 부르주아적인 입장에서 뭘 하고 있고요. 굉장히 이중적이죠. 자칫 잘못하면 위선적이 될 수밖에 없습니다. 그건 정말 조심해야 됩니다. 내가 대학생 시절에 고민하던 그런 것으로 돌아가서 정말 정신을 바짝 차리고 하지 않으면 나중에 위선적이 될 수 있다고 생각합니다. 어제도 어떤 단체 모임에 갔다 왔는데, 술 마시면서 그런 생각이 들더라고요. 내가 이

들과 동조를 하면서 진정하게 이들과 한 패거리가 될 수 있는가 하는 생각이
좀 들더라고요." [24]

그러나 그렇게까지 걱정할 일은 아니다. 한 패거리가 될 생각은 아예 하지
말고 '김영희의 법칙'만 전파하면 된다. 그 역할에만 머물러도 위선이라고
시비 걸 사람은 없을 것이다. 말 나온 김에 위선 이야기를 좀 해보자. 맺는말
로 넘어가서 일반적인 이야기를 해보자. 대중을 상대로 멘토링을 하는 멘토
는 늘 위선의 혐의를 피해갈 수 없기 때문이다.

멘토의 제도화를
위하여

위선이란 부담을 넘어서

위선僞善을 뜻하는 영어 hypocrisy는 그리스어 hypokrisia에서 나온 말로, 원래 '무대에서 연기를 하다to play a part on stage'라는 뜻이며,[1] 위선자를 뜻하는 hypocrite는 '배우, 연기하는 사람one who plays a part'을 뜻하는 그리스어 hypocretes에서 나왔다.[2]

세상은 연극 무대와 다를 바 없는데, 연기를 하지 않고 세상을 살아갈 수 있을까? 그게 도대체 가능한 일인가? 윌리엄 셰익스피어는 이렇게 갈파했다. "이 세상은 무대이며 모든 남자와 여자는 배우다. 그들은 각자의 배역에 쫓아서 등장했다가는 퇴장하지만 사람은 한평생 동안 여러 가지 역을 담당한다."[3] 또 미국 사회학자 로버트 파크는 다음과 같이 말했다. "아마도 사람person이라는 단어가 그 첫째 의미로서 가면mask이라는 뜻을 지녔음은 결코 단순한 역사적 우연만은 아닐 것이다. 오히려 모든 사람이 언제 어디서나 그리고 다소 의식적으로 어떤 역할을 수행하고 있다는 사실에 대한 인식일 것이다. …… 이런 역할 속에서 우리는 서로를 아는 것이며, 우리가 우리 자신을 아는 것도 바로 이러한 역할들 속에서다."[4]

셰익스피어와 파크의 말이 시사하듯, 인간이 사회생활을 하는 한 위선은 불가피하다. 그래서 미국 철학자 랠프 월도 에머슨은 "누구건 혼자 있을 때엔 진실하다. 다른 사람이 들어설 때에 위선이 시작된다"라고 했고, 영국 작가 윌리엄 해즐릿은 "우리 인간은 잠을 잘 때에만 위선에서 자유로울 수 있다"고 했다.[5]

위선의 불가피함을 강조하는 건 위선의 정도를 따지는 일이 필요하다는 것이지, 모든 위선이 정당화될 수 있다는 걸 말하려는 게 아니다. 우리는 "성인이 아니면 입 닥쳐"라는 '반反위선 근본주의'가 낳을 수 있는 문제가 매우 심각하는 데 눈을 돌려야 한다.[6] 동시에 우리는 위선이 아예 제도화되어 전 사회적으로 '위선 중독'이 일어나는 사태 또한 경계해야 할 것이다.

제임스 스피글은 위선을 네 종류로 분류한다. 첫째, 자신을 실제보다 더 도덕적인 것처럼 보이게끔 하는 위선이다. 영어로는 pretense다. 둘째, 자신에게도 있는 도덕적 결함인데도 그걸 지적하며 남을 비판하는 위선이다. 영어로는 blame이다. 셋째, "내 말은 따르되, 행동은 따르지 말라"는 속담으로 대변되는 언행 불일치의 위선이다. 영어로는 inconsistency다. 넷째, 이 세 가지 위선을 저지르면서 도덕적 요구를 무시하는 위선이다. 예수가 마태복음(23장 23~28절)에서 지적한 것으로, 영어로는 complacency라고 한다.[7]

멘토는 이 네 가지 위선 중 특히 첫째와 셋째 위선을 저지르기 쉽다. 이 책에서 다룬 열두 명 가운데 위선의 혐의를 제기할 만한 멘토는 없었다. 아니, 애초에 그런 멘토만 골랐기에 그렇게 된 것이긴 하지만, 모두 다 내로라하는 멘토들인 만큼 우리 사회를 위해 다행스러운 일이 아닐 수 없다.

위선, 이건 사회적 멘토링에서 매우 중요한 문제다. 자격을 충분히 갖추었음에도 위선에 대한 부담 때문에 멘토링에 나서지 않는 사람이 많기 때문이다. 더 많은 이들이 위선에 대한 부담을 떨치고 사회적 멘토링에 적극 나서줄 수는 없는 걸까? 아니, 아예 '멘토의 제도화'를 시도해볼 수는 없을까? 멘토에겐 위로와 배려라고 하는 인간미가 있다. 제도에 그런 인간미를 접목시킬 수는 없는 걸까? 내가 이 책을 쓰면서 품게 된 고민이었다.

힐링에도 계급이 있는가? 물론 있다. 이른바 '거마대학생'은 힐링의 대상에서 빠져 있다. 거마대학생은 서울시 송파구 거여동과 마천동 일대 다세대주택에 합숙하면서 불법 다단계 판매에 종사하는 대학생을 일컫는 말이다. 이들은 대다수가 가난한 지방대 출신으로 남녀 구분도 없이 한 방에 열다섯 명에서 스무 명이 혼숙하며 지낸다. "앵벌이 조직이요, 인신매매형 사이비 종교 집단"이란 말을 듣는 이들의 멘토는 다단계 업체다. 그러나 우리가 주목해야 할 점은 거마대학생들이 다단계 업체를 "세상에서 유일하게 나를 잘 대해주고, 걱정해주는 사람"이라고 생각한다는 사실이다.[8] 위로와 배려, 즉 멘토의 인간미가 얼마나 중요한지 새삼 실감케 하는 증언이다. 나는 그런 인간미 넘치는 멘토의 제도화를 정당 조직에서부터 시도해보자는 제안을 하고 싶다.

멘토의 머리 꼭대기에 올라탄 멘티들

나는 "한국 사회의 가장 큰 문제는 생각이 다른 것이 아니라 생각이 다른 사람과 같이 사는 법을 알지 못한다는 것" 이라는 박성민의 주장에 동의한다.[9] 물론 알고서도 사적 이익을 위해 일부러 실천하지 않는 사람들도 많겠지만, 별 이해관계가 없는 일반 대중까지 '다름' 을 '틀림' 으로 내치는 이분법 문화에 중독돼 있는 현실은 우려할 만한 일이 아닐 수 없다.

오해의 소지를 피하기 위해 이야기를 분명하게 해두자. 나는 이분법 자체를 전면적으로 비판하는 게 아니다. 이분법은 꼭 필요할 때도 있고 피할 수 없을 때도 있다. 누가 봐도 명백한 선악의 경우에 이분법이 아니면 무엇을 택하겠는가? 또 사회적 논의를 위한 차원에서 이분법을 써야 할 때도 있다. 아니, 민주주의라는 제도 자체에 이분법이 내장돼 있다는 것도 분명한 사실이다. 내가 여기서 비판의 대상으로 삼자고 하는 이분법은 '우리 편은 무조건 옳다' 는 진영 논리다.

한국 정치에선 여당일 때 자신들이 찬성하고 추진했던 일도 야당이 되면 반대하는 게 아예 관례다. 국민은 그걸 비판하기도 하지만, 국민도 다를 게 없다. 우리 편은 무조건 옳고 반대편은 무조건 나쁘다는 편 가르기 심리는 뿌리 깊은 습속(아비투스)으로 국민의 의식과 행태를 지배하고 있는 게 현실이다. 우리 편 잘되게 하자는 뜻에서 진영 내부를 비판해보시라. 왜 우리 편만 문제 삼는가? 그럴 시간 있으면 저 악랄한 적들을 욕해야 옳은 게 아닌가? 진영 논리에 중독된 이들이 한결같이 제기하는 문제다.

나는 일부 정치적 멘토들의 경우엔 겉으론 리더인 것 같지만 실은 그런 편 가르기 구도의 졸卒이라고 생각한다. 오히려 멘티들이 멘토의 머리 꼭대기에 올라타 있다는 것이다. 물론 멘토는 멘티들에게 진한 감동과 더불어 행동을 하게끔 자극을 주기도 한다. 그러나 그마저 멘토가 프레젠테이션을 잘했다는 것을 의미할 뿐, 멘티들은 이미 듣고 싶은 메시지를 갖고 있었다는 사실을 잊어선 안 된다. 멘티는 멘토에게 존경과 사랑을 보내다가도 멘토가 자신이 애초에 갖고 있었던 구도나 틀을 넘어서는 발언을 하면 하루아침에 무시무시한 적으로 돌변해 돌을 던질 수 있다.

정치의 속성이 원래 그렇기 때문이다. 독일의 보수적인 법학자 카를 슈미트는 『정치성의 정의』라는 책에서 정치성을 '친구와 적'을 구분하게 하는 것이라고 했다.[10] 알리 마즈루이는 "'우리'와 '그들'의 대립 구도 경향은 정치 영역에선 거의 보편적이다"라고 했다.[11] 마이클 딥딘의 소설 『죽은 늪』에서 베네치아의 민족주의 선동가는 "진정한 적敵이 없다면 진정한 친구도 있을 수 없다. 우리가 아닌 것을 증오하지 않는다면 우리 것도 사랑할 수 없다"고 했다.[12]

유감스럽게도 이들의 주장은 자주 현실로 입증되곤 했다. 대중의 지지와 복종을 얻어내는 데 대중의 감성을 건드릴 수 있는 '적 만들기enemy-making'는 절대적으로 중요하다. '정치화된' 대중은 그들이 두려워하고 혐오하는 사람을 반대함으로써 자신의 정체성을 규명하려는 경향이 있다. 리더십은 그걸

돕는 것이다. 그런 의미에서 리더십은 '적을 만들어내는 게임'이기도 하다.[13]

사람이 아니라 시스템을 바꾸자

정치의 그런 속성이 바뀔 것 같지는 않다. 오히려 그렇기 때문에 멘토까지 나서서 적을 만들어내고 때리는 게임을 이끌 필요는 없지 않을까? 아무리 옳은 길이라 하더라도, 정치의 속성상 반드시 '오버'가 일어나게 돼 있는 일에 멘토까지 나서서 적대감을 부추길 이유가 있겠느냐는 것이다.

이 책에선 다루지 않았지만, 최근 들어 "도덕은 지배 계급 또는 기득권 계급의 이데올로기"라면서 "개혁·진보 세력은 도덕 때문에 망한다"고 주장하는 멘토가 적잖이 활약하고 있다. 일리 있는 말이지만 이게 이론의 세계를 떠나 곧장 시장으로 나오면 매우 곤란한 일이 벌어진다. 민심이 등을 돌리기 때문이다. 이게 마르크스주의의 최대 약점이다.[14] 이념을 떠나 기본적으로 세상을 바꾸려는 시도를 하는 이들도 똑같이 겪을 수밖에 없는 일이다.

우리 편이 불리할 땐 도덕을 쓰레기 취급하다가도 우리 편을 위한 선전·선동에서 도덕을 오·남용하는 것도 다시 생각해볼 문제다. 즉, 정치를 선악善惡 이분법의 도덕으로 변질시키지 말자는 것이다. 좌우를 막론한 포퓰리스트들은 기존 제도를 강하게 불신하면서 대중과의 직접적인 관계를 강조한다. 그들은 정치를 비난하면서도 정치를 하는 모순을 해소하기 위해 '위기'를 과장하고 정치 담론을 도덕 담론으로 전환시킨다.[15] 이런 상황에선 중간파가 설 자리가 위축되며, 정치적 중립을 '악惡의 편'으로 매도하는 주장마저 적잖은 힘을 얻게 된다. 이거 이대로 좋은가?

기존 진영 논리는 주로 '사람'이나 '세력'을 겨냥한다. 인물 교체나 세력 교체는 한국 정치 개혁의 알파이자 오메가로 간주돼왔다. 반면 나는 '시스템'을 바꾸자는 쪽이다. 대세가 시스템 변화 쪽으로 가 여론이 압박한다면, 천하의 몹쓸 정치인도 시스템 변화를 위해 애쓸 것이라고 생각한다. 국회의 원 금배지가 주는 영광과 특혜를 버릴 뜻이 없기 때문이다. 반면 아무리 선하고 좋은 정치인이라도 이들이 시스템 변화보다는 인물이나 세력 교체에만 집착하다 보면, 결사 항쟁하는 반대파와의 투쟁에 모든 자원을 소모해 종국엔 쇠락할 수밖에 없다.

나는 "문제의 해결 방법을 사람에게서 찾지 말고 법과 제도와 같은 시스템의 개선을 통해 '불확실성'을 제거하는 것이야말로 지금 정치가 해야 할 일"이라는 박성민의 주장에 지지를 보낸다. 같은 생각을 해왔을망정 평소 내가 주장한 것보다 더 설득력 있게 표현했기에 박성민의 주장을 소개한다. 한국 사회에 뿌리박힌 줄서기 문화에 관한 그의 분석이 신선하다.

"한국인의 의식이 갑자기 선진화한 걸까요? 국가 원로까지 나서서 목소리를 높인 캠페인이 효력을 본 걸까요? 결정적인 이유는 '대기 번호표' 발급기가 곳곳에 설치되었기 때문입니다. 요즘은 은행, 병원, 극장, 식당 등 어디서나 대기 번호표를 뽑고 자기 차례를 기다려요. 대기 번호표는 누구에게나 '공정' 하게 '기회'를 줍니다. 더구나 이것은 자기가 얼마나 더 기다려야 하는지 예측할 수 있어요. 예측이 가능하면 계획을 세울 수 있습니다. 화장실을 다녀올 수도 있고, 시간이 오래 걸릴 것 같으면 다른 급한 업무를 먼저 처리하고 올 수도 있어요. 정치가 하는 일이 바로 이런 겁니다."[16]

그러나 그동안 한국 정치는 정반대로 그저 시스템을 때려 부수는 일이나 했다고 해도 과언이 아니다. 줄을 잘 안 서는 사람들이 있으니 그들을 제거해야 한다는 명분을 내세워 그런 사람들이 주로 몰려 있는 시스템을 파괴하기에 바빴다는 것이다. 왜 그런가? 그들 자신도 의식하지 못했을 수도 있지만, 인물과 세력을 교체해야 빈자리가 대량으로 생겨나기 때문이다. 요컨대, 넓은 의미의 '밥그릇 싸움'을 하느라 시스템 개혁은 늘 뒷전으로 밀려나곤 했다는 말이다.

정당 개혁을 위한 발상의 전환

정치 시스템의 기본은 정당이다. 정당 개혁을 어떻게 할 것인가? 이 또한 늘 인물과 세력 교체 타령 일변도였다. 그래서 심심하면 있던 정당 때려 부숴 새 정당 만들고, 때려 부수는 게 여의치 않으면 물갈이 좀 한 뒤에 간판 바꿔 다는 일을 밥 먹듯 해왔다. 그런데 이에 대해 정치권만 비판할 일이 아니다. 이런 일들은 늘 국민의 지지를 받아왔다는 걸 간과해선 안 된다. 즉, 국민도 공범인 것이다.

그런데 정작 묘한 건 기존 정당을 부정하는 신선한 인물이 정치권 밖에서 나타나면 국민적 지지가 그쪽으로 쏠리곤 한다는 점이다. 여기엔 스스로 선진적이라고 생각하는 지식인들이 가세한다. 기존 정당 민주주의 모델이 낡았다며, 정당 부정론에 힘을 실어준다. 그런데 앞으로 어떻게 하자는 대안은 제시하지 않는다.

그간 기간당원제가 정당 민주주의의 희망으로 여겨져왔지만, 실패로 돌아가고 말았다. 기성 정치 기득권 세력의 방해 때문인가? 그게 아니다. 우리의 강한 연고주의 문화가 대중의 공적 참여를 억누르고 있기 때문이다. 2006년에 한국개발연구원KDI이 낸 '사회적 자본 실태 종합 조사' 보고서를 보면, 우리나라 국민의 사회적 관계망 가입 비율은 동창회가 50.4퍼센트로 가장 높고, 종교 단체 24.7퍼센트, 종친회 22.0퍼센트, 향우회 16.8퍼센트 등이 뒤를 이었다. 반면 공익성이 짙은 단체의 가입률은 2퍼센트대에 머물렀다.[17]

이건 하루아침에 바꿀 수 없는 문화다. 이런 토양에서 기간당원제는 열정 있는 소수 강경파가 정당을 지배하는 심각한 문제를 낳을 수밖에 없다. 그래서 기간당원제가 실패한 것이다. 한국 정당의 경쟁자이자 적은 바로 연고 조직이다. 연고 조직이 정당으로 들어가야 할 대중의 시간과 돈과 에너지를 독식함으로써 폭넓은 대중의 참여를 가로막고 있기 때문이다. 한국의 이런 현실을 감안한 참여 방안을 모색해야 한다.

나는 정당 개혁, 즉 정당을 멘토의 제도화를 이룰 수 있는 대표적 집단으로 전환하기 위해 13장에서 다룬 '김영희의 법칙'을 쓰자고 제안하고 싶다. 이 법칙은 안철수에서 김어준에 이르기까지 이 책에서 다룬 거의 모든 멘토가 이미 구사해온 재미 코드를 정당을 바꾸는 데에도 도입해보자는 것이다. 이에 대해 오락적 가치의 전 사회적 지배를 우려하는 이들도 없지 않겠지만, 텔레비전과 스마트폰을 없앨 수 없다면 그 방향으로 가는 것이 옳거나, 적어도 불가피하다. 다시 박성민을 불러내자. 어쩌면 나와 그리 똑같이 생각을 하는지 놀랄 정도다. 박성민이 사회적 멘토로 활약해주길 바라는 마음과 함께 그의 대안을 소개한다.

그는 "한국 교회의 제일 큰 역할은 바로 '생활 공동체'입니다. 이것이야말로 새로운 정당의 모습을 고민하는 이들이 주목해야 할 한국형 교회의 성공 비결입니다. 저는 결혼식, 장례식 때 교회만큼 완벽한 서비스를 제공하는 곳을 본 적이 없어요. 신도나 그 가족이 아프면 교인들이 와서 간병까지 해줘요. 친척보다 더 낫습니다. 그리고 교회는 지금은 사라진 한국의 '대가족제'를 유지합니다"라면서 다음과 같이 말한다.

"바로 이 한국형 교회에서 한국형 정당의 모습을 고민해보아야 해요. 교회는 교인들에게 재미를 줍니다. 10대들이 교회를 찾아갔던 것도 재미있으니까 간 거예요. …… 정당은 왜 교회처럼 못합니까? 무료 법률 상담, 문학 학교, 영화 학교, 댄스 학교 등 마음만 먹으면 못할 게 없을 거예요. …… 이렇게 하다 보면, 자연스럽게 당을 매개로 시민들끼리 교류를 하겠지요. 그러다 보면 지역사회에서 무시 못할 네트워크도 생겨날 거예요. 왜 강남의 잘난 사람들

이 기를 쓰고 소망교회 같은 대형 교회를 가는지 생각해보세요. 교회 가면 김
앤장 로펌 변호사가 교인이니, 예배 끝나고 밥 먹다가 일상적으로 법률 자문
도 받을 수 있어요. 정당은 왜 못 합니까?"[18]

그렇다. 바로 이것이다. 생활 공동체적 서비스도 넓은 의미에서는 재미다.
우리는 돈을 좀 벌어도 재미 좀 보았다고 말하지 않든가? 재미를 줘야 한다.
이 책에서 다룬 멘토들은 대부분은 멘티들에게 재미를 주었기 때문에 성공할
수 있었다는 걸 잊지 말자. 정당은 각종 멘토링 서비스로 대중을 유인해야 한
다. 그렇게 해서 이루어지는 멘토의 제도화는 정치가 혐오와 저주의 대상에
서 민생의 한복판에 들어서게 하는 변화를 가져올 것이다. 정치를 살리지 않
으면 모든 멘토링은 위로 수준에 머물 수밖에 없다. "영혼이라도 팔아 취직하
고 싶다", "실업자로 사느니 교도소 가겠다", "우리에게 애국은 없다. 우리에
게 고통을 전가하는 나라는 애국받을 가치조차 없다"라고 절규하는 청춘들
에게 귀를 기울이면 좋겠다.

1장_ 멘토

1 Jordan Almond, *Dictionary of Word Origins: A History of the Words, Expressions, and Cliches We Use*(Secaucus, NJ: Citadel Press, 1997), p.165; *Mentor*, Wikipedia; 「멘토 (Mentor)」, 『네이버 지식사전』.

2 이혜원, 「개천에서 용을 만들자」, 『한국일보』, 2010년 10월 15일.

3 박주연, 「대중문화에 부는 멘토 열풍, 왜?」, 『경향신문』, 2011년 3월 9일.

4 「직장인, 멘토로 삼고 싶은 인물 2위 반기문, 1위는?」, 『경향신문』, 2011년 5월 9일.

5 이종철, 『그대의 꿈이 현실이다: 1030세대 세상 바꾸기』(인간사랑, 2012), 41~42쪽.

6 이종철, 같은 책.

7 김지룡, 『재미있게 사는 사람이 성공한다』(명진출판, 1998), 195~196쪽.

8 우석훈 · 박권일, 『88만원세대: 절망의 시대에 쓰는 희망의 경제학』(레디앙, 2007).

9 조한혜정, 「IMF 목격한 불행한 청년들 '88만 원 세대' 우리가 껴안자」, 『경향신문』, 2007년 8월 29일.

10 손호철, 「이제 세대는 계급인가?」, 『한국일보』, 2007년 11월 19일.

11 유창오, 『진보 세대가 지배한다: 2040세대의 한국 사회 주류 선언』(폴리에티아, 2011), 45쪽.

12 이동우, 『안철수와 박경철, 깊이 읽기』(북노마드, 2011), 37~39쪽.

13 노재현, 「아프구나 힘들구나…모두가 약자인 척하는 사회… '구나'로 문제가 다 해결될까」, 『중앙일보』, 2012년 4월 20일.

14 Barbara Ehrenreich, *Bright-Sided: How Positive Thinking Is Undermining America*(New York: Picador, 2009).

15 최보식, 「"젊은 친구, 현실에는 '메시아'가 없네"」, 『조선일보』, 2012년 4월 11일, A30면.

16 박경철, 『시골의사 박경철의 자기혁명』(리더스북, 2011), 341쪽.

17 존 나이스비트, 안진환 옮김, 『하이테크 하이터치』(한국경제신문, 2000).

18 박경철, 『시골의사 박경철의 자기혁명』(리더스북, 2011), 338~339쪽.

19 김소정, 「인터뷰/트윗119 운영 집단계정 폭파 막는 박경귀 참개인가치연대 대표」, 『데일리안』, 2011년 4월 21일.

20 박성민 · 강양구, 『정치의 몰락: 보수 시대의 종언과 새로운 권력의 탄생』(민음사, 2012), 35쪽.

21 홍종학, 『삼수 · 사수를 해서라도 서울대에 가라』(미래와사람들, 1998).

22 윌리엄 · 마블 사하키안, 이종철 옮김, 『위대한 철학자들의 사상』(문예출판사, 1988), 28~29쪽; 강재륜, 『논리학』(대왕사, 1996), 46~48쪽; 홍은택, 『블루 아메리카를 찾아서』(창비, 2005).

2장_ 안 철 수

1 박은몽, 『진실과 원칙으로 꿈을 이룬 안철수 이야기』(문예춘추사, 2012), 10쪽.

2 박은몽, 같은 책, 224~225쪽.

3 안철수 외, 『안철수, 경영의 원칙』(서울대학교출판문화원, 2011), 20쪽.

4 남궁욱, 「이문열 "안철수는 언론이 키운 아바타"」, 『중앙일보』, 2012년 4월 21일.

5 홍유진, 「인터뷰/시사평론가 김종배: 팟캐스트의 힘, 한국 언론이 다시 일어난다」, 『월간 인물과 사상』, 2012년 3월호, 25쪽.

6 권태선, 「소통? 불통! 울화 '통'」, 『한겨레』, 2008년 6월 13일; 이태희, 「아고라가 청와대에 말한다…재벌과의 핫라인 철폐부터 촛불의 새로운 상상력까지 그들의 말말말」, 『한겨레21』, 2008년 6월 16일.

7 강원택 외, 「4·11 선택-긴급좌담: 총선 결과만으로 대선 유불리 따지기 힘들 것」, 『중앙일보』, 2012년 4월 12일, 14면.

8 박성민·강양구, 『정치의 몰락: 보수 시대의 종언과 새로운 권력의 탄생』(민음사, 2012), 158쪽.

9 이태희, 「안철수 투표율 70% 호소는 사실상 야권 지지 뜻」, 『한겨레』, 2012년 4월 10일.

10 박국희, 「안, 어제는 광주 오늘은 대구: 안철수, 탈이념·무당파 강조」, 『조선일보』, 2012년 4월 4일, A5면; 류정화, 「안철수식 총선 강연 정치…"정당보다 개인을 보라"」, 『중앙일보』, 2012년 4월 4일, 5면.

11 이서화, 「김어준 "안철수 기부와 정치 연결?… 한마디로 쫄았다"」, 『경향신문』, 2011년 11월 16일.

12 안철수, 「잊을 수 없는 의과대학 시절」, 김명곤·손석희·임수경 외, 『가슴속에 묻어둔 이야기』(아침이슬, 2000), 84~85쪽.

13 안철수, 『CEO 안철수, 영혼이 있는 승부』(김영사, 2001), 41쪽.

14 이철호, 「박근혜 누른 안철수」, 『중앙일보』, 2011년 9월 8일.

15 임혁백, 『어떤 리더십이 선택될 것인가? : 대선 2012』(인텔리젠찌야, 2012), 292쪽.

16 박성민·강양구, 『정치의 몰락: 보수 시대의 종언과 새로운 권력의 탄생』(민음사, 2012), 151~156쪽.

17 이재훈 외, 『안철수 밀어서 잠금 해제』(메디치, 2011), 129쪽.

18 이재훈 외, 같은 책, 121~122쪽.

19 이윤주, 「"안철수·김진숙… 작금의 한국 사회는 파국": '파국의 지형학' 낸 문화평론가 문강형준」, 『한국일보』, 2011년 9월 16일.

20 Lawrence Goodwyn, *The Populist Moment: A Short History of the Agrarian Revolt in America*(New York: Oxford University Press, 1978), p.322.

21 도성해, 「리얼미터 "안철수, 2030에서 박근혜 두 배 앞질러"」, 『노컷뉴스』, 2012년 4월 13일.

22 유창오, 『진보 세대가 지배한다: 2040세대의 한국 사회 주류 선언』(폴리테이아, 2011), 258쪽.

23 정영무, 「안철수 현상의 뿌리는 경제민주화」, 『한겨레』, 2011년 9월 14일.

24 박경은 정리, 「[김제동의 똑똑똑 (29)] 지방대 순회강연서 만난 '컴퓨터 의사' 안철수 '시골의사' 박경철」, 『경향신문』, 2011년 4월 29일.

25 박경은 정리, 같은 기사.

26 강준만, 『영혼이라도 팔아 취직하고 싶다: 한국 실업의 역사』(개마고원, 2010).

27 신용호 외, 「정몽준 "박근혜 군림하는 듯…우린 얼굴도 못 봐"」, 『중앙일보』, 2012년 4월 28일.

28 박경은 정리, 「[김제동의 똑똑똑 (29)] 지방대 순회강연서 만난 '컴퓨터 의사' 안철수 '시골의사' 박경철」, 『경향신문』, 2011년 4월 29일.

29 전도근 · 윤소영, 『한국에서 가장 신뢰받는 안철수 리더십: 네 꿈을 실천하라』(북스타, 2012).

30 조재우, 「[조재우의 공감] 박경철 원장 "안철수는 말하는 대로 행동… 공자님 말씀의 모델 보는 듯"」, 『한국일보』, 2011년 9월 17일.

31 박경은 정리, 「[김제동의 똑똑똑 (29)] 지방대 순회강연서 만난 '컴퓨터 의사' 안철수 '시골의사' 박경철」, 『경향신문』, 2011년 4월 29일.

32 박경철, 「슬로건은 콤플렉스다」, 『중앙일보』, 2011년 9월 9일.

33 David Callahan, *Fortunes of Change: The Rise of the Liberal Rich and the Remaking of America*(Hoboken, NJ: John Wiley & Sons, 2010), pp.31~32.

34 James B. Twitchell, *Living It Up: America's Love Affair with Luxury*(New York: Simon & Schuster, 2002), p.77.

35 Andrew Gelman et al., *Red State, Blue State, Rich State, Poor State: Why Americans Vote the Way They Do*(Princeton, NJ: Princeton University Press, 2008), p.24.

36 Andrew Gelman et al., 같은 책, p.145.

37 Stanley B. Greenberg, *The Two Americas: Our Current Political Deadlock and How to Break It*(New York: Thomas Dunne Books, 2005).

38 George Lakoff, *The Political Mind: Why You Can't Understand 21st-Century Politics with an 18th-Century Brain*(New York: Viking, 2008), pp.70~72.

39 George Lakoff & the Rockridge Institute, *Thinking Points: Communicating Our American Values and Vision*(New York: Farrar, Straus and Giroux, 2006), pp.14~15.

40 임혁백, 『어떤 리더십이 선택될 것인가? : 대선 2012』(인텔리겐찌야, 2012), 290~291쪽.

41 양원보 · 이지상, 「안철수 "정치하게 되면 특정 진영 논리에 기대지 않겠다"」, 『중앙일보』, 2012년 3월 28일.

42 류정화, 「안철수식 총선 강연 정치…"정당보다 개인을 보라"」, 『중앙일보』, 2012년 4월 4일, 5면.

43 양원보, 「유시민 "중립은 없다"…안철수 선택 압박」, 『중앙일보』, 2012년 4월 6일, 4면.

44 박국희, 「안, 어제는 광주 오늘은 대구: 안철수, 탈이념 · 무당파 강조」, 『조선일보』, 2012년 4월 4일, A5면.

45 박성민 · 강양구, 『정치의 몰락: 보수 시대의 종언과 새로운 권력의 탄생』(민음사, 2012), 196쪽.

46 박성민 · 강양구, 같은 책, 197쪽.

47 임혁백, 『어떤 리더십이 선택될 것인가?: 대선 2012』(인텔리겐찌야, 2012), 311쪽.

48 안철수, 「잊을 수 없는 의과대학 시절」, 김명곤 · 손석희 · 임수경 외, 『가슴 속에 묻어둔 이야기』(아침이슬, 2000), 80~81쪽.

49 안철수, 『CEO 안철수, 영혼이 있는 승부』(김영사, 2001), 26~27쪽.

50 안철수, 같은 책, 135, 267쪽.

51 안철수, 같은 책, 11쪽.

52 정혁준, 「"대한민국 포트폴리오를 바꿔야": 대전 카이스트에서 만난 안철수 교수 "4천만이 먹고살려면 중소기업 육성 필요"」, 『한겨레21』, 2009년 3월 13일.

53 김옥림, 『안철수의 말 한마디가 김제동을 웃게 한다: 13인의 멘토, 우리 시대 공감 소통법』(팬덤북스, 2011), 13쪽.

54 최보식, 「안철수 씨에 대한 지극히 개인적인 의문」, 『조선일보』, 2011년 9월 16일.

55 안철수 외, 『안철수, 경영의 원칙』(서울대학교출판문화원, 2011), 90~91쪽.

56 김제동, 『김제동이 어깨동무합니다』(위즈덤경향, 2012), 53쪽.

57 이정애, 「'잡스 컬트' 신드롬」, 『한겨레』, 2011년 10월 7일.

58 「"대학생들 안철수 · 스티브 잡스 가장 존경"」, 『경향신문』, 2011년 10월 12일.

59 안철수, 『CEO 안철수, 영혼이 있는 승부』(김영사, 2001), 89쪽.

60 최희진, 「안철수 "유독 한국만 벤처기업 새싹 없다, 5년 뒤 암담"」, 『경향신문』, 2008년 5월 22일.

61 김신영, 「사진 공유 앱 개발한 미 두 20대, 수퍼리치 됐다」, 『조선일보』, 2012년 4월 11일, A16면.

62 박성민 · 강양구, 『정치의 몰락: 보수 시대의 종언과 새로운 권력의 탄생』(민음사, 2012), 11쪽.

63 박성민 · 강양구, 같은 책, 146~148쪽.

64 월터 아이작슨, 안진환 옮김, 『스티브 잡스』(민음사, 2011), pp.600~601, 629~631.

65 말콤 글래드웰, 노정태 옮김, 『아웃라이어』(김영사, 2009), 80~85쪽.

66 강준만, 『전화의 역사: 전화로 읽는 한국문화사』(인물과사상사, 2009), 170~175쪽.

67 최효찬, 『안철수의 착한 성공』(비전코리아, 2011), 129쪽.

68 한윤형 외, 『안철수 밀어서 잠금 해제』(메디치, 2011), 52쪽.

69 한윤형 외, 같은 책, 53~54쪽.

70 안철수·박경철 외, 『내 인생의 결정적 순간: 그 순간이 없었으면 지금의 나도 없다』(이미지박스, 2007), 100쪽.

71 안철수, 『CEO 안철수, 지금 우리에게 필요한 것은』(김영사, 2004), 204쪽.

72 정혁준, 「"대한민국 포트폴리오를 바꿔야": 대전 카이스트에서 만난 안철수 교수 "4천만이 먹고 살려면 중소기업 육성 필요"」, 『한겨레21』, 2009년 3월 13일.

73 안철수, 『CEO 안철수, 영혼이 있는 승부』(김영사, 2001), 59쪽.

74 박명림, 「'안철수 현상' 읽는 법」, 『중앙일보』, 2011년 9월 15일.

75 경향신문 특별취재팀, 『우리도 몰랐던 한국의 힘』(한스미디어, 2006), 75쪽에서 재인용.

76 「'10·26 재보선과 그 뒤' 좌담회」, 『한겨레』, 2011년 10월 31일.

77 최효찬, 『안철수의 착한 성공』(비전코리아, 2011), 8쪽.

78 최희진, 「안철수 "유독 한국만 벤처기업 새싹 없다, 5년 뒤 암담"」, 『경향신문』, 2008년 5월 22일.

79 정혁준, 「"대한민국 포트폴리오를 바꿔야": 대전 카이스트에서 만난 안철수 교수 "4천만이 먹고 살려면 중소기업 육성 필요"」, 『한겨레21』, 2009년 3월 13일.

80 「"빨갱이!" 한 남성, 안철수에 소리치자…」, 『동아일보』, 2012년 4월 5일.

3장_ 문 재 인

1 문재인, 『문재인의 운명』(가교출판, 2011), 467쪽.

2 선명수 정리, 「[고성국-김어준-손석춘 토크콘서트] 덤벼라 2012! ②: 문재인, '젠틀'인가 '물렁'인가?… 그럼 김두관은?」, 『프레시안』, 2011년 7월 25일.

3 김어준·지승호, 『닥치고 정치: 김어준의 명랑시민 정치교본』(푸른숲, 2011), 71쪽.

4 휴먼스토리, 『문재인 스타일』(미르북스, 2011), 243~244쪽.

5 「문재인-조국 대담 ①」 "박원순 효과는 민주당이 가장 많이 볼 것"」, 『프레시안』, 2011년 10월 6일.

6 「[30대, 정치와 놀다] '박근혜 복지'는 새마을운동 연장선?: "문재인, 박근혜 따라하기? 그러다가 혹

간다」, 『프레시안』, 2011년 7월 27일.

7 성한용, 「'문재인 바람'은 태풍일까」, 『한겨레』, 2011년 7월 19일.

8 이영성, 「문재인 현상」, 『한국일보』, 2011년 7월 30일.

9 휴먼스토리, 『문재인 스타일』(미르북스, 2011), 4~5쪽.

10 성한용, 「"야권통합 논하는 원탁회의 참여할 것": 문재인 변호사 인터뷰」, 『한겨레』, 2011년 6월 16일.

11 「문재인 "유시민 지지율 잠식한 것 같아 불편"…"한나라와 1대1 구도 만드는데 집중해야"」, 『국민일보』, 2011년 7월 12일.

12 김보협, 「안철수의 길 vs 문재인의 길」, 『한겨레21』, 2011년 11월 7일.

13 육성연, 「문재인 "요즘 가장 서글플 때는…"」, 『헤럴드경제』, 2012년 3월 31일.

14 선명수 정리, 「[고성국—김어준—손석춘 토크콘서트] 덤벼라 2012! ②: 문재인, '젠틀'인가 '물렁'인가?… 그럼 김두관은?」, 『프레시안』, 2011년 7월 25일.

15 백화종, 「문 비서실장에 관한 단상들」, 『국민일보』, 2007년 3월 19일, 27면.

16 윤성효, 「'나꼼수' 정봉주 "문재인… 좀 까불었으면 좋겠다"」, 『오마이뉴스』, 2011년 11월 7일.

17 이춘규, 「"안철수 대선 나올 것… 내년 3월 정당정치 혁명적으로 바뀔 것이다": 윤여준에게 듣는 안철수의 정치 나들이」, 『서울신문』, 2011년 10월 7일.

18 여정민, 「안희정 "친노도 유통기한 있어… 끝나면 집에 가야"」, 『프레시안』, 2011년 8월 7일.

19 「[인터뷰] 김종인 "안철수, 정치는 신념을 행동으로 보여줘야"」, 『프레시안』, 2011년 10월 30일.

20 「[이해찬의 정석정치 ③-1] "시간 없다…야권통합 위해 국민운동 필요"」, 『오마이뉴스』, 2011년 11월 2일.

21 임혁백, 『어떤 리더십이 선택될 것인가? : 대선 2012』(인텔리겐찌야, 2012), 263, 282쪽.

22 유창주, 『박원순과 시민혁명: 50일간의 희망기록』(두리미디어, 2011).

23 홍유진, 「인터뷰/시사평론가 김종배: 팟캐스트의 힘, 한국 언론이 다시 일어난다」, 『월간 인물과사상』, 2012년 3월호, 25~26쪽.

24 전홍기혜, 「[인터뷰] 김기식 "민주당, 중도로 가자는 건 자살 행위": "문재인, 친노 프레임에서 벗어나야 산다"」, 『프레시안』, 2012년 4월 22일.

25 문재인·김인회, 『문재인, 김인회의 검찰을 생각한다: 무소불위의 권력 검찰의 본질을 비판하다』(오월의봄, 2011), 393쪽.

26 휴먼스토리, 『문재인 스타일』(미르북스, 2011), 15쪽.

27 조수진, 「김용민 감싸고돈 문재인 '부메랑'」, 『동아일보』, 2012년 4월 13일.

28 박성민 · 강양구, 『정치의 몰락: 보수 시대의 종언과 새로운 권력의 탄생』(민음사, 2012), 42쪽.

29 구혜영, 「'선수가 게임 룰에 개입' 흠집 난 문재인」, 『경향신문』, 2012년 4월 27일.

4장_ 박 원 순

1 유창주, 『박원순과 시민혁명: 50일간의 희망기록』(두리미디어, 2011), 31쪽.

2 박원순, 『원순씨를 빌려 드립니다』(21세기북스, 2010).

3 박원순, 『"악법은 법이 아니다": 박원순 변호사의 개혁구상』(프레스21, 2000), 305쪽.

4 박원순, 『한국의 시민운동 프로크루스테스의 침대』(당대, 2002), 6쪽.

5 박원순, 『원순씨를 빌려 드립니다』(21세기북스, 2010), 193쪽.

6 박원순, 『한국의 시민운동 프로크루스테스의 침대』(당대, 2002), 307쪽.

7 유창주, 『박원순과 시민혁명: 50일간의 희망기록』(두리미디어, 2011), 14쪽.

8 박원순 · 지승호, 『희망을 심다: 박원순이 당신께 드리는 희망과 나눔』(알마, 2009), 5~60쪽.

9 최육상, 「[10 · 26 재보선] 글과 말을 통해 본 서울시장 후보 나경원 · 박원순」, 『오마이뉴스』, 2011년
10월 24일.

10 박원순, 『원순씨를 빌려 드립니다』(21세기북스, 2010), 117쪽.

11 박찬수, 「[한겨레가 만난 사람] 박원순 희망제작소 상임이사: 내년 서울시장 후보 내는 것도 '희망
과 대안' 의 고민」, 『한겨레』, 2009년 10월 17일.

12 김제동, 『김제동이 만나러 갑니다: 살맛나는 세상을 꿈꾸며』(위즈덤경향, 2011), 64~65쪽.

13 박원순, 『원순씨를 빌려 드립니다』(21세기북스, 2010), 114쪽.

14 김태익, 「박원순의 감옥 체험論」, 『조선일보』, 2012년 4월 23일.

15 박원순 · 지승호, 『희망을 심다: 박원순이 당신께 드리는 희망과 나눔』(알마, 2009), 76쪽.

16 박원순 · 지승호, 같은 책, 15쪽.

17 장윤선, 「"오세훈 오염시킨 서울시정 정화 적임자": 시민운동 상징 박원순, 서울시장 출마 검토」,
『오마이뉴스』, 2011년 9월 1일.

18 유창주, 『박원순과 시민혁명: 50일간의 희망기록』(두리미디어, 2011), 31쪽.

19 박원순, 『마을이 학교다』(검둥소, 2010), 175쪽.

20 박원순, 『원순씨를 빌려 드립니다』(21세기북스, 2010), 180쪽.

21 박원순, 같은 책, 26쪽.

22 안철수 · 박경철 외, 『내 인생의 결정적 순간: 그 순간이 없었으면 지금의 나도 없다』(이미지박스,

2007), 74쪽.

23 박원순, 『아름다운 세상의 조건: 나눔과 희망의 전도사 박원순 에세이』(한겨레출판, 2010), 222쪽.

24 박원순, 『원순씨를 빌려 드립니다』(21세기북스, 2010), 35~36쪽.

25 김재중, 「"어떻게 세상 바꿀지 고민해야": 문국현, 정치권에 일침」, 『경향신문』, 2007년 3월 26일, 6면.

26 김종혁, 「월요 인터뷰/박병옥 경실련 사무총장: "시민단체 정치 운동 하려면 커밍아웃부터 하라"」, 『중앙일보』, 2007년 3월 26일, 33면.

27 전병역 · 장관순, 「'시민'은 떠나고… 정치 물든 '운동'만 남았다: 진보개혁의 위기-길 잃은 한국 (5) 시민단체-뿌리 잃은 풀뿌리운동」, 『경향신문』, 2006년 10월 30일, 4면.

28 이재영, 「회원 동의 없는 정치 참여는 문제」, 『시민의 신문』, 2006년 12월 25일, 4면.

29 박원순 · 지승호, 『희망을 심다: 박원순이 당신께 드리는 희망과 나눔』(알마, 2009), 329~330쪽.

30 박동천, 『깨어 있는 시민을 위한 정치학 특강』(모티브북, 2010), 135~136쪽.

31 윤평중, 「박원순 서울시장'이 불러온 시민운동의 위기」, 『조선일보』, 2011년 10월 31일.

32 안병진, 「시민운동과 정치를 구분하던 시대는 지났다」, 『중앙일보』, 2012년 3월 3일.

33 강경석, 「'박원순맨' 12명 금배지…朴 '정치권의 큰손' 자리 잡아」, 『동아일보』, 2012년 4월 13일.

34 김동춘, 「모두가 정치에 나서면 소는 누가 키우나?」, 『프레시안』, 2012년 1월 18일.

35 한홍구 · 서해성 · 고경태, 『직설: 한국 사회의 위선을 향해 씹고, 뱉고, 쏘다』(한겨레출판, 2011), 276쪽.

5장_ 김어준

1 김어준, 『딴지일보 졸라 스페셜』(딴지그룹, 2000), 11쪽.

2 김어준 엮음, 『딴지일보 1』(자작나무, 1998), 4쪽.

3 김어준 엮음, 『딴지일보 2』(자작나무, 1998), 239~240쪽.

4 김어준 엮음, 『딴지일보 3』(자작나무, 1998), 271~272쪽.

5 정혜신, 『남자 vs 남자: 남성심리 전문가 정혜신 박사의 본격 심리평전』(개마고원, 2001), 30쪽.

6 홍대선, 「김어준에 낚이다: 내가 겪은 인간 김어준」, 『주간조선』, 2011년 11월 14일.

7 지승호, 『쉘위토크 Shall we Talk』(시대의창, 2010), 50쪽.

8 지승호, 같은 책, 63쪽.

9 김어준, 『건투를 빈다: 김어준의 정면돌파 인생 매뉴얼』(푸른숲, 2008), 15, 25쪽.

10 김어준, 같은 책, 26~29쪽.

11 김어준, 같은 책, 36쪽.

12 김어준, 같은 책, 5쪽.

13 김어준 · 정봉주 · 주진우 · 김용민, 『나는 꼼수다: 세계 유일 가카 헌정 시사 소설집 Episode 1』(시사IN북, 2012), 310~320쪽.

14 김어준 · 지승호, 『닥치고 정치: 김어준의 명랑시민 정치교본』(푸른숲, 2011), 5쪽.

15 김어준 · 지승호, 같은 책, 23쪽.

16 김어준 · 지승호, 같은 책, 11쪽.

17 지승호, 『쉘위토크 Shall we Talk』(시대의창, 2010), 58쪽.

18 지승호, 같은 책, 54쪽.

19 김어준 · 지승호, 『닥치고 정치: 김어준의 명랑시민 정치교본』(푸른숲, 2011), 299~300쪽.

20 김어준 · 정봉주 · 주진우 · 김용민, 『나는 꼼수다: 세계 유일 가카 헌정 시사 소설집 Episode 1』(시사IN북, 2012), 133쪽.

21 김어준 · 지승호, 『닥치고 정치: 김어준의 명랑시민 정치교본』(푸른숲, 2011), 299쪽.

22 지승호, 『쉘위토크 Shall we Talk』(시대의창, 2010), 78쪽.

23 지승호, 같은 책, 77~78쪽.

24 박상진, "정부 업적주의 강박관념 결과", 『한국일보』, 2006년 1월 13일, A2면.

25 김상호, 「진리 · 윤리의 몰락: 라캉 철학으로 본 황우석 쇼크 그리고 음모론」, 『월간중앙』, 2006년 2월호, 240쪽.

26 박성현 · 정민숙, 「왜 '황우석 신드롬'에서 못 벗어나나」, 『뉴스위크 한국판』, 2006년 1월 25일, 27면.

27 김어준, 「황우석 사태, 이제 그만 닥치자」, 『한겨레』, 2005년 12월 30일, 책 · 지성 섹션, 25면.

28 지강유철, 「인터뷰/MBC PD수첩의 최승호 CP, 한학수 PD: 뿌리치기 힘들었던 두 달간의 유혹」, 『월간 인물과사상』, 2006년 2월호, 21쪽.

29 김소희, 「'황빠빠'를 아십니까?」, 『한겨레21』, 2006년 2월 14일, 14~15면.

30 김어준, 「'우리 편' 유감」, 『한겨레』, 2006년 2월 24일, 책 · 지성섹션, 25면.

31 백승찬, 「[책과 삶] "나꼼수는 이 시대의 격동"… 그들을 위한 철학적 알리바이」, 『경향신문』, 2012년 3월 17일.

32 안병진, 「닥치고 연애」, 『한겨레』, 2011년 10월 31일.

33 허지웅, 「내가 김어준을 비판하는 이유」, 『시사IN』, 2011년 10월 27일.

34 김어준 · 지승호, 『닥치고 정치: 김어준의 명랑시민 정치교본』(푸른숲, 2011), 329~331쪽.

35 박성민 · 강양구, 『정치의 몰락: 보수 시대의 종언과 새로운 권력의 탄생』(민음사, 2012), 49쪽.

36 박성민 · 강양구, 같은 책, 132쪽.

37 류정민, 「'나는 꼼수다' 열풍, 정치 혐오 장벽을 허물다」, 『미디어오늘』, 2011년 12월 28일, 9면.

38 박선영, 「세속의 언어로 권력 꼬집기… 나꼼수, 정치 예능판 '무한도전' : 시사풍자 토크 '나는 꼼수다' 신드롬 왜?」, 『한국일보』, 2011년 10월 10일.

39 박선영, 같은 기사.

40 박제균, 「'내 맘대로 언론' 그들이 부럽다」, 『동아일보』, 2011년 10월 14일.

41 Lee Harris, *The Next American Civil War: The Populist Revolt Against the Liberal Elite*(New York: Palgrave, 2010), pp.58~59; Richard Hofstadter, *The Paranoid Style in American Politics and Other Essays*(Cambridge, MA: Harvard University Press, 1952/1996), pp.8~9.

42 장윤선, 「"이렇게 말아먹다니…" 야권 패배, 이유 있다: 4 · 11총선 결과와 정국 전망」, 『오마이뉴스』, 2012년 4월 12일.

43 김제동, 『김제동이 어깨동무합니다』(위즈덤경향, 2012), 170쪽.

6장_ 문성근

1 김의겸, 「[한겨레가 만난 사람] '야권 단일 정당' 100만 민란 운동 문성근 씨」, 『한겨레』, 2010년 10월 18일.

2 김지은, 「반란? 민란?…정치개혁!」, 『뉴스위크 한국판』, 2010년 11월 17일, 44~46면.

3 『사회평론 길』, 1998년 4월, 207면.

4 복지국가소사이어티 · 프레시안 기획, 『복지국가정치동맹: 10인의 민주진보진영 리더에게 묻다』(밈, 2011), 61쪽.

5 김삼웅, 『녹두 전봉준 평전』(시대의창, 2007), 452쪽; 김은정 · 문경민 · 김원용, 『동학농민혁명 100년: 혁명의 들불, 그 황톳길의 역사찾기』(나남출판, 1995), 321쪽; 김양식, 『새야 새야 파랑새야: 근대의 여명을 밝힌 '동학농민전쟁'』(서해문집, 2005), 153~154쪽.

6 김정기, 「전봉준의 새 정치체제 구상」, 『역사비평』, 통권 73호(2005년 겨울), 221쪽; 김은정 · 문경민 · 김원용, 『동학농민혁명 100년: 혁명의 들불, 그 황톳길의 역사찾기』(나남출판, 1995), 321쪽.

7 양진석, 「1894년 충청도지역의 농민전쟁」, 한국역사연구회, 『1894년 농민전쟁연구 4: 농민전쟁의 전

개과정』(역사비평사, 1991), 271쪽; 김삼웅, 『녹두 전봉준 평전』(시대의창, 2007), 431~432쪽.

8 이이화, 「이방언 1838~1895(농민전쟁 1백년/동학 인물열전:27)」, 『한겨레』, 1994년 3월 15일, 9면.

9 정성수, 「"일제 식민통치 시발점은 동학군이 관·일 연합군과 싸운 우금치 전투": 도올, 천도교 지일 기념일 행사서 주장」, 『세계일보』, 2006년 8월 15일, 19면.

10 http://moonparty.kr/comm/bbs/board.php?bo_table=moonbook&wr_id=30

11 복지국가소사이어티·프레시안 기획, 『복지국가정치동맹: 10인의 민주진보진영 리더에게 묻다』(민, 2011), 66쪽.

12 복지국가소사이어티·프레시안 기획, 같은 책, 77~78쪽.

13 정혜신, 『사람 vs 사람: 정혜신의 심리평전 II』(개마고원, 2005), 114쪽.

14 강천석, 「새누리당은 '민주당 거울'에 얼굴 비춰보라」, 『조선일보』, 2012년 4월 14일, A30면.

15 김지은, 「반란? 민란?…정치개혁!」, 『뉴스위크 한국판』, 2010년 11월 17일, 46면.

16 김어준·지승호, 『닥치고 정치: 김어준의 명랑시민 정치교본』(푸른숲, 2011), 241~242쪽.

17 양원보·강나현, 「'노무현' 돌아오다: 민주당 대표 한명숙 당선 … 2위는 문성근」, 『중앙일보』, 2012년 1월 16일.

18 문성근 외, 『문성근의 유쾌한 100만 민란』(길가메시, 2011), 20쪽.

19 문성근 외, 같은 책, 84쪽.

20 문성근 외, 같은 책, 45쪽.

21 Daniel Bennett & Pam Fielding, *The Net Effect: How Cyberdemocracy Is Changing the Political Landscape*(Merrifield, MA: e-advocates Press, 1999), p.34.

22 Richard A. Viguerie & David Franke, *America's Right Turn: How Conservatives Used News and Alternative Media to Take Power*(Chicago: Bonus Books, 2004), pp.306~307.

23 MoveOn.org, *MoveOn's 50 Ways to Love Your Country: How to Find your Political Voice and Become a Catalyst for Change*(San Francisco, CA: Inner Ocean Publishing, 2004); Richard A. Viguerie & David Franke, *America's Right Turn: How Conservatives Used News and Alternative Media to Take Power*(Chicago: Bonus Books, 2004); Ronald Brownstein, *The Second Civil War: How Extreme Partisanship Has Paralyzed Washington and Polarized America*(New York: Penguin Books, 2007); Christian Crumlish, *The Power of many: How the Living Web Transforming Politics, Business, and Everyday Life*(San Francisco: SYBEX, 2004), p.41; 이춘재, 「온라인 청원·시위… '아고라' 능가하는 '무브온'」, 『한

겨레」, 2008년 9월 6일; 이태희, 「촛불의 지구전」, 『한겨레21』, 2008년 7월 14일.

24 John F. Bibby & Brian F. Schaffner, *Politics, Parties, Elections in America*, 6th ed(Boston, MA: Thompson Wadsworth, 2008), p.127.

25 Kate Zernike, *Boiling Mad: Inside Tea Party America*(New York: Times Books, 2010), pp.31, 37.

26 김보협, 「올 3월말 출범하는 새로운 시민정치운동 '내가 꿈꾸는 나라' … 다양한 사회 정치적 요구를 SNS와 정치 캠페인 통해 결집시키는 한국판 '무브온'」, 『한겨레21』, 2011년 3월 2일; 이경태, 「조국 교수 "한국판 무브온 시작합니다"」, 『오마이뉴스』, 2011년 3월 10일.

27 David Callahan, *Fortunes of Change: The Rise of the Liberal Rich and the Remaking of America*(Hoboken, NJ: John Wiley & Sons, 2010), p.184.

28 James G. Gimpel & Jason E. Schuknecht, *Patchwork Nation: Sectionalism and Political Change in American Politics*(Ann Arbor: The University of Michigan Press, 2004).

29 David Berreby, *US & THEM: The Science of Identity*(Chicago: University of Chicago Press, 2008); Bruce Rozenblit, *Us Against Them: How Tribalism Affects the Way We Think*(Kansas City, MO: Transcendent Publications, 2008).

30 강준만, 「소통의 정치경제학: 소통의 구조적 장애요인에 관한 연구」, 한국언론학회 엮음, 『한국 사회의 소통위기』(커뮤니케이션북스, 2011), 65~89쪽.

7장_ 박 경 철

1 안철수·박경철 외, 『내 인생의 결정적 순간: 그 순간이 없었으면 지금의 나도 없다』(이미지박스, 2007), 17~19쪽.

2 김난도, 『아프니까 청춘이다: 인생 앞에 홀로 선 젊은 그대에게』(쌤앤파커스, 2010), 200~201쪽.

3 박경철, 『시골의사의 아름다운 동행 이야기 2』(리더스북, 2005/2011), 77~78쪽.

4 박경철, 『시골의사의 아름다운 동행 이야기 1』(리더스북, 2005/2011), 315쪽.

5 박경철, 『시골의사 박경철의 자기혁명』(리더스북, 2011), 171~172쪽.

6 박경철, 같은 책, 172쪽.

7 강준만, 「이미지와의 사랑에 빠진 현대인: 대니얼 부어스틴의 '의사사건' 론」, 『이미지와의 전쟁: 커뮤니케이션 사상가와 실천가들』(개마고원, 2000), 91~116쪽.

8 박경철, 『시골의사의 부자경제학: 경제원리에 숨겨진 부자들의 투자비밀』(리더스북, 2006/2011),

11~12쪽.

9 배병삼, 「시골의사와 경영학」, 『동아일보』, 2008년 12월 26일.

10 이정환, 「'시골의사 박경철' 주식도사가 객장을 떠난 까닭은?」, 『이코노미 21』, 2006년 10월 13일.

11 이정환, 같은 기사.

12 유인경, 「이 시대 청년들아 청운의 '뜻을 세워라' : 지방대 학생 氣 살리기 프로젝트 순회강연하는 '시골의사' 박경철 원장」, 『경향신문』, 2010년 6월 30일.

13 박경철, 『시골의사 박경철의 자기혁명』(리더스북, 2011), 345쪽.

14 박경철, 같은 책, 6쪽.

15 박경철, 같은 책, 171쪽.

16 이종탁, 「[이종탁이 만난 사람] 안철수 교수와 순회강연 '시골의사' 박경철씨」, 『경향신문』, 2011년 4월 19일.

17 박경철, 『시골의사 박경철의 자기혁명』(리더스북, 2011), 173쪽.

18 박경철, 같은 책, 315쪽.

19 박경철, 같은 책, 175, 304~309쪽.

20 박경철, 같은 책, 386~387쪽.

21 박경철, 「슬로건은 콤플렉스다」, 『중앙일보』, 2011년 9월 9일.

22 김외현, 「박경철 "안철수 선생님, 어떤 길을 가셔도 옳으십니다"」, 『한겨레』, 2011년 10월 10일.

23 이윤정, 「박경철 "경제학 '이익공유제' 없어도 배분 다뤄" 쓴소리」, 『경향신문』, 2011년 3월 11일.

24 「'시골의사' 박경철, 한국 트위터 영향력 1위 기록」, 『동아일보』, 2010년 12월 29일.

25 이정국 정리, 「청년들이여, 자본 독재에 '돌'을 던져라」, 『한겨레』, 2011년 5월 19일.

26 조현우, 「'윤여준 음모론'에 '박경철 호남 비하 논란'까지… 안철수 측근들도 덩달아 관심」, 『국민일보 쿠키뉴스』, 2011년 9월 5일.

27 이종탁, 「[이종탁이 만난 사람] 안철수 교수와 순회강연 '시골의사' 박경철씨」, 『경향신문』, 2011년 4월 19일.

28 박경철, 『시골의사 박경철의 자기혁명』(리더스북, 2011), 107쪽.

29 박경철, 『시골의사의 아름다운 동행 이야기 2』(리더스북, 2005/2011), 252쪽.

8장_ 김제동

1 김제동, 『김제동이 만나러 갑니다: 살맛나는 세상을 꿈꾸며』(위즈덤경향, 2011), 128쪽.

2 김제동, 같은 책, 206~207쪽.

3 김제동, 『김제동이 어깨동무합니다』(위즈덤경향, 2012), 270쪽.

4 「[한홍구—서해성의 직설] 웃기려 했는데 안 웃어? 대중이 늘 옳다!: '나는 가수다'로 홍역 치른 김제 동 '사회사', 그가 말하는 웃음과 눈물과 미안함」, 『한겨레』, 2011년 4월 1일.

5 박경철, 『시골의사 박경철의 자기혁명』(리더스북, 2011), 313~314쪽.

6 김제동, 『김제동이 만나러 갑니다: 살맛나는 세상을 꿈꾸며』(위즈덤경향, 2011), 165쪽.

7 신동호, 「[신동호가 만난 사람] 웃기는 사회의 웃기는 혁명가 김제동」, 『주간경향』, 2011년 7월 26일.

8 김제동, 『김제동이 만나러 갑니다: 살맛나는 세상을 꿈꾸며』(위즈덤경향, 2011), 66쪽.

9 신동호, 「[표지인물] 김제동이 남긴 촌철살인 명언」, 『주간경향』, 2011년 7월 26일.

10 신동호, 「[신동호가 만난 사람] 웃기는 사회의 웃기는 혁명가 김제동」, 『주간경향』, 2011년 7월 26일.

11 조재우, 「[조재우의 공감] 박경철 원장 "안철수는 말하는 대로 행동… 공자님 말씀의 모델 보는 듯"」, 『한국일보』, 2011년 9월 17일.

12 임지영·주진우, 「김제동 취중진담, "걱정 그만하시라. 난 행복하다"」, 『시사IN』, 2010년 5월 23일.

13 김제동, 『김제동이 만나러 갑니다: 살맛나는 세상을 꿈꾸며』(위즈덤경향, 2011), 76쪽.

14 이재훈 외, 『안철수 밀어서 잠금 해제』(메디치, 2011), 97쪽.

15 김제동, 『김제동이 만나러 갑니다: 살맛나는 세상을 꿈꾸며』(위즈덤경향, 2011), 70쪽.

16 김제동, 『김제동이 어깨동무합니다』(위즈덤경향, 2012), 266쪽.

17 이성희, 「김제동 "나는 정치색 없다… 웃기는 데 좌우가 있나"」, 『경향신문』, 2009년 10월 13일.

18 김제동, 「아빠들을 부탁합니다」, 『동아일보』, 2009년 3월 17일.

19 신동호, 「[신동호가 만난 사람] 웃기는 사회의 웃기는 혁명가 김제동」, 『주간경향』, 2011년 7월 26일.

20 박주연, 「김제동씨 "웃음엔 좌우 없다"」, 『경향신문』, 2009년 11월 16일.

21 김제동, 『김제동이 만나러 갑니다: 살맛나는 세상을 꿈꾸며』(위즈덤경향, 2011), 28쪽.

22 「[한홍구—서해성의 직설] 웃기려 했는데 안 웃어? 대중이 늘 옳다!: '나는 가수다'로 홍역 치른 김 제동 '사회사', 그가 말하는 웃음과 눈물과 미안함」, 『한겨레』, 2011년 4월 1일.

23 이성희, 「김제동 "나는 정치색 없다… 웃기는 데 좌우가 있나"」, 『경향신문』, 2009년 10월 13일.

24 최영진, 「김제동이 바라본 '사찰'의 정의는 '코미디'」, 『주간경향』, 2012년 4월 17일.

25 남지은, 「김제동 "쉴 시간 준 그분들께 감사, 하하"」, 『한겨레』, 2012년 2월 13일.

26 임지영·주진우, 「김제동 취중진담, "걱정 그만하시라. 난 행복하다"」, 『시사IN』, 2010년 5월 23일.

27 박중언, 「대학생들 '국가대표 프리젠터는 김제동'」, 『한겨레』, 2010년 11월 6일.

28 「[한홍구—서해성의 직설] 웃기려 했는데 안 웃어? 대중이 늘 옳다!: '나는 가수다'로 홍역 치른 김제동 '사회사', 그가 말하는 웃음과 눈물과 미안함」, 『한겨레』, 2011년 4월 1일.

29 「김제동 눈물 펑펑 흘린 사연은」, 『경향신문』, 2011년 3월 25일.

30 고재열, 「김제동이 등록금 집회에서 하지 못한 말」, 『시사IN』, 2011년 6월 12일.

31 신동호, 「[신동호가 만난 사람] 웃기는 사회의 웃기는 혁명가 김제동」, 『주간경향』, 2011년 7월 26일.

32 송상근, 「김제동과 해군기지」, 『동아일보』, 2011년 9월 9일.

33 최재봉, 「"김제동, 말 한 번 잘못하면 끝장이다… 공포"」, 『한겨레』, 2012년 4월 4일.

34 권태호, 「김제동 "백설공주 뒤통수에 돌 던져야… 그게 투표"」, 『한겨레』, 2012년 4월 7일.

35 김혜정, 「'힐링' 김정운, "김제동은 위선" 지적하자 "사실 도망가고 싶다"」, 『리뷰스타』, 2012년 3월 27일; 「김정운 김제동에게 "결핍이 느껴진다"」, 『한겨레』, 2012년 3월 27일.

36 남지은, 「김제동 "쉴 시간 준 그분들께 감사, 하하"」, 『한겨레』, 2012년 2월 13일.

9장_ 한 비 야

1 한비야, 『바람의 딸 걸어서 지구 세 바퀴 반 4』(푸른숲, 2007), 20~21쪽.

2 한비야, 『지도 밖으로 행군하라』(푸른숲, 2005), 306쪽.

3 한비야, 『바람의 딸, 우리 땅에 서다』(푸른숲, 1999/2012), 264쪽.

4 한비야, 『한비야의 중국견문록』(푸른숲, 2001), 177~178쪽.

5 노엄 촘스키, 김보경 옮김, 『미국이 진정으로 원하는 것』(한울, 1996), 142쪽.

6 정우량, 「자유와 민주주의 십자군 원정에 나선 부시」, 『월간 인물과사상』, 2005년 3월호, 98~110쪽.

7 한기욱, 「부시의 자유 찬미」, 『한겨레』, 2005년 1월 29일, 27면.

8 홍윤기, 「자유」, 우리사상연구소 엮음, 『우리말 철학사전 1』(지식산업사, 2001), 304~307, 335쪽.

9 강준만, 「여행」, 『세계문화사전』(인물과사상사, 2005), 130쪽.

10 한비야, 『바람의 딸 걸어서 지구 세 바퀴 반 3』(금토, 1998), 14쪽.

11 한비야, 『지도 밖으로 행군하라』(푸른숲, 2005), 9쪽.

12 한비야, 『한비야의 중국견문록』(푸른숲, 2001), 44~45쪽.

13 한비야, 『바람의 딸, 우리 땅에 서다』(푸른숲, 1999), 40쪽.

14 한비야, 같은 책, 6쪽.

15 구본준, 「한국의 글쟁이들 (4) 한비야: '씩씩바이러스'에 지구촌이 감염」, 『한겨레』, 2006년 7월 14일, 책·지성섹션, 12면.

16 한비야, 『바람의 딸 걸어서 지구 세 바퀴 반 1』(푸른숲, 2007), 8쪽.

17 한비야, 『그건, 사랑이었네: 한비야 에세이』(푸른숲, 2009), 285쪽.

18 박재찬, 「한비야, 청소년 교육 위해 1억 기부」, 『국민일보』, 2007년 3월 3일, 21면.

19 한비야, 『바람의 딸 걸어서 지구 세 바퀴 반 2』(금토, 1996), 12쪽.

20 김난도, 『아프니까 청춘이다: 인생 앞에 홀로 선 젊은 그대에게』(쌤앤파커스, 2010), 180~181쪽.

21 한비야, 『바람의 딸 걸어서 지구 세 바퀴 반 3』(푸른숲, 2007), 17~18쪽.

22 한비야, 『바람의 딸 걸어서 지구 세 바퀴 반 2』(푸른숲, 2007), 19쪽.

23 한비야, 『그건, 사랑이었네: 한비야 에세이』(푸른숲, 2009), 153쪽.

24 한비야, 『지도 밖으로 행군하라』(푸른숲, 2005), 13쪽.

25 이한우, 「"내 목표는 난민 촌장… 내가 행복하니까 한다": 출판계 강타한 '지도 밖으로 행군하라' 한비야 씨」, 『조선일보』, 2005년 10월 1일, A29면.

26 박정호, 「"나누는 삶의 기쁨 안 해본 사람은 몰라요"」, 『중앙일보』, 2002년 5월 24일, 57면.

27 박효실, 「"사람 살리는 보람에 여행도 접었어요": '월드비전' 긴급구호팀장 한비야」, 『스포츠서울』, 2003년 9월 6일, 13면.

28 한승동, 「"달콤한 자연사 대신 장렬히 전사하겠다": '지도 밖으로 행군하라' 낸 한비야 씨」, 『한겨레』, 2005년 9월 9일, 책 · 지성섹션, 14면.

29 이계홍, 「이 사람의 삶/여행가 한비야: 호기심 먹고 사는 '자유로운 독수리'」, 『신동아』, 2002년 6월호, 516쪽.

30 한비야, 『바람의 딸 걸어서 지구 세 바퀴 반 4』(금토, 1998), 12쪽.

31 한비야, 『바람의 딸 걸어서 지구 세 바퀴 반 1』(푸른숲, 2007), 31쪽.

32 조안 리, 「추천의 글: 비야는 정말 부러운 자유인」, 한비야, 『바람의 딸 걸어서 지구 세 바퀴 반 1』(금토, 1996), 9쪽.

33 한비야, 『바람의 딸 걸어서 지구 세 바퀴 반 4』(푸른숲, 2007), 19쪽.

34 한비야, 『바람의 딸, 우리 땅에 서다』(푸른숲, 1999/2012), 304쪽.

35 오한숙희, 「자유로운 영혼, '바람의 딸' 한비야」, 『참여사회』, 1999년 9월호, 50쪽에서 재인용.

36 한비야, 『그건, 사랑이었네: 한비야 에세이』(푸른숲, 2009), 96쪽.

37 한비야, 같은 책, 147쪽.

38 한비야, 같은 책, 150쪽.

10장_ 김난도

1 박종현, 『대중을 유혹한 학자 60인』(컬처그라퍼, 2011), 25쪽.

2 김난도, 『사치의 나라 럭셔리 코리아』(미래의창, 2007), 250~253쪽.

3 김난도, 같은 책, 248~249쪽.

4 김난도, 『아프니까 청춘이다: 인생 앞에 홀로 선 젊은 그대에게』(쌤앤파커스, 2010), 10쪽.

5 김난도, 같은 책, 29쪽.

6 「Mel Gibson」, *Current Biography*, 64:8(August 2003), pp.49~50.

7 김난도, 『아프니까 청춘이다: 인생 앞에 홀로 선 젊은 그대에게』(쌤앤파커스, 2010), 43쪽.

8 김난도, 같은 책, 46쪽.

9 김난도, 같은 책, 51쪽.

10 김난도, 같은 책, 62~63쪽.

11 김난도, 같은 책, 82~87쪽.

12 김난도, 같은 책, 100~101쪽.

13 김난도, 같은 책, 102쪽.

14 김난도, 같은 책, 131쪽.

15 김난도, 같은 책, 136쪽.

16 김난도, 같은 책, 208쪽.

17 Christine Ammer, *The Facts on File Dictionary of Clichs*(New York: Checkmark Books, 2001), p.347; Daniel Bell, *The Cultural Contradictions of Capitalism*(New York: Basic Books, 1976), p.28.

18 김난도, 『아프니까 청춘이다: 인생 앞에 홀로 선 젊은 그대에게』(쌤앤파커스, 2010), 215쪽.

19 김난도, 같은 책, 34~35쪽.

20 김난도, 같은 책, 37~40쪽.

21 김난도, 같은 책, 39쪽.

22 김난도, 같은 책, 262~264쪽.

23 김경일, 「역사사회학의 방법과 쟁점: 미국의 경우를 중심으로」, 지승종 외, 『사회사연구의 이론과 실제』(한국정신문화연구원, 1998), 251쪽; 홍은주, 「경로의존(經路依存)의 덫」, 『월간 인물과사상』, 2004년 11월호, 39~49쪽.

24 「원」, 1995년 10월호.

25 허행량, 「중앙지 편집국장 영남 · 서울대 · 법대 출신 주류」, 『미디어오늘』, 2000년 8월 24일, 6면.

26 박거용, 「대학 서열화와 학벌주의」, 『역사비평』, 2004년 여름, 35쪽.

27 박거용, 같은 글, 26쪽.

28 박민혁, 「고법 부장판사 이상 87%가 서울대 출신」, 『동아일보』, 2004년 10월 7일, A8면.

29 『한국일보』, 2005년 2월 21일.

30 장강명, 「노 정부 전반기 장차관급 인사 분석」, 『동아일보』, 2005년 8월 23일, A4면.

31 신은진, 「서울대 36% · 고려대 17% · 연세대 10%: 2002~2005년 사법연수원생 출신 대학 분석」, 『조선일보』, 2007년 7월 9일.

32 정남기, 「4대그룹 경영진 지연 · 학연 편중 극심」, 『한겨레』, 2006년 1월 23일, 12면.

33 김석, 「CEO전형 김동진 · 남중수 씨」, 『경향신문』, 2007년 5월 4일, 15면.

34 손병호, 「고법 부장판사 승진 86%가 서울대 출신」, 『국민일보』, 2008년 11월 14일.

35 박홍기 · 김재천, 『학벌리포트』(더북, 2003), 107쪽.

36 김진각 · 박광희, 「김난도: 최선의 나 자신」, 『쫄지마, 청춘!: 우리 시대 청춘을 위한 인생 항해술』(한국in, 2012), 25쪽.

37 김진각 · 박광희, 같은 책, 21~22쪽.

38 김난도, 『아프니까 청춘이다: 인생 앞에 홀로 선 젊은 그대에게』(쌤앤파커스, 2010), 183~184쪽.

39 김난도, 같은 책, 128쪽.

11장_ 공 지 영

1 박해현, 「"좌파 우파 다 뭐래도 난 길들여지고 싶지 않다": 공지영 신드롬」, 『조선일보』, 2006년 11월 25일, A21면.

2 김명인, 「'그녀도 아팠구나' 갑남을녀들의 공감: 공지영 신드롬」, 『한겨레』, 2006년 12월 18일, 28면.

3 이혜정, 「만나고 싶었습니다: 소설가 공지영」, 『성서생활』, 1994년 12월 호, 10쪽.

4 손민호, 「"다름을 포용할 줄 아는 사회가 되었으면…": 작가 공지영-화가 김태헌 씨 대담」, 『중앙일보』, 2007년 2월 24일, 5면.

5 이나리, 「"이제는 자만도, 자학도 하지 않는다": 5년 만에 새 소설집 '별들의 들판' 펴낸 공지영」, 『신동아』, 2005년 1월 호, 399쪽.

6 정희진, 『페미니즘의 도전』(교양인, 2005), 23쪽.

7 이나리, 「"이제는 자만도, 자학도 하지 않는다": 5년 만에 새 소설집 '별들의 들판' 펴낸 공지영」, 『신

동아』, 2005년 1월, 397쪽.

8 박은주, 「문제는 '인간에 대한 예의'」, 『문학사상』, 1998년 7월, 108쪽.

9 공지영·지승호, 『괜찮다, 다 괜찮다: 공지영이 당신께 보내는 위로와 응원』(알마, 2008), 366쪽.

10 공지영 외, 「테마 정담: 현실과 독자에 이렇게 접근합니다」, 『문예중앙』, 1995년 여름 호, 33쪽.

11 이문열, 『선택: 이문열 장편소설』(민음사, 1997), 9쪽.

12 고지영, 「성(性) 다른 내 두 아이 상처 감싸준다면 감옥에라도 가겠다」, 『중앙일보』, 2001년 5월 21일, 5면.

13 최윤필, 「"오랜만에 수술하는 의사처럼 두려워": 5년 만에 소설 '별들의 들판' 낸 공지영」, 『한국일보』, 2004년 10월 27일, A25면.

14 김지영, 「펜은 기억한다 그녀의 상처를: 공지영 소설-산문집 모두 베스트셀러에」, 『동아일보』, 2006년 5월 25일, A23면.

15 여기까지의 글은 다음 글을 수정·보완한 것이다. 강준만, 「상처를 껴안는 법」, 『각개약진 공화국』(인물과사상사, 2008), 282~288쪽.

16 공지영, 『공지영의 지리산 행복학교』(오픈하우스, 2010), 39쪽.

17 공지영·지승호, 『괜찮다, 다 괜찮다: 공지영이 당신께 보내는 위로와 응원』(알마, 2008), 21, 377쪽.

18 공지영·지승호, 같은 책, 247쪽.

19 공지영·지승호, 같은 책, 26쪽.

20 공지영, 『네가 어떤 삶을 살든 나는 너를 응원할 것이다: 공지영 산문』(오픈하우스, 2008), 255쪽.

21 공지영, 같은 책, 249쪽.

22 공지영·지승호, 『괜찮다, 다 괜찮다: 공지영이 당신께 보내는 위로와 응원』(알마, 2008), 13쪽.

23 김성곤, 「'도의적 공정성(Political Correctness)'과 문화연구(Cultural Studies)」, 『외국문학』, 제43호(1995년 여름), 61~78쪽.

24 공지영·지승호, 『괜찮다, 다 괜찮다: 공지영이 당신께 보내는 위로와 응원』(알마, 2008), 60쪽.

25 공지영·지승호, 같은 책, 104쪽.

26 공지영·지승호, 같은 책, 269~270쪽.

27 김회경 외, 「[100℃ 인터뷰] 소설가 공지영: "내가 닮고 싶은 여성이라니… 세상이 달라졌나봐요"」, 『한국일보』, 2007년 1월 1일.

28 김회경 외, 같은 기사.

29 공지영·지승호, 『괜찮다, 다 괜찮다: 공지영이 당신께 보내는 위로와 응원』(알마, 2008), 7, 234,

238, 284~285쪽.

30 공지영, 『도가니: 공지영 장편소설』(창비, 2009), 292~293쪽.

31 공지영, 같은 책, 293쪽.

32 김희경 외, 「[100℃ 인터뷰] 소설가 공지영: "내가 닮고 싶은 여성이라니⋯ 세상이 달라졌나봐요"」, 『한국일보』, 2007년 1월 1일.

33 이윤정, 「공지영 "손학규 같은 야당 처음⋯ 한나라당서 파견됐나"」, 『경향신문』, 2011년 11월 25일.

34 김숙희, 「공지영, 김연아 인순이 비판 논란 "개념 없다" 발언에 누리꾼 "실망"」, 『리뷰스타』, 2011년 12월 2일.

35 「공지영 "김연아 비판? 내 딸이 종편 나갔어도⋯"」, 『경향신문』, 2011년 12월 3일.

36 「공지영 "강남 투표율⋯잘못 인정은 하지만⋯"」, 『세계일보』, 2012년 4월 12일.

37 송용창 외, 「[100℃ 인터뷰] 사회적 발언 앞장서는 소설가 공지영」, 『한국일보』, 2011년 12월 29일.

38 공지영, 『즐거운 나의 집: 공지영 장편 소설』(푸른숲, 2007), 343~344쪽.

39 공지영, 『아주 가벼운 깃털 하나: 공지영 에세이』(한겨레출판, 2009), 248~250쪽.

12장_ 이 외 수

1 이외수, 「점보빵과 화이트크리스마스」, 이외수 외, 『술: 한국문단을 대표하는 작가 32인의 감성에세이』(보성출판사, 1999), 8쪽.

2 정혜신, 『남자 vs 남자: 남성심리 전문가 정혜신 박사의 본격 심리평전』(개마고원, 2001), 222쪽.

3 김제동, 『김제동이 만나러 갑니다: 살맛나는 세상을 꿈꾸며』(위즈덤경향, 2011), 11~12쪽.

4 정혜신, 『남자 vs 남자: 남성심리 전문가 정혜신 박사의 본격 심리평전』(개마고원, 2001), 220쪽.

5 윤정훈, 「소설가 이외수, 사재 털어 독자사랑방 열었다」, 『동아일보』, 2001년 6월 5일.

6 조장래, 「이외수 "달의 지성체들과 교감하며 집필"」, 『경향신문』, 2005년 8월 24일.

7 박선영, 「[박선영 기자의 Who's Now] '꽃노털 옵하' 소설가 이외수」, 『한국일보』, 2008년 8월 29일.

8 이왕구, 「한국인이 가장 좋아하는 소설가는 이외수, 2위 박경리, 3위 공지영」, 『한국일보』, 2009년 7월 22일.

9 이훈성, 「이외수, 네티즌이 뽑은 2010 한국 대표 작가에」, 『한국일보』, 2010년 8월 9일.

10 권기태, 「산문집 '뼈' 낸 작가 이외수 씨」, 『동아일보』, 2004년 4월 20일.

11 김제동, 『김제동이 만나러 갑니다: 살맛나는 세상을 꿈꾸며』(위즈덤경향, 2011), 15쪽.

12 이해리, 「[창간특집 | 세상과 소통하는 꽃중년들] 솔직발랄⋯ 꽃중년 3인방 '세대간 벽' 뛰어넘다」,

『동아일보』, 2011년 3월 24일.

13 「자기 홍보의 달인 1위는? 이외수!」, 『동아일보』, 2011년 5월 2일.

14 차진용, 「고통 없인 소통도 없다」, 『중앙일보』, 2011년 7월 15일.

15 박준호, 「[총선] "미니스커트·망사… 나치 수준" 폭탄 발언 보수논객 변희재 "투표율 독려는 후진국 문화"」, 『한국경제』, 2012년 4월 11일.

16 이외수, 『하악하악: 이외수의 생존법』(해냄, 2008), 59쪽.

17 변인숙, 「이외수 "천상병은 3살, 중광은 5살, 난 7살이야 ㅋㅋㅋ~"」, 『스포츠동아』, 2008년 5월 31일.

18 이외수, 『하악하악: 이외수의 생존법』(해냄, 2008), 156쪽.

19 이외수, 같은 책, 151쪽.

20 이외수, 같은 책, 153쪽.

21 박선영, 「[박선영 기자의 Who's Now] '꽃노털옵하' 소설가 이외수」, 『한국일보』, 2008년 8월 29일.

22 이외수, 『청춘불패: 이외수의 소생법』(해냄, 2009), 87, 97쪽.

23 이외수, 같은 책, 175, 177쪽.

24 이외수, 『아불류 시불류: 이외수의 비상법』(해냄, 2010), 13쪽.

25 이외수, 같은 책, 46쪽.

26 이외수, 같은 책, 130쪽.

27 이외수, 같은 책, 11쪽.

28 이외수, 같은 책, 151쪽.

29 이외수, 같은 책, 18쪽.

30 이외수, 같은 책, 22쪽.

31 이외수, 같은 책, 18쪽.

32 이외수, 같은 책, 29쪽.

33 이외수, 같은 책, 55쪽.

34 이외수, 『절대강자: 이외수의 인생 정면 대결법』(해냄, 2011), 63쪽.

35 이외수, 같은 책, 66쪽.

36 이외수, 같은 책, 69쪽.

37 이외수, 같은 책, 125쪽.

38 이외수, 『감성사전』(동숭동, 2004), 157쪽.

39 이외수, 『절대강자: 이외수의 인생 정면 대결법』(해냄, 2011), 28쪽.

40 고영득, 「이명박 비판 이외수 "세속을 떠나 글 속으로"」, 『경향신문』, 2007년 12월 21일.

41 유인경, 「작가 이외수 "한심한 정치가 자꾸 날 원고지 밖으로 끌어냅니다"」, 『경향신문』, 2008년 6월 5일.

42 최현정, 「이외수 "노구 이끌고 전장 간다" 발언에 일부 누리꾼 '딴지'」, 『동아일보』, 2010년 11월 25일.

43 허문명, 「[허문명 기자의 사람이야기] 이외수 "내가 종북 좌빨?… 종북은 종북이지": "좌파냐 우파냐 굳이 묻는다면, 난 '내 멋대로 살고파' 다"」, 『동아일보』, 2012년 4월 30일.

44 「이외수 '새누리 후보 지지' 트위터 발칵」, 『경향신문』, 2012년 4월 10일.

45 김태웅, 「[약속 2012 4 · 11총선 이후] 야권 누리꾼들 "붉은 강원도는 모두 이외수 탓"」, 『동아일보』, 2012년 4월 13일.

46 김소정, 「인터뷰/트윗119 운영 집단계정 폭파 막는 박경귀 참개인가치연대 대표」, 『데일리안』, 2011년 4월 21일.

13장_ 김영희

1 최희진, 「'쌀집 아저씨' 김영희 PD "'일밤' 복귀요? 싫습니다"」, 『경향신문』, 2009년 8월 19일; 지승호, 『쉘위토크 Shall we Talk』(시대의창, 2010), 110쪽.

2 지승호, 같은 책, 135~136쪽.

3 채지은, 「김영희 PD "입사 때부터 예능이 방송 석권할 거라 확신"」, 『한국일보』, 2011년 9월 1일.

4 김호경, 「[책과 사람] '쌀집 아저씨' 김영희 PD의 '헉(hug)! 아프리카」, 『국민일보』, 2009년 7월 10일.

5 최희진, 「'쌀집 아저씨' 김영희 PD "'일밤' 복귀요? 싫습니다"」, 『경향신문』, 2009년 8월 19일.

6 최영진, 「인터뷰 | 한국PD연합회장 취임 1개월 '쌀집 아저씨' 김영희 PD」, 『위클리경향』, 2008년 10월 21일.

7 최희진, 「'쌀집 아저씨' 김영희 PD "'일밤' 복귀요? 싫습니다"」, 『경향신문』, 2009년 8월 19일.

8 최희진, 같은 기사.

9 이선희, 「MBC '일밤' 진두지휘하는 '쌀집 아저씨' 김영희 PD… 따뜻한 눈물' 시청자 눈길 잡았다」, 『국민일보』, 2009년 12월 17일.

10 김경준, 「"재미와 감동 동시에" 공익 예능이 뜬다: '단비' '무한도전' '천하무적 야구단' 등 나눔코드로 인기」, 『한국일보』, 2010년 2월 16일.

11 신동호, 「[신동호가 만난 사람] '예능계 미다스의 손' 김영희 MBC 책임프로듀서」, 『위클리경향』, 2010년 1월 12일.

12 김상만, 「[인터뷰] '나는 가수다' 연출 맡은 스타 PD 김영희 "구원투수라는 말 싫다… 진심 통할 것"」, 『미디어오늘』, 2011년 2월 24일.

13 이윤주, 「"안철수·김진숙… 작금의 한국 사회는 파국": '파국의 지형학' 낸 문화평론가 문강형준」, 『한국일보』, 2011년 9월 16일.

14 박혜림, 「대한민국은 오디션 중: 20대는 왜 '나가수'에 폭발했나」, 『주간동아』, 2011년 4월 11일.

15 마동훈, 「'나가수'와 돌아온 386」, 『중앙일보』, 2011년 12월 17일.

16 채지은, 「김영희 PD "입사 때부터 예능이 방송 석권할 거라 확신"」, 『한국일보』, 2011년 9월 1일.

17 성시윤, 「'나가수' 만든 김영희PD "연예인과 밤샘 뒤풀이하다…"」, 『중앙일보』, 2011년 9월 30일.

18 지승호, 「인터뷰/김영희 한국피디연합회장: 왜 방송을 경제논리로만 따지는가」, 『월간 인물과사상』, 2008년 11월호, 27쪽.

19 지승호, 같은 기사, 27쪽.

20 지승호, 같은 기사, 30쪽.

21 David Riesman, Nathan Glazer, Reuel Denney, *The Lonely Crowd: A Study of the Changing American Character*(Garden City, N.Y.: Doubleday Anchor Books, 1950/1954), p.228.

22 성시윤, 「'나가수' 만든 김영희PD "연예인과 밤샘 뒤풀이하다…"」, 『중앙일보』, 2011년 9월 30일.

23 공지영·지승호, 『괜찮다, 다 괜찮다: 공지영이 당신께 보내는 위로와 응원』(알마, 2008), 291쪽.

24 지승호, 『쉘위토크 Shall we Talk』(시대의창, 2010), 143쪽.

맺음말

1 James S. Spiegel, *Hypocrisy: Moral Fraud and Other Vices*(Grand Rapids, MI: Baker Books, 1999), p.13.

2 William Morris & Mary Morris, *Morris Dictionary of Word and Phrase Origins, 2nd ed.*(New York: Harper & Row, 1971), p.302.

3 전병재, 『사회심리학: 관점과 이론』(경문사, 1987), 388쪽에서 재인용.

4 어빙 고프만, 김병서 옮김, 『자아표현과 인상관리: 연극적 사회분석론』(경문사, 1987), 3쪽.

5 Jeremy Lott, *In Defense of Hypocrisy: Picking Sides in the War on Virtue*(New York:

Nelson Current, 2006), pp.87~88.

6 Jeremy Lott, *In Defense of Hypocrisy: Picking Sides in the War on Virtue*(New York: Nelson Current, 2006), p.10.

7 James S. Spiegel, *Hypocrisy: Moral Fraud and Other Vices*(Grand Rapids, MI: Baker Books, 1999), pp.31~32.

8 이종철, 『그대의 꿈이 현실이다: 1030세대 세상 바꾸기』(인간사랑, 2012), 29~30쪽.

9 박성민 · 강양구, 『정치의 몰락: 보수 시대의 종언과 새로운 권력의 탄생』(민음사, 2012), 99쪽.

10 헤르만 셰어, 윤진희 옮김, 『정치인을 위한 변명: 정치는 어떻게 정치인을 망가뜨리는가』(개마고원, 2005), 189쪽.

11 Samuel P. Huntington, *The Clash of Civilizations and the Remaking of World Order*(New York: Simon & Schuster, 1996), p.130.

12 Samuel P. Huntington, 같은 책, p.20.

13 Murray Edelman, *Constructing the Political Spectacle*(Chicago: University of Chicago Press, 1988), pp.73~83.

14 Steven Lukes, *Marxism and Morality*(New York: Oxford University Press, 1987).

15 Francisco Panizza, "Introduction: Populism and the Mirror of Democracy", Francisco Panizza, ed., *Populism and the Mirror of Democracy*(New York: Verso, 2005), p.22.

16 박성민 · 강양구, 『정치의 몰락: 보수 시대의 종언과 새로운 권력의 탄생』(민음사, 2012), 112~113쪽.

17 오관철, 「소득 · 학력 높을수록 '연줄 중시'」, 『경향신문』, 2006년 12월 27일, 3면.

18 박성민 · 강양구, 『정치의 몰락: 보수 시대의 종언과 새로운 권력의 탄생』(민음사, 2012), 280~283쪽.

멘토의 시대

ⓒ 강준만, 2012

초판 1쇄 2012년 5월 29일 펴냄
초판 2쇄 2012년 6월 4일 펴냄

지은이 | 강준만
펴낸이 | 강준우
기획 · 편집 | 김진원, 문형숙, 심장원, 이동국, 이연희
디자인 | 이은혜, 최진영
마케팅 | 박상철, 이태준

펴낸곳 | 인물과사상사
인쇄 · 제본 | 대정인쇄공사
출판등록 | 제17-204호 1998년 3월 11일

주소 | (121-839) 서울시 마포구 서교동 392-4 삼양E&R빌딩 2층
전화 | 02-325-6364
팩스 | 02-474-1413
www.inmul.co.kr | insa@inmul.co.kr

ISBN 978-89-5906-215-7 03300
값 14,000원